Kami Yama KiKin

本书获得北京大学上山基金资助，特此致谢！

青年学者文库

春归合早

诗与哲学之间的王国维

张郁乎 著

A Study on Wang Guowei

北京大学出版社
PEKING UNIVERSITY PRESS

图书在版编目(CIP)数据

春归合早:诗与哲学之间的王国维/张郁乎著.—北京:北京大学出版社,2013.11

(青年学者文库)

ISBN 978-7-301-23181-4

Ⅰ.①春… Ⅱ.①张… Ⅲ.①王国维(1877~1927)-诗词研究 ②王国维-美学思想-研究 Ⅳ.①I207.2 ②B83-092

中国版本图书馆 CIP 数据核字(2013)第 212185 号

书　　　名:春归合早——诗与哲学之间的王国维

著作责任者:张郁乎　著

责 任 编 辑:王立刚

标 准 书 号:ISBN 978-7-301-23181-4/B·1143

出 版 发 行:北京大学出版社

地　　　址:北京市海淀区成府路 205 号　100871

网　　　址:http://www.pup.cn

新 浪 微 博:@北京大学出版社

电 子 信 箱:pkuwsz@126.com

电　　　话:邮购部 62752015　发行部 62750672　编辑部 62755217
出版部 62755217

印　刷　者:北京大学印刷厂

经　销　者:新华书店

965 毫米×1300 毫米　16 开本　15 印张　200 千字

2013 年 11 月第 1 版　2013 年 11 月第 1 次印刷

定　　　价:35.00 元

说　　明

这本关于王国维的研究，计有长短不一的文章十四篇，略依其内容分为三组：第一至三篇为一组，探讨王国维的哲学思考和人生态度；第四至八篇为一组，分析王国维的艺术观念和艺术批评；第九至十三篇为一组，解读王国维的诗词创作。另有《王国维的论画因缘》一篇缀于后，为附录。其意盖欲以王氏的诗词创作、文学批评、哲学见解与思想三方面相互参证，以求得对他的深入了解也。

私意以为王国维的性情与境界在诗与哲学之间，其人固诗人本色，思想家本色，非仅学问家而已。本书所论，限于王国维的文学与哲学活动方面，研究的角度亦即在诗与哲学之间。"若是春归归合早"，是王氏《蝶恋花》（谁道江南春事了）中的句子。此语非诗人不能道，非哲人不能道，最能见出王氏既缠绵又峻烈的感情特点，遂取其中"春归合早"四个字作书名，而以"诗与哲学之间的王国维"为副标题。

目　录

王国维及其悲观主义三境界

王国维是个悲观主义者，悲观主义的情绪笼罩其一生。这是笼统而言。细究起来，在王国维人生的不同阶段，悲观主义有着不同的表现，依次呈现为否弃人生、深情哀乐、宁静致远三种境界。这三种悲观主义境界也反映于他的学术活动。王国维一生的学术领域有两次大转向，最初是哲学，三十而后逐渐转向文学，最后转向经史。哲学、文学、经史，这三个阶段恰好分别体现着他悲观主义的三种境界。以其悲观主义境界的流转为背景，我们始可以理解他早期《红楼梦评论》中的美学思想，中期《人间词话》中的诸多问题，以及晚期艺术态度的变化。

序　论

缪钺先生在论及王国维的悲观主义的形成原因时说："此种思想之构成，初或因静安本性即偏于悲观，而推波助澜，使其深信笃守，终身不移者，则叔本华哲学之力为多。"[①]又说："其喜叔本华之说而受其影响，乃自然之巧合。申言之，王静安之才性与叔本华盖多相近之点，在未读叔本华书之前，其所思所感，或已有冥符者，惟未能如叔氏所言之精邃详密，及读叔氏书，必喜其先获我心……于是对自己以前所思所感者，益增坚强之自信，而有理论上之根据。"缪氏之论，诚为知言。不过，王

① 缪钺：《诗词散论·王静安与叔本华》，上海古籍出版社，1982 年，第 108 页。

国维的悲观情绪或出于天性，而其漫衍与增强，除叔本华的影响之外，与他在现实生活中目接身遇的诸多悲剧，亦大有干系。就其目之所接而言，当时的中国动荡不安，生灵荼毒；就其身之所遇而言，他一生都在为生计愁苦，理想亦因此而受压迫。王国维祖籍浙江海宁，其家“故中人产也，一岁所入，略足以给衣食”[1]。他少年时即向往新学，而“家贫不能以资供游学”，只得去当塾师，“居恒怏怏”。二十二岁只身往上海谋生，在上海半工半读，加上家室的负担，所以《三十自序》中有“进无师友之助，退有生事之累”的感叹。之后，他又要为子女的教育与婚嫁所费操心。在他与长子潜明的家书中，有许多关于收入与支出的内容，家境的窘迫，一目了然。一个身处一流学术境界，且钟情于学术的学者，因为境之贫薄而不能专心于学，这痛苦一般人不能了解，在学者本人则必有痛切的感受。《三十自序》中说：“顾此五六年间，亦非能终日治学问，其为生活故而治他人之事，日少则二三时，多或三四时，其所用以读书者，日多不逾四时，少不过二时。”他没有名门望族的背景为支持，所以事业、精神都因为生计的牵碍而不得自由。寓居上海时，他为人整理藏书、校书以补家用；晚年在北京后终于应了清华之聘，据说也是因废帝走天津后发不出工资而不得不尔[2]。在他留给三子贞明的百余字遗书中，他说：“我虽无财产分文遗汝等，然苟谨慎勤俭，亦必不至饿死也。”他的一生竟是如此的窘迫！然而，王国维身受的悲剧尚不止于生事之累，他还遭受许多丧亲之痛。四岁丧母，三十丧父，次年丧妻，又次年，继母叶太夫人卒；三十四岁时，长女明珠夭；四十五岁，四女通明殇；四十七岁，五女端明殇；五十岁——即他自沉的那一年——长子潜明卒[3]。对于一个敏感且感情深挚的诗人，一个自幼就有浓厚悲观情绪的

---

① 王国维：《三十自序（一）》，《王国维全集》（以下简称《全集》）第十四卷，浙江教育出版社，2009 年，第 118 页。本段未注之引文皆出自《三十自序》。按：王国维 1907 年 5 月至 7 月间作了两篇自序，载当年《教育杂志》，其时王国维年三十，习称《三十自序》。

② 罗继祖：《〈王国维及其文学批评〉读后》，转引自《王国维及其文学批评》，河北教育出版社，1997 年，第 480 页（补跋）。

③ 袁英光、刘寅生（合著）：《王国维年谱长编》，天津人民出版社，1996 年。

诗人来说，这些生命的毁灭会在他心上留下多重的阴影？还不谈人世的悲惨炎凉，故旧的遇合凋零！

王国维对自己与生俱来的悲观情绪亦有清醒的意识。四十多岁的时候，蔡元培多方延托，请他北上任北大导师，他拒绝了；在就此事致罗振玉的信中，他说自己是“永抱悲观”之人①。他一生都在悲观主义中辗转、挣扎，直至自沉昆明湖。

正　论

对人生的悲观态度，其肇源略有二端，一是看到生的无尽的苦难忧烦，一是了悟到自己的最后归宿终将是空虚的死。人生两间，有饥寒之忧，行役之劳；有颠沛流离之苦，生离死别之恨；还有相思的煎熬，病痛的折磨。谁见过圆满的宇宙？谁曾有完美的人生？“福不虚至，祸亦易来”（陶渊明《命子》），人生真是无边的苦海，忧烦苦难波起相连，没有平息的时候，你偶尔探出头来，想瞥一眼静谧的天空，立即有风云过来将你的希望扫荡殆尽。这倒还罢了。更可怕的是，我们挣扎在这路上，而路的尽头竟是一个渊深漆黑的“无”！

什么是你逃脱不了的？

你的死！

什么是你终将得到的？

你的死！

死是空虚，是无，是所有意义的突然消失。人自降生，就笼罩在死的阴影下，你的生的展开恰是你死的归程。“人生天地间，忽如远行客”，兰亭雅集，尽一时之美，而“俯仰之间，以为陈迹”。你以为永恒吗？桑田而为沧海。你要勒名金石吗？“松柏摧为薪，古墓犁为田”！

“年似春华争相发，一朝萎落归尘土”，然则我们一生的奔波，到底

---

① 刘寅生，袁英光（编）：《王国维全集·书信》，中华书局，1984年，第234—235页。

何为？生的意义究竟何在？因了悟到生的不尽的苦难和无常，遂对人生的意义并一切价值发生根本的怀疑，这是悲观主义的要义和根源。以这样悲观的眼光重新审视人生，终于看出人生的另一副面目，另一番景象，于是重塑人生的意义——仿佛经过了脱胎换骨——再一次投入生活。这再生的人生以悲观的人生态度为背景，既破灭了许多美好的梦想，也破除了许多妄执，获得了许多自由，所以与以往的人生大不相同。但是，妄执破除的程度及获得自由的多少，又因各人的觉悟程度而异，由此构成悲观主义相为递进的三重境界。

一、否弃人生——悲观主义的第一境界

因为对人生的价值发生根本的怀疑，而对人生采取简单的否定态度，这是悲观主义的第一境界。此种境界上的悲观主义者，对于现实生活总有虚无的感觉，以为变化无常的现实人生没有价值的依据。大部分宗教都有这种倾向。例如佛教认为尘世是污浊虚幻的，所以佛教一方面主张禁欲，在人间创造出不同日常的庄严宝相；一方面赞美彼岸世界，描绘出一片可以往生的西方净土。这是以否定的姿态，站在尘世生活的对立面。三十岁之前的王国维（以二十七岁独自在通州师范任教的一段时间为中心），大抵落在悲观主义的第一境界。

他在《三十自序》中描述当时心绪：

体素羸弱，性复忧郁，人生之问题，日日往复于吾前。

人生的忧烦苦难纠缠着他，人生的终极意义困挠着他。我们可以从他那一时期的诗中感知其心灵的痛苦挣扎[①]。他诉说自身的不幸与人的可悲：

---

① 本文所引王国维诗（句）均见《静庵文集》附《静庵诗稿》，《全集》第一卷。

我生三十载，役役苦不平。
如何万物长，自作牺与牲。

他责问作为万物之灵的人，心地为何如此险恶：

何为方寸地，矛戟森纵横。

七尺微躯在百年里局促不堪，而人间的景象又那样触目惊心：

几看昆池累劫灰，俄惊沧海又楼台。

不幸的是他更发现自己也是可怜的红尘中人：

试上高峰窥皓月，
偶开天眼觑红尘，
可怜身是眼中人。

一曲《采桑子》，道尽了人生的无常与无奈：

高城鼓动兰釭灺，
睡也还醒，
醉也还醒，
忽听孤鸿三两声。

人生只似风前絮，
欢也零星，
悲也零星，
都作连江点点萍。

睡也好，醉也好，悲也好，欢也好，人生的实际，只如无根之萍，风前轻絮；在恢诡谲怪的命运之海中，无所谓来亦无所谓去，你所能做的，只是一声叹息罢了。

他在时光的急逝中，苦苦寻求人生的依托，人生的归宿：

来日滔滔来，去日滔滔去。
适然百年内，与此七尺遇。
尔从何处来，行将徂何处？
扶服径幽谷，途远日又暮。

然而“日日战百虑”的上下寻求，没有能够为他解开人生的死结，反倒增加了“杨朱泣歧途”式的悲哀。他也考虑过道释的解脱方法，结果呢？《平生》诗曰：

平生苦忆挈卢敖，东过蓬莱浴海涛。
何处云中闻犬吠，至今湖畔尚乌号。
人间地狱真无间，死后泥洹枉自豪。
终古众生无度日，世尊只合老尘嚣！

“终古众生无度日，世尊只合老尘嚣！”这心底深深的绝望，使不到三十的年轻人的轻狂与欢乐也向着阴暗处湮沉：

偶作山游难尽兴，独寻僧话亦无聊。
欢场衹自增萧瑟，人海何处慰寂寥。

正是这人生的苦闷，驱使他从事哲学的研究。盖王氏接触哲学并仰慕康德、叔本华，是在就读于东文学社之时，而真正研究哲学，则自1902年任通州师范教职时始。这一段时间，他与叔本华哲学为伴。叔本华以意志(Will)为人的本质。意志由本能(instinct)、冲动(impulse)、欲望(desire)、情感(emotion)构成,它是盲目的,以自我为中心,联系于时空中的个体。你若想了望到纯粹理念的王国,必须先从意志的统治下挣脱出来。诸意志中又以生命意志为最根本,而生命意志恰恰意味着人生的无始无终的苦难。因为生的过程的实质是不断的欲求,而欲求生于不足;不足却是一个无底洞,永远不能得持久的满足。即使有一时的满足,这一时的满足之后将是更大的不足和欲求。所以,在意志的统治下,人生不能得持久的幸福安宁,有的只是不尽的不足、欲求,及欲求不得满足的痛苦。短暂的快乐不过是永恒苦难的间息,于是快乐也没有了积极的价值。这是叔本华悲观主义的根源。苦难的源头既是生命意志,那么获得拯救的唯一途径就是弃绝生的意志。叔本华说,对艺术或自然的审美观照,能使人暂脱意志之网。

显然,叔本华对人生的判断,与佛教一致,只是解释的理论不同,开出的方子也略有不同。叔本华的悲观主义哲学与王国维的悲观情绪一拍即合,1902 年前后的王国维接受了叔本华对人生的否定性解释,也接受了叔本华以审美观照求得解脱的方法。这样的接受中,也许有佛教在中国人心灵上留下的影子。考虑到叔本华的思想与佛教的关系,及佛教在《红楼梦》中的痕迹,则王国维借《红楼梦》为评论的对象而发挥叔本华的思想,就不是偶然的了。

写于这一时期的《红楼梦评论》,立论的依据即启发于叔本华。王国维写道:

> 生活之本质何?“欲”而已矣。欲之为性无厌,而其源生于不足。不足之状态,苦痛是也。既偿一欲,则此欲以终。然欲之被偿者一,而不偿者十百。一欲既终,他欲随之。故究竟之慰藉,终不可得也。即使吾人之欲悉偿,而更无所欲之对象,夫倦厌之情即起而乘之。于是吾人自己之生活,若负之而不胜其重。故人生者,如钟表之摆,实往复于痛苦与倦厌之间者也。夫倦厌故可视为苦痛

之一种。有能除去此二者，吾人谓之曰快乐。然当其求快乐也，吾人于固有之苦痛外，又不得不加以努力，而努力亦苦痛之一也。且快乐之后，其感苦痛也弥深。故苦痛而无回复之快乐者有之矣，未有快乐而不先之或继之以苦痛者也。又此苦痛与世界之文化俱增，而不由之而减。何则？文化愈进，其知识弥广，其所欲弥多，其感苦痛亦弥甚故也。然则人生之所欲，既无以逾于生活，而生活之性质，又不外乎苦痛，故欲与生活，与苦痛，三者一而已矣。①

生活的本质只是"欲而已矣"，人类的科学、知识、实践，无往不与生活之欲相关联，相推荡。人生的庄严，人生的价值，在此轰然塌陷，剩下的只有苦难了。幸好有艺术可以将我们从苦海中拉出：

有兹一物焉，使吾人超然于利害之外，而忘物与我之关系。此时也，吾人之心，无希望，无恐怖，非复欲之我，而但知之我也。此犹积阴弥月，而旭日杲杲也；犹覆舟大海之中，浮沉上下，而飘著于故乡海岸也；犹阵云惨淡，而插翅之天使，赍平和之福音而来者也；犹鱼之脱于罟网，鸟之自樊笼出而游于山林江海也。然物之能使吾人超然于利害之外者，必其物之于吾人无利害之关系而后可，易言以明之，必其物非实物而后可。然则非美术何足以当之乎？②

所以艺术的目的就在于：

描写人生之苦痛与其解脱之道，而使吾侪冯生之徒，于此桎梏之世界中，离此生活之欲之斗争，而得其暂时之平和。此一切美术之目的也。③

① 王国维：《红楼梦评论》，《全集》第一卷，第55页。
② 同上书，第56—57页。
③ 同上书，第63—64页。

作为艺术作品的《红楼梦》，其精神实在于：

> 示此生活此苦痛之由于自造，又示其解脱之道不可不由自己求之者也。①

此一时期，王国维的治学以哲学研究为主，他对美学的思考也局限在形上层面，着意阐发美学拯救人生的意义。《红楼梦评论》转述了叔本华的美学思想：

> 而美之为物也有二种，一曰优美，一曰壮美。苟一物焉，与吾人无利害之关系，而吾人之观之，不观其关系，而但观其物；或吾人之心中，无丝毫生活之欲存，而其观物也，不视为与我有关系之物，而但视为外物，则今之所观者，非昔之所观者也。此时吾心宁静之状态，名之曰优美之情，而谓此物曰优美。若此物大不利于吾人，而吾人生活之意志为之破裂，因之意志遁去，而知力得为独立之作用，以深观其物，吾人谓此物曰壮美，而谓其感情曰壮美之情。②

这分析还是着眼于否定生活之欲。

但是，生的意志果真能够拒绝？审美的静观果真能够拯救我们出欲的苦海？之所以有拒绝生意一说，是为摆脱生的苦痛。然而苦痛是相对快乐而言的，生活中的苦和乐总是相依相缠，“拒绝生意”解除了苦痛，同时也消解了整个“生”，当然也包括生中的乐。但快乐毕竟是快乐的，过分强调快乐的消极意义，是叔本华悲观主义的第一个缺点。再者，悲观主义的根本点是对人生的意义发生根本的怀疑，而人到底要存在，在否定了曾赖以生存的价值体系之后，总要为生存寻求另外的理由、另外的价值支柱。叔本华的悲观主义理论，没有解决这问题，因为

① 王国维：《红楼梦评论》，《全集》第一卷，第62页。
② 同上书，第57—58页。

静照的审美世界外在于"活"的生,并不能为现实的生提供依据。况且审美也只是一时的救济,能使人暂忘苦痛,却不能拉人永离苦海。复次,嗜欲贪生固是执著,决意要拒绝生意,又何尝不是执著?拒绝生意之意,本身亦是意志!援佛家的说法,彼执既破,更当破此执。最后,悲观主义者大多是敏锐而深于情的,对寂灭一途不免有许多疑虑。于是,从理论和实际两方面,悲观主义都需要超越叔本华拒绝生命意志的阶段而进入第二境界。

二、深情哀乐——悲观主义的第二境界

超越了第一境界的悲观主义者,既看穿了外在的道德体系(曾以之为价值的所在)的虚妄,也看出了所谓寂灭的空洞,于是将目光由外转向内,向活生生的纠缠着苦与乐的"生"的真实,寻求存在的意义。在他们看来,发自内心的哀乐是最真实的,只有在真情哀乐的体验中,人才能发现自己的存在和存在的意义。这一境界,可称为"深情哀乐"。在西方,悲观主义的第二境界表现为尼采所提倡的酒神精神。酒神的特征是醉。尼采说,在欲望的沉醉中,始可感受到生命的坚不可摧的欢乐[①]。在中国,悲观主义的第二境界表现为魏晋人越名教而任自然的深情酣唱。魏晋人于乱世中抛弃了外在的虚妄名教,转而向内发现了自己的深情。他们任情使性,或诙谐简傲,或放诞狷狂,醉哭歌笑,淋漓尽致而又舒卷自如地发抒着自己的天性真情。

王国维在《红楼梦评论》的余论中已对拒绝生意说提出"绝大之疑问"[②]。他也清醒地认识到,审美解脱只是暂时的,不能从根本上解决人生的困境。基于对悲观主义第一境界的怀疑,乃有他向深情境界的提

① 参见尼采:《悲剧的诞生》(周国平译),三联书店,1986年,第28页。

② 王国维:《红楼梦评论》,《全集》第一卷,第74—75页。并参见《静安文集自序》,《全集》第一卷,第3页。

升。这可以从他对尼采与叔本华之关系的论述中探出一点消息。他认为尼采之说虽往往与叔本华之说相反对，而实际上尼采之说皆从叔氏出，因此“与其视（尼采）为叔氏之反对者，勿宁视为叔氏之后继者也”[①]。尼采既能出于叔本华而趋于其反面，王国维为什么不能出于否弃人生而走向真情哀乐的人生呢？

这转变的具体表现，是他在三十岁前后决定弃哲学而治文学。据他自己说，他的嗜好所以“渐由哲学而移于文学”，是因为哲学没能解决他的问题，故而欲于文学中“求直接之慰藉”。他对通过哲思来了悟人生原是存有怀疑的。《来日》之二有云：

耳目不足凭，何况胸所思。

而当他苦思人生意义而得不到答案时，确实也总是向诗中沉醉。他说：

不有言愁诗句在，闲愁哪得暂时消。

二十九岁时有一首诗，最能表明他思想的转变：

坐致虞唐亦太痴，许身稷契更奚为？
谁能妄把平成业，换却平生万首诗。

他要抛却虚妄的外在价值，向诗中沉醉，向真情沉醉了。

王国维是深于情的，《题友人三十小像》云：

早知世界由心造，无赖悲欢触绪来。

悲欢无赖亦曾是晋人的风神。据《世说新语》记载，晋人桓子野每闻清

① 王国维：《叔本华与尼采》，《全集》第一卷，第90页。

歌，辄唤奈何。谢公闻之，曰："子野可谓一往有深情。"卫洗马初欲渡江，形神惨悴，语左右云："见此芒芒，不觉百端交集。苟未免有情，亦复谁能遣此！"这无端的哀伤，最是真情的流露。晋人特别能深情哀乐。谢太傅语王右军曰："中年伤于哀乐，与亲友别，辄作数日恶。"王戎曰："圣人忘情，最下不及。情之所钟，正在我辈。"王国维《登狼牙支云塔》亦有句：

蓬莱自合今时浅，哀乐偏于我辈深。

《五月二十三出阊门驱车至觅渡桥》：

小斋竟日兀营营，忽试霜蹄四马轻。
荧火时从风里堕，雉垣偏向电边明。
静中观我原无碍，忙里哦诗却易成。
归路不妨冒雷雨，兹游快绝冠平生。

《暮春》诗云：

但使猖狂过百年，不嫌孤负此生涯。

这是能乐。又，《欲觅》诗云：

欲觅吾心已自难，更从何处把心安。
诗缘病辍弥无赖，忧与生来讵有端？
起看月中霜万瓦，卧闻风里竹千竿。
沧浪亭北君迁树，何限栖鸦噪暮寒。

这是能哀。

王氏嗜好之移于文学，另一个原因，是他填词上的成功。二十八岁(1903)以后，王国维的创作以词为主，而诗则越来越少。“诗之境阔，词之言长”(《人间词话》)，词比诗更适于抒写幽深要眇、缠绵难解的情。王氏词以境界见长，除最初的几首外，很少有用理语的，这与他诗中常掺入悲观主义哲学的理语恰成对照。由词的创作，王国维进而对前人的词作系统的整理研究。1907年，辑唐五代二十一家词二十卷，之后又陆续辑跋前人词集三十余种。继词的研究，他又转入曲的研究。曲之于词，虽然有叙事与抒情的不同，但曲不避俗，而且曲中所叙之事多为情事，所以说曲也可算是言情的文学。王氏这一时期的研究对象既以词曲为主，他的美学思考也相应地从对美的价值的形而上追问，转向对艺术意境的具体分析。深情哀乐的思想就反映在他的意境理论中。

《文学小言》说：

> 文学中有二原质焉，曰景，曰情……苟无敏锐之知识与深邃之情感者，不足与言文学之事。

情是文学所不可少的支柱。但这情须是一己的真情，如离人征夫之情。王国维认为，屈子文字之高，就在于屈子能“感自己所感，言自己之言”，后人“但袭其貌而无真情以济之”，所以写不出楚人之词。

重真情的思想在后来的《人间词话》中得到充分的发展。“境界”是王氏词学的核心：

> 词以境界为最上。有境界则自成高格，自有名句。

而真情又是境界的活水之源：

> 境界非独景物也。喜、怒、哀、乐，亦人心中之一境界。故能写真景物，真感情者，谓之有境界。否则谓之无境界。

我们或者以为真情、真景是境界的两个支柱。其实在王国维，两者本非二端——真景须由真情之眼看出（参见《文学小言》），境界乃是真情之心的独辟之境。

这真情又须是自然流露，也只有自然流露的情才是真情、深情。他说：

> 大家之作，其言情也必沁人心脾，其写景也必豁人耳目，其辞脱口而出，无矫揉妆束之态，以其所见者真，所知者深也。

所以他评词尚自然，恶使事、雕琢（他称之为“隔”）。李煜（后主）、纳兰性德（侍卫）是王国维极力推崇的，这两人的词都以自然真切见长。李后主“阅世浅而性情真，不失其赤子之心”，纳兰侍卫“以自然之眼观物，以自然之舌言情”。

但是，由于这一时期王国维悲观主义的醉的色彩，所以为他所接受的真情也有特别的地方。第一，他强调情的主观特色。王氏分艺术境界为有我之境，无我之境二种。有我之境如“泪眼问花花不语，乱红飞过秋千去”，“可堪孤馆闭春寒，杜鹃声里斜阳暮”，固然有情；无我之境如“寒波澹澹起，白鸟悠悠下”，“采菊东篱下，悠然见南山”，也不能谓之无情。王氏于有我、无我两种词境未必有所轩轾，但他偏好“有我之境”的词是显而易见的。《人间词》大部分是“泪眼问花”一类，《人间词话》中提及的诗词也以“有我之境”者为多。就客观方面说，诗词中写“有我之境”的作品确实远多于写“无我之境”的作品，而就主观方面说，深情哀乐的“我”又必然倾向于感受“有我之境”。王国维说：“有我之境，以我观物，故物皆著我之色彩。”这是偏于主观的情，其浓烈可知，其暖亦可想见。他又说：“无我之境，以物观物，故不知何者为我，何者为物。”这是偏于物性的情，其冲淡可知，其冷亦可想见。第二，于哀乐中，他偏向于哀情。王氏论词，五代推李后主，北宋推秦少游，南宋推辛稼轩（《人间词话》说辛词佳处在有性情），清代推纳兰性德。这几位都是伤心人，词情哀婉，如泣血而成。我们看王国维自己的词，也是“往复幽咽”①，几乎篇篇有哀思恨泪。

了解到王国维“意境”论背后的情的支柱和他偏于主观哀情的特点，可以帮助我们理解《人间词话》中的某些争执。

《人间词话（定稿）》第二十九则云：

> 少游词境最为凄婉，至“可堪孤馆闭春寒，杜鹃声里斜阳暮”，则变而凄厉矣。东坡赏其后二句，犹为皮相。

王国维对“可堪”二句极为赞赏，《人间词话》直接提及此句的有五六处。后二句指下阕的“郴江信自绕郴州，为谁流下潇江去”。“可堪”句与“郴江”句，一浓一淡，一热烈凄厉，一含蓄幽远；一着力，一使巧。王氏重热情哀婉，故赏“可堪”句，东坡幽逸超拔，故赏“郴江”句。同样的道理，可以解释何以他欣赏中主的“菡萏香消翠叶残，西风愁起绿波间”甚于“细雨梦回鸡塞远，小楼吹彻玉笙寒”。②

另一个问题是，王国维为何对姜白石评价甚低？《人间词话》中涉及姜白石的有六七条，总的意思是说：

> 古今词人格调之高，无如白石。惜不于意境上用力，故觉无言外之味，弦外之响，终不能与于第一流之作者也。③

对“不于意境上用力”这一点，亦当从“情”的角度来理解。王氏明言：

> 白石有格而无情。④

① 王国维：《人间词甲稿序》，《全集》第一卷，第682页。
② 王国维：《人间词话》13，《全集》第一卷，第464页。
③ 王国维：《人间词话》42，《全集》第一卷，第473页。
④ 王国维：《人间词话》43，《全集》第一卷，第473页。

姜白石以江西诗法作词，气格清奇，瘦劲峻折。清奇固是高格，但寒冷峻削的色调却是深情哀乐的王国维不能喜欢的。又，江西诗派讲炼字，求生新，白石词既受江西诗法影响，难免有生硬不自然处，所以王国维批评他“隔”。这“冷”与“隔”即是王国维所说的“无情”。

以上是就《人间词话》而论。如果说《人间词话》中的境界论还拖着一点第一时期的形而上的尾巴的话，到他写《宋元戏曲考》时，他的深情哀乐已完全是人间烟火了。在论元剧之文章时，他说：

> 元剧最佳之处……在其文章。其文章之妙，亦一言以蔽之，曰：有意境而已矣。何以谓之有意境？曰：写情则沁人心脾，写景则在人耳目，述事则如其口出。

他引了《倩女离魂》（郑光祖）第三折中一段写男女别情的曲子为例，我们不妨抄下，看看什么是深情哀乐的醉：

醉春风

> 空服尽遍腼眩药不能痊，知他这腌病何日起。要好时直等的见他时，也只为这症候因他上得。得，一会家缥缈呵，忘了魂灵；一会家精细呵，使着躯壳；一会家混沌呵，不知天地。

三、宁静致远——悲观主义的第三境界

> 痛苦说：消逝吧！
> 可是一切快乐要求永恒
> 要求——
> 深深的、深深的永恒！
> ——尼采《人啊，你注意听》

深情哀乐的沉醉，固然痛快淋漓，但其冲撞激烈、混沌惨暗，终究没有永恒价值的依托。况且醉只是暂时性的，人难以长久承受深情哀乐的波涛。人的心灵需要一个栖息的家园，人的理性的头颅更要求伸入清新朗丽的天空——悲观主义终将从深情哀乐走到宁静致远。于是有悲观主义的第三境界。

《世说新语·德行》：

> 王平子、胡毋彦国诸人皆以放任为达，或有裸体者。乐广笑曰："名教中自有乐地，何为乃尔也！"

王平子、胡毋彦国之流未必有真性情，"作达"而已；乐广也不是悲观主义者，他是位乐观的名士。不过，"名教中自有乐地"确实为悲观主义启示出一条道路，悲观主义的第三境界——宁静致远——就在名教与自然的重新和解中。

能够宁静致远的悲观主义者，既不与名教激烈冲撞，也不为名教束缚。如果说深情哀乐的悲观主义者消解了名教的绝对的正面价值，宁静致远的悲观主义者则进一步消解了名教的负面价值。不过，他们捡回曾被抛弃的名教，只是像从商店里买回一件漂亮的衣裳。他们知道，人需要衣服装扮自己；他们又知道，这衣服是人为的，可以任意裁剪，而且只是被"穿"在身上而已。此时名教的意义仅仅在于：一、代表一种虚拟的价值。人生虽然只是一个"欲"，结果也只是一个"无"，但是我们需要，也能够使它"看起来是有意义的"。在尼采的酒神对面，站立着日神。日神的特征是梦、戏，它用梦幻的光辉照亮酒神，从混沌的醉中升华出清晰明丽的形式；它更用戏的方式给世界以秩序、美丽和庄严。奥林匹斯山上的诸神，以饰带装饰着，站立在山形墙的半浮雕上，连同他们的功绩志。其实他们并不圣洁，也没有高度的智慧和责任感——他们是奢靡且充满暴力的。然而，他们的秩序和形象在梦幻的眼光里却有着迷人的宁静和庄严的光辉。尼采说，希腊人很敏锐地觉知存在的恐怖，但无论如何，为了能够生存下去，他们得置身于奥林匹斯炫惑的幻想之前[①]。是的，人戴上面具，穿起衣衫，把本是虚妄、痛苦的人生打扮得庄严华丽，人间于是成为乐土，在锣鼓声中，永恒价值的光辉升起来了，他对自己喊道："这是一个梦，我要把它梦下去！"[②]二、名教是我们的梦，也是我们的历史，是历史的抽象。历史的轮廓是人从时间中沉淀出来的，在沉淀的过程中，我们赋予它意义。这意义即是名教。相对于个人的"无"来说，历史是存在并且继续存在的"有"；相对于还没有到来的、不确定的未来来说，历史是确定的、有迹可见的"在"。所以，历史是我们的依恋，对悲观主义者来说尤其如此。

一个真正意义上的悲观主义者，他环视身边的一切——脚下的土地，起居的斗室，陈旧的书桌，废弃的笔，每天喝水的、已磨灭了花纹的杯子……然后他还顾栖息此间的自身，豁然明白："这就是我的生，这就是我！"然后他会走出去，将深情由自我扩大至身外的一切和历史；他含笑不语，用陶然的眼光打量着世间万事，用悲悯宽广的胸怀迎接来往的过客；他毫不吝啬地施舍他的爱——尽管有一股悲哀的暗流始终在心底流淌，他表面上仍是温和、宁静，深情而洒脱。若要到历史上去找例子，我们可以举陶渊明和苏轼。古今诗人，哀乐之深无过于陶渊明，宁静澹泊亦无过于陶渊明。他是彻悟了的悲观主义者，所以无意于功名而沉入世俗的生活，以敏感的心灵感受着生活中大大小小甚至微不足道的人和事，并以他特有的诗心——宁静和诙谐——把深深的哀心装饰起来。至于苏轼，只看他的一曲《满庭芳》就够了：

> 蜗角虚名，蝇头微利，说来着甚干忙。事皆前定，谁弱又谁强？且趁闲身未老，须放我些子疏狂。百年里，浑教是醉，三万六千场。
>
> 思量，能几许？忧愁风雨，一半相妨。又何须底死，说短论长。幸对清风皓月，苔茵展，云幕高张。江南好，千钟美酒，一曲"满庭芳"。

---

① 参见尼采：《悲剧的诞生》，第11页。

② 同上书，第4页。

苏轼用旷达掩饰他“人生如梦”的哀叹。

王国维当然不同于陶渊明和苏东坡。他没有陶的逸气（宁静与诙谐），也没有苏的超旷。但他有陶渊明、苏东坡式的大悲哀和深情，而且他也确实从深情哀乐中沉静出来了。在他人生的最后十余年，王国维的学术研究以经史考据为主，艺术方面则以古画的欣赏鉴定为主。史和画都是日神精神的。从文学向经史考据的过渡，就是这个悲观主义者由深情哀乐向宁静致远的沉静。这沉静的最先征兆表现于他对北宋词人周邦彦评价的变化。周词精雕细刻，章法上善铺陈，以赋体为词；其风格在飞卿、少游、白石之间，有飞卿之丽，少游之情，白石之清，而无少游之惨厉，白石之寒峻。王国维在创作《人间词》和写作《人间词话》的阶段，对周邦彦的态度颇为矛盾。联系当时王国维偏好热烈的哀情的心理，温丽的周词自然难合王国维的口味，所以一方面他认为周邦彦“言情体物，穷极工巧，故不失为第一流之作者”[①]，一方面又批评周邦彦“作态”，以为周邦彦少“深远之致”，是“人力”而非“天才”[②]。但是，到写《清真先生遗事》时，王国维的看法发生了较大变化。他不再把周邦彦挂在第一流作者的尾巴上，而是颠倒过来，以其为“词中老杜”了。他说：

> 北宋人如欧、苏、秦、黄，高则高矣，至精工博大，殊不逮先生。故以宋词比唐诗，则东坡似太白，欧、秦似摩诘，耆卿似乐天，方回、叔原则大历十子之流。南宋唯一稼轩可比昌黎，而词中老杜，则非先生不可。昔人以耆卿比少陵，犹为未当也。[③]

他是由天才向人力，由热烈向和婉回落了。

这回落的过程，以词曲史的研究为中介，至 1913 年前后尽弃前学，

---

① 王国维：《人间词话》33，《全集》第一卷，第 470 页。

② 同上。

③ 王国维：《清真先生遗事》，《全集》第二卷，第 423 页。

致力于经史考据而告成。1902 年，在我们所说的悲观主义第一境界时期，王国维曾有《书古书中故纸》一诗，写历史的偶然与乖讹：

昨夜书中得故纸，今朝随意写新诗。
长捐箧底终无恙，比入怀中便足奇。
黯淡谁能知汝恨，沾涂亦自笑余痴。
书成付与炉中火，了却人间是与非。

那时候他想将人间的是非付与炉火。现在呢，他倾心尽力于经史考据，为历史作钩沉！历史不似眼前这样变幻不定，也不似未来那般空虚渺茫，它沐浴着日神的光辉，是亲切的，生动而温馨。在这战乱踵起、纷纭惨烈的乱世，这个悲观主义者要向历史中寻求价值，向血缘相系的历史中寻求心灵的息壤了。

他经史考据的文字，古朴间虽然还不时漾起一股清灵之气，然而早期哲学论文的盘旋意气，中期文学批评的热烈飞动，皆已杳无影迹。还是看他的性灵之诗吧。在他深情哀乐的阶段，他废诗填词；到他向宁静尘落的时候，他又弃词为诗了。关于诗歌，他曾经感慨：

> 观（我国）诗歌方面，则咏史、怀古、感事、赠人之题目弥漫充塞于诗界，而抒情叙事之作十百不能得一。其有美术上之价值者，仅其写自然之美之一方面耳。甚至戏曲小说这纯文学亦往往以惩劝为旨，其有纯粹美术上之目的者，世非惟不知贵，且加贬焉。于哲学则如彼，于美术则如此，岂独世人不具眼之罪哉，抑亦哲学家美术家自忘其神圣之位置与独立之价值，而蒽然以听命于众故也。①

然而他现在的诗，十之八九是咏史、怀古、感事、赠人、题画之作，而以赠人酬答最多。相应地，《人间词话》里他以“隔”为诗词大病，现在却典

① 王国维：《论哲学家和美术家之天职》，《全集》第一卷，第 132—133 页。

事连篇，甚于白石的“雾里看花”。若用他以前的诗学标准来衡量，这些诗真当弃如咳沫。如今不同了！他知道现实的秩序与价值体系，不仅是使人免遭涂炭的唯一保护，也是人类心灵所能有的最后慰藉，所以他不再岌岌于人的终极价值的追问，而是俯心此间，将目光转向现实生活中人的悲欢，历史的兴废——他自然可以对着梦一样的往来酬答而微笑了。审美的解脱既不可能，艺术的独立价值便非绝对——他自然可以用诗去点化或传达、构造亲故同好间的梦一样的温情。①

历史的回归，又意味着文化、道德的回归。王国维虽然不屑于卷入政治纷争，也没有为一种政治理想奔走呼号，但是他大量的私人书信，却也时时流露出对动乱现实的深切的道德关怀。接连不断的军阀争战固然为他所痛恨，民间社会此起彼伏的各种运动也使他不安——在悲观主义的视野中，先进与落后的区分是没有实在意义的——他想望明朗井然的秩序，像奥林匹斯山上众神的世界那样。这理想的道德秩序体现于上古时代殷周的礼制，他说：

> （周世）一切制度典礼皆所以纳天子诸侯卿大夫庶人于道德，而合之以成一道德之团体。政治上之理想，殆未有尚于此者。②

他有点儿陶醉于晶明的名教了，甚至替人排演起乡饮之礼，并且认真地说，乡饮之乐应当用“二南”的前三章，不可用“安世房中歌”，因为“《周南》《召南》为乡乐，安世房中为帝王之乐，不能僭用。”③

但是，他是个乡原腐儒么？好友沈昕伯卒于伦敦，他代罗振玉作挽联：

问君胡不归，赤县竟无干净土；
斯人宜有后，丹心喜见凤凰雏。

---

① 林语堂认为，中国诗人爱用典，外行不堪忍受，内行人却能息息相通，于心领神会间得一种融融的乐趣。

② 转引自《王国维年谱长编》，第226页。

③ 袁英光、刘寅生（合著）：《王国维年谱长编》，第211页。

而他自送的挽联则是：

壮志竟何为，遗著销烟，万岁千秋同寂寞；
音书凄久断，旧词在箧，归迟春早忆缠绵。①

两副挽联的立根和口吻别如天壤。这颇费苦心的安排，适见他和一般礼教徒的距离：尽管归向历史，归向名教，他仍是个深于情的悲观主义者。

悲观主义的幽灵一直在他心底徘徊。面对熙熙攘攘的人群，他常常感到莫名的孤寂和空虚。《戊午日短至》(1918)诗云：

常雨常阴闭下都，佳辰犹自感睽孤。
天行未必衍终始，云物因谁纪有无。
万里玄黄龙战野，一车寇媾鬼张弧。
烬灰拨尽寒无赖，愁看街头戏泼胡。

好在他对人生的彻底的悲观情怀，已因日神之光的照射而淡化至于“无赖”。在寒冷的“愁”和温暖的“戏”之间，他的心还能够安息。不幸，人世的惨烈，一往难返的真情和境遇的逼迫，终于激发了隐伏的绝望。1927年6月1日，王国维最后一次为人题扇，写的是两首缠绵悱恻的《落花诗》：

(一)

生灭原知色即空，眼看倾国付东风。
惊回绮梦憎啼鸟，罥入情丝奈网虫。
雨里罗衾寒不寐，春阑金缕曲方终。

① 袁英光、刘寅生(合著)：《王国维年谱长编》，第252页。按，《人间词话(手稿)》：“余友沈昕伯(纮)自巴黎寄余《蝶恋花》一阕云：簾外东风随燕到，春色东来、循我来时道。一霎围场生绿草，归迟却怨春来早。锦绣一城春水绕，庭院笙歌、行乐多年少。著意来开孤客抱，不知名字闲花鸟。此词当在晏氏父子间，南宋人不能道也。”

返生香岂人间有，除奏通明问碧翁。

（二）

流水前溪去不留，余香骀荡碧池头。
燕衔鱼唼能相厚，泥污苔遮各自由。
委蜕大难求净土，伤心最是近高楼。
庇根枝叶由来重，长夏荫成且少休。①

他的情绪也一样的缠绵悱恻，也许那几天他曾经反复吟咏这两首落花诗吧？他的梦幻已被鸱枭惊散，情丝又如蚕之茧，无法自解；他对人生原本就没有多少留恋，现在终于要决然离去了。6月2日，先生自沉颐和园昆明湖。

没有抗争，没有辩解，他的从容的静静的死，是情与理的相遇，酒神与日神的会合——"又何须底死，说短论长！"

余　论

（一）

然而，如果脱开悲观主义的情绪——当然，也不采取乐观主义的立场——关于王国维仍有许多可发的议论。

---

① 袁英光、刘寅生（合著）：《王国维年谱长编》，第520页。按：此二诗的作者是晚清诗人陈宝琛。据周光午《我所知之王国维先生》（1947）："于时研究院同学之求先生墨宝者，先生辄书古今诗词之能见其志者以应。如为谢国桢君所书扇面之四诗，其首二诗为唐韩偓之作，次二诗为清太傅陈宝琛之《前落花诗》第三四两首。"又，据谢国桢《悼王静安先生》（1927）："先生曾为桢书二扇，均蹈湖前一日书成……蓮上四诗，系录韩冬郎、李义山之作。然题'著青'款之二者，若先生之绝命词，其托此以见志乎？"据此则王国维为谢国桢书扇面四诗为韩偓诗二、李商隐诗二，无陈宝琛《落花诗》，未知孰是。又，据谢国桢晚年《题王国维先生书扇面绝笔书遗迹》（1987），王国维应谢国桢及友人所书二扇面，"其一已送友人，桢存留其一"，桢所自存扇面上二诗为韩偓七言律诗二首，头一首题为《即目》（亦作《即日》），第二首题为《登南神光寺墖院》。

王国维对自己的性格有个分析，他说：

> 余之性质，欲为哲学家则感情苦多，而知力苦寡；欲为诗人，则又苦感情寡而理性多。①

这本是诗与哲学的矛盾，导致他三十岁左右时在诗和哲学间的徘徊。其实，他的一生都可从感情和理性的矛盾中得到解释；他的问题似乎也不是感情和理性孰多孰寡，而是感情和理智都太丰富了。先说他的深情吧。中国人的深情，大致有庄子式和屈原式两种。庄子用情的特点，如蜻蜓点水，旋点旋飞；屈原用情则如春蚕作茧，愈缚愈紧②。陶渊明、苏轼的情，带有庄子的色彩，所以能够脱得开；王国维的情更像屈原，对于曾经的历史，曾朝夕相处，又有深情厚意的故人，不管是“遗老”还是“废帝”，始终不忍割弃。于是，他和那个正逝去的历史有斩不断的牵连。但是，太清醒的理性又时时提醒他，所有世事的庄严华妙的扮相下，都是空空的无。所以他对一切价值都保持着距离，始终孤立于各种圈子之外。他对人生的太过透彻的悲观主义理解，更让他知道，所有的辩解都是不可能的，而且毫无意义，所以他总是沉默。于是在他身上，我们看到外冷内热的奇怪现象③。他的深情，他的热情，被冷酷的现实压迫着，被冰冷的理智压迫着——他只有默默地死！

（二）

记得谁曾说过：艺术至于悲剧，乃觉其高、大、深。悲剧启示着一个深广博大的人生，悲剧培养深广博大的同情。但是，虽然不断有人呼唤，真正的悲剧艺术始终没有能够在中国发展起来，近五十年的艺术，更是弥漫着浅薄的乐观主义。

---

① 王国维：《自序（二）》，《全集》第十四卷，第121页。

② 缪钺：《诗词散论》，第15页。

③ 袁英光、刘寅生（合著）：《王国维年谱长编》，第497页。

王国维的一生，是他和这个民族，那个时代共同的的悲剧。可惜在浅薄的乐观主义者眼里，只剩下是与非、进步与落后的区分。谁有那样的悲悯来同情他的奇哀遗恨？第一个为这个民族呼唤悲剧精神，又身演悲剧的人，却不能得到悲剧的同情，这又是一场悲剧了。

欣赏悲剧，需要极热的血性和成熟的智慧，需要深广博大的同情。不能欣赏悲剧的民族，也多少有些不幸吧？

（三）

在尼采那里，代表日神精神的艺术是英雄史诗，也就是英雄的悲剧。英雄总是在不息的追求中，在近乎知其不可而为之的狂热中，走向悲剧性的终点。英雄的悲剧是发扬向上的。

然而我们的历史上，自庄子之后，悲观主义不断平民化，终于在陶渊明身上完满实现而成为后世悲观主义者的楷模。王国维是个纯粹的书生，一生没有波澜壮阔的景象，他所演的悲剧，也只能是平民式的。不过对于悲观主义者来说，人生恰如一场大梦，俯仰生死，翻覆古今，英雄、平民，或者也应当等量而齐观？

附，王国维自沉前书赠周光午唐末韩偓诗：

万古离怀增物色，几生愁绪溺风光。
废城沃土肥春草，野渡空船荡夕阳。
倚道向人多脉脉，为情困酒易伥伥。
宦途弃掷须甘分，回避红尘是所长。

早年志向：一心想做“思想革命”

1912年之前，王国维主要从事哲学、文学的研究。罗振玉说，那时的王国维一心想搞“思想革命”。初听这话，许多人不免要吃一惊：一个活动在遗老圈子里，拖着辫子的经史考据家，与“思想革命”如何扯得上呢？导致这疑问的原因，有两个方面：一、王国维的成名，在他放弃哲学研究而完全转向经史考据之后，一般人不了解他早期的哲学工作，自然无从知道他曾有志于“思想革命”了；二、王国维早年的“思想革命”，是从哲学的层面做的，与其后新文化运动的一批人相比，他的“思想革命”更为深沉，不易为常人觉察，亦不易为常人理解。王氏自沉之后，殉清的流言，进一步加重了他的遗老形象，人们更难以想象他曾有志于做“思想革命”了。然而新文化阵营里的史学家顾颉刚，在纪念王国维的文章中特意提醒人们：“他的学问，恐怕一般人要和别的老先生老古董们相提并论，以为他们都是研究旧学，保存国粹的。这是大错误。”又说：“王国维在廿余年前治哲学、文学、心理学、法学等，他的研究学问的方法已经上了世界学术的公路……他对于学术界的最大功绩，便是经书不当作经书（圣道）看而当作史料看，圣贤不当作圣贤（超人）看而当作凡人看。他把龟甲文、钟鼎文、经籍、实物作打通的研究，说明古代的史迹。他已经把古代的神秘拆穿了许多，这和一班遗老们迷信古代，将‘圣道王功’常挂在嘴边的，会相同吗？”所以，“我们单看王国维的形状，他确是一个旧思想的代表者；但细察他的实在，他却是一个旧思想的破坏者”[①]。的确,受过西方近代哲学洗礼的王国维,思维和眼光都超出时辈,与旧派的学者是迥然不同的。即使在转向经史研究之后,他早期哲学研究中形成的思想和养成的眼光,仍然在闪烁光芒。

一

王国维少年时,即表现出异于常人的志趣。他是家中长子,其父乃誉公曾在一封信中说到这个大儿子“好谈时务,嗜古籍而不喜帖括……以期通达中西要务以自立”[②]。这短短几句话,大致可以概括王国维的禀性和志趣:一、由“好谈时务”四个字,可以知道王国维从来不是只知钻故纸堆的学究,他心里有国事、天下事;二、由“嗜古籍而不喜帖括”一句,可以知道王国维的志趣在求知问道,不在博取功名;三、“通达中西”,正是日后王国维治学的特色。

在王国维少年时代,有两件事情对他后来的人生道路起了重要的影响。一是17岁那年(1893)参加乡试,“不终场而归”,从此绝意科举,也注定了他将来要走自由发展的路。一是甲午战争(1895年)的惨败,促使国人睁开眼睛看世界,王国维也在那时始知道世上尚有所谓“新学”。他有志于学,是从治新学开始的。

王国维虽然向往新学,却因为家境不丰,无力外出游学,只得蹩居海宁乡下教家馆。直到1898年,他得到了一个去上海谋事的机会——他的同乡好友许同蔺在时务报馆任职,此时因事返里,遂举荐王国维代替自己的职务。是年正月,王国维离开海宁赴上海就聘,开始了他人生旅程的新起点。《时务报》是维新派的舆论报,宣传变革思想,亦致力于译介西方科学文化知识,传播新学。王国维昔时在海宁曾购读《时务

---

① 顾颉刚:《悼王王国维》,陈平原、王枫(编)《追忆王国维》,中国广播电视出版社,1997年,第132—133页。按:顾氏原文载《文学周报》第五卷一、二期合刊,1927年8月7日。

② 据刘烜:《王国维评传》,百花洲文艺出版社,2010年3月,第6页。

报》,进入时务报馆,为王国维进一步了解新学,提供了一个窗口。不久,命运再次眷顾这位学术天才。这年二月,罗振玉在上海创办“东文学社”,培养翻译日文的人才,王国维入社学习日文、英文,并深受罗氏及日籍教员的赏识。在东文学社,王国维遇到了治哲学的藤田丰八、田冈佐代治二君,在他们的指引下,初窥到哲学的门径。然而接下来的三年,王国维的成长之路并不顺遂:1898 年 8 月,《时务报》停办;1900 年,东文学社停办。此年年底,王国维因罗振玉的资助,赴东京留学,可惜仅停留四五个月,就因为脚气病发作而返国,从此开始了独学的时代。他“体素羸弱,性复忧郁”,处此困境,“人生之问题,日往复于眼前”,于是决意从事哲学的研究,寻求宇宙、人生的真理,以安置自己的灵魂。

1901 年,命运又一次为这位学者的成长作出安排。是年 5 月,罗振玉在上海创办《教育世界》,王国维自日本返国后,即协助罗振玉编《教育世界》,成为该社的“专攻哲学者”。教育学与哲学本是相邻相通的,用王国维的话说,不通哲学则不能通教育学;而“探宇宙人生之真理而定教育之理想”,正是哲学的任务[①]。对于王国维来说,《教育世界》是个绝佳的平台,此后数年内,他哲学、教育学方面的译和作都发表在《教育世界》上。

王国维专心于哲学研究,主要是 1901 年(辛丑,25 岁)至 1907 年(丁未,31 岁)的五六年时间。1907 年前后,他渐渐转向文学的研究,至 1912 年终于彻底放弃哲学、文学的研究而转治经史。他哲学研究的成果,主要收录在二十九岁时结集出版的《静安文集》,而他研读西方哲学的心路历程,则记录在《静安文集》的序,以及三十一岁那年作的两篇《自序》里。据他的自述,他研读西方哲学的过程大致如下:

1902 年春天,他次第读翻尔彭(Fairbanks)的《社会学》,及文(Jevons)的《名学》(即逻辑学),海甫定(Hoffding)的《心理学》。海氏《心理学》读到一半的时候,所购买的哲学书籍到了,于是放下《心理学》,读巴尔善(Paulson)的《哲学概论》、文特尔彭(Windelband)的《哲学史》。读

---

① 王国维:《教育偶感四则》之三,《全集》第一卷,第 137 页

完《哲学概论》《哲学史》，乃于次年（1903）开始读康德的《纯理批判》。对于初涉哲学的王国维来说，这是一本极难读的书，读到先天分析的部分，几乎全不可解，他于是放下康德，转而读叔本华的《意志及表象之世界》。这大约是1903年夏天的事。此后的一年，王国维与叔本华之书为伴，沉浸在叔本华的哲学中。叔氏之书，思想敏锐，行文流畅。这一年里，王国维把《意志及表象之世界》读了两遍，又旁及叔氏的《充足理由之原则》《自然中之意志论》及其文集。叔氏之学直承康德，《意志及表象之世界》中《康德哲学之批评》一篇尤其为“通汗德（康德）哲学关键”，于是叔氏之书自然就成为王国维进入康德哲学的桥梁。1905年（29岁），王国维返而读康德，因为有叔氏哲学的铺垫，读起来不似从前那般困难了，乃于康德的《纯粹理性批评》之外，更兼及康德的伦理学和美学。1907年，王国维再次研读康德——他说这是他第四次研究康德——这回不仅窒碍更少，而且看出了康德学说本身的问题，知道自己的窒碍之处，正是康德哲学的不可持论之处①。这一时期，除康德、叔本华之外，他还时时涉猎洛克、休谟的著作。

这是王国维研读西方哲学的大概。

王国维当日研读西方哲学，用的是英文本，参以相关的日文书籍。从他研读西方哲学的过程看，他取径颇正，既对西方哲学史有大致通贯的了解，也对近代的一些大哲学家（主要是康德和叔本华），作了较为深入的研究。他的取法也颇高，对西方哲学家的研究，不只停留在了解，还进而有判断，明了其是非得失。他本有中学所养成的成熟的心智，加上天生的哲人气质，长于思考的禀赋，一经西学的撞击，立时放出火花来，在短短数年内，为我们留下了数量可观的译介西方哲学的文字，和

① 他自言这是他第四次研读康德。《自序》中只明白交代了三次研读康德的情况。一次是1903年，这次未能读下去，应该是第一次。一次是1905年，在研究了叔本华之后返而读康德，不像以前那样窒碍难通了，这次可能是第三次。第四次是1907年，作自序的时候。第二次的情况如何，不得而知。

十余篇中西哲学方面的论文[①]。他的“思想革命”，即寄托在这些著述之中。

二

清末民初的人，对西方文明的认识，大致经历了三个阶段，分别看到了西方文明的三个层面。第一阶段，认为西方之强，强在“用（技）”，于是有洋务运动的兴起，学习西方的技术和商业，兴实业，办军工，以图自强。洋务派的指导思想是“中学为体，西学为用”，即“以中国之伦常名教为原本，辅以诸国富强之术”[②]。这些要坚守传统的伦常名教的人，有一种继承自“夷夏之辨”的道德优越感，以为不同我们一样遵从此伦常名教的民族，都是蛮夷，是禽兽而不是人。“中体西用”的潜台词，其实是阿Q式的自信：华夏文明优于精神，西方文明长于物质。伦常名教之一大端，是君臣之义，“中学为体”亦即意味着国体/政体不能变。然而甲午战争的惨败，宣告了洋务运动的失败，国人对于西方文明的认识也因此进入第二个阶段，认识到西方之强，强在政治/社会制度，中国若不变更政体，势不能图存救亡。于是有变法维新运动，试图变更政体，行君主立宪，开议会，保民权。然而维新百日而失败。这促使梁启超思考：“吾国言新法数十年而效不睹者，何也？”其实，何止言新法数十年而效不睹？行新法数十年而效亦不睹！共和之后，有了总统，议会，然而国事仍旧一团糟，一届届总统，一届届议会，演出一场场闹剧。何以如此呢？梁启超的答案是：“于新民之道，未有留意焉者也。”[③]西方之强，

① 王国维早年哲学方面的著述，见《静庵文集》《静庵文集续编》（赵万里辑）；另参见：佛雏（校辑），《王国维哲学美学论文辑佚》，华东师范大学出版社，1993年；佛雏（著），《王国维哲学译稿研究》，社会科学文献出版社，2006年。按：据钱鸥《王国维与〈教育世界〉未署名文章》一文，这些未署名的所谓王国维的论文，多是转译自日本人的著作。

② 冯桂芬：《校邠庐抗议》“采西学”，上海书店出版社，2002年，第57页。

③ 梁启超：《新民说》，《梁启超全集》，北京出版社，1999年，第655页。

由于其民强；其政体好，由于其民之文明程度高。未有民不新而其政能新者，梁启超于是作《新民说》。说到“新民”，就是文化的问题了。由此进入到对西方文明的第三层认识：西方文明不仅是物质文明，还有创造这物质文明的人的精神文明，即是说西方文化亦有其体，其体强，其用乃强。然则中国之弱，亦不仅只是“用”方面的问题，病根还在于“体”。胡适说：“我们必须承认我们自己百事不如人，不但物质机械上不如人，不但政治制度不如人，并且道德不如人，知识不如人，文学不如人，音乐不如人，艺术不如人，身体不如人。”[①]一句话：我们不仅物质不如人，我们精神/道德也不如人！

王国维的“思想革命”，即是在中西文化比较的视野下，在“体”的层面上，展开对中国传统文化的理性的批判。欲明了这问题，我们还得先明了中西文化发展的大势。

据冯友兰先生的分析，西方文化的发展，大略可以划分为三个阶段：远古，中古，近古（近代）。这三个时期的文化各有其面目与精神。远古，即古希腊时期，是西方的子学时代，子学时代的哲学家用自己的眼睛看世界，用自己的头脑思考，用自己的声音说话，百家争鸣，各自为说，是思想相对自由的时代。中古，即中世纪，是宗教时代，人被剥夺了思考的权利，匍匐在神的权威脚下，聆听上帝的声音。近古（近代）则指文艺复兴以来的时代，人从神权下解放出来，回到人自身，自己观察，自己思考，自己判断，是思想自由，个体自觉的时代。西方的近代文化，始于文艺复兴，完成于启蒙运动。启蒙运动的根本精神是反思与批判，一切衡以理性和观察——对一切旧说，一切习惯和传统，皆用理性审视一番，用观察检验一番，绝不盲信盲从。

中国文化的发展，则可以大略划分为两个阶段：远古和中古。汉武帝独尊儒术之前为远古，是中国文化的子学时代，百家争鸣，各自为说，与西方的古希腊时期约略相似，也是思想相对自由的时代。自汉武帝独尊儒术，中国文化进入经学时代，经学时代一直延续到清末，这是中

① 胡适：《介绍我自己的思想》。按：这是胡适 1930 年为《胡适文存》写的自序。

国文化的中古。经学时代,人交出了自由思考的权利,匍匐在经书和往圣先贤的脚下。中国的经学专制固然不似西方的宗教专制那样的严酷,然而就其实行思想专制,人们普遍地崇拜经典,仰视权威,而失去思考的权利和能力而言,经学与宗教约略相当,中国的经学时代与西方的宗教时代(中世纪)约略相当。据冯友兰先生的观察,直至民初,中国无论在何方面,皆尚在中古时代;中国在许多方面不如西洋,即因为中国文化缺一个近代。因此,一般人所谓的东西文化之不同,在许多点上,实即中古文化与近代文化之差异①。这一结论,真令人惊心骇目,然而也真可谓一针见血。

王国维既治西方哲学史,对西方文化的发展历程,自是了然于胸,对西方近代文化的精神,尤其启蒙文化的精神,更是心领神会。他向国人介绍的西方哲学家,主要即是启蒙时代以来的哲学家。他说:"启蒙时代之第一特点,在力戒盲信盲从。"②他认为英国自培根以来的经验主义,法国自笛卡儿以来的理性主义,对于旧说都持宁怀疑而不盲信的态度③,其后乃有康德的批判哲学,对于理性自身亦加以反思,完成了从独断论哲学向批判哲学的变革④。如果说休谟的怀疑论惊醒了康德,引导康德打破独断论的迷梦而走向批判哲学,在物理之必然与伦理之自由之间划出了一条清晰的界限;那么西方近代的启蒙哲学,以及康德的批判哲学,是否也惊醒了王国维,引导他冲破经学传统下对圣贤之教的迷信,而走向理性的反思呢?确实如此。王国维的"思想革命",即是站在西方近代文化的立场,展开对尚处于中古阶段的中国文化的批判,以实

---

① 冯友兰:《中国哲学史(下册)》,华东师范大学出版社,2000 年,第 5 页。按:此处所述中西文化发展大势,大致依据冯友兰之说。

② 王国维:《述近世教育思想与哲学之关系》,佛雏(校辑):《王国维哲学美学论文辑佚》,华东师范大学出版社,1993 年。

③ 同上。

④ 王国维:《汗德之哲学说》,佛雏(校辑):《王国维哲学美学论文辑佚》,华东师范大学出版社,1993 年。按,康德在《纯粹理性批判》序言的一个注中说:"我们的时代是真正的批判时代,一切都必须经受批判。"参见:康德《纯粹理性批评》,邓晓芒译,人民出版社,2004 年,第 3 页脚注。

现从中古文化向近代文化的转进。他的“思想革命”的实质,是近代文化启蒙。

三

王国维所做的第一件事,是以哲学专攻者的身份,为哲学辩护,借此展开对传统的尊经思想的批判。

戊戌变法前后,传统的经学思想与外来的哲学思想之间,呈现出某种程度的对抗。哲学本是西方的学科概念,西方哲学是西方思想文化最高度的浓缩。清末维新派在引进西方文化的过程中,也带进了哲学的学科概念。当时人介绍的西方哲学思想,大多与伦理及政治制度有关,即道德哲学、政治哲学的方面。这自然引起了为维护名教纲常而坚持“中学为体”的洋务派的警惕,他们视西方哲学思想为诐辞邪说,于是抬出经学,试图通过“尊经”来捍卫传统的价值体系。清末倡“中学为体,西学为用”的领袖,是洋务派的殿军张之洞。1898年,张之洞发表《劝学篇》,全面阐释“中体西用”的思想。其所谓“中学为体”,实际上是坚守传统的价值体系,即儒家的伦理纲常,在教育与治学上,则表现为“尊经”。儒家的伦理纲常,浓缩于三纲五常(或三纲四维)。张之洞论儒家的伦理说:

> 亲亲也,尊尊也,长长也,男女有别,此其不可得与民变革者也。五伦之要,百行之原,相传数千年,更无异议。圣人所以为圣人,中国所以为中国,实在于此。

又论三纲说:

> 知君臣之纲,则民权之说不可行也;知父子之纲,则父子同罪、

免丧废祀之说不可行也;知夫妇之纲,则男女平权之说不可行也。[1]

在张之洞看来,国家的法令制度可以变,日用器具可以变,实用技术可以变,但是伦纪不能变,圣人之道不能变,人心不能变。用传统的术语来说,即器可变而道不可变。他对于变法的态度是法可以变,但不能悖道;而他所谓的道,即是伦纪:"所谓道本者,三纲四维是也,若并此弃之,法未行而大乱作矣。"[2]如何才能守住圣道呢?自然是尊经了。他因此提出以儒家经典作为衡量其他学说之是非去取的标准。诸子不是不可以读,"然当以经义权衡而节取之":可以证发经义或别出新理而不悖经义者取之,显悖孔、孟者去之。[3] 张之洞提"尊经",一方面是为应对晚清诸子学的兴起(对经学的冲击),另一方面则是为应对西方哲学思想的入侵。这后一方面的考虑,在张氏拟定京师大学堂章程时,愈见明显。在《筹定学堂规模次第兴办折》(1902)中,张之洞提出了三条"防流弊"的建议,一曰幼学不可废经书,二曰不必早习洋文,三曰不可讲西方哲学。这三条建议,从正的方面说,是尊经,从负的方面说,是排斥西方哲学。张之洞对西方哲学深怀戒心,他对西方哲学总的评价是无用而有害。他说西方哲学多是不切实际的空言:"西国哲学流派颇多,大略与战国之名家相近而又出入于佛家经论之间,大率皆推论天人消息之原,人情物理、爱恶攻取之故。盖西学密实已甚,故其聪明好胜之士别出一途,探赜钩深,课虚骛远。究其实,世俗所推为精辟之理,中国经传已多有之。"他推崇西方的实学(即科学),而厌弃"课虚骛远"的西方哲学。他说西方哲学中那些所谓的精辟之理,我国传统的经学中已多有之,然而西方哲学中那些粗鄙不堪之言,却被包藏祸心的人引为言谈之助:"近来士气浮躁,于其(西方哲学)精义不加研求,专取其便于己私

① 张之洞:《劝学篇·明纲》,陈山磅(编):《张之洞教育文存》,人民教育出版社,2008年,第193—194页。

② 张之洞:《劝学篇·变法》,同上书,第222—224页。

③ 张之洞:《劝学篇·宗经》,同上书,第196—199页。

者，倡言无忌，以为煽惑人心之助，词锋所及，伦理国政任意抨弹。”若仅仅是尚空谈，不过无用而已，若包藏祸心，偏宕不返，则大祸不可胜言矣。既然中国圣经贤传无理不包，学堂之中岂可舍四千年之实理，而骛数万里之外那可能败坏人心的空谈呢？[①] 果然，他随后奏定的大学章程，体制模仿日本、欧洲的大学，唯独屏除了日本及欧洲大学必设的哲学科，而比附欧洲大学中的神学科，设经学科。

“中体西用”问题的关键，不在西用，而在中体。西学长于用，中国须借其用，学其用，这是洋务派和维新派都赞同的，不成问题。问题在于何以要“中体”？“西用”可不可以嫁接到“中体”上？前一个问题既是文化问题，也是政治问题（中国向来是政教合一的）。如前文已经说过的，坚持“中体”是传统儒家夷夏之辨思想的延续。中国人向来有一种文化中心主义，即对于自己的礼教文化有一种道德上的优越感，而视不循自己这一套礼教而生活的民族为蛮夷。防止“蛮夷滑夏”，是中国人文化、政治生活中的一件大事。清朝人承认西方人在实用技术上的优势，而在道德上仍视其为“蛮夷”。这种狭隘、盲目的文化中心主义，催生了“中学为体，西学为用”的怪胎。在华夏文明相对先进，因而具有相对优势的时代，坚持“中学为体”，不失为一种文化的自信；但是在华夏文明相对落后，已毫无优势可言的时代，仍坚持“中学为体”，就成抱残守缺了。这抱残守缺的面目，在经学与哲学的对比下表露无疑。如前所说，经学有浓厚的中古文化的气息。经学的本质是维护权威，作为一门学科的经学，定儒家之说于一尊，是个封闭的系统，指向过去的静止的系统，其内容是固定的。哲学的本质是不断追问/反思，作为一门学科的哲学，包罗众说，是个开放的系统，指向未来的发展的系统。就其追问/反思的性质而言，哲学从里到外都是近代文化的气息。因此，经学与哲学之争，表面上看是中西文化之争，实质上却是中古文化与近代文化之争。至于第二个问题，即可不可以“中体西用”，则是个理论上的难题。体用关系本是儒家哲学中的话题，从儒学内部来看，一向强调

---

① 张之洞：《筹定学堂规模次第兴办折》，同上书，第 405—418 页。

体用一源而反对体用断作两截，即：用是体之用，用须从体发出。换句话说，此体即有此用，彼体即有彼用，不可能此体彼用，彼体此用。如此而言，则“中学为体，西学为用”的提法本就是个矛盾，所以严复讽刺说是“牛体马用”。中体不可能西用，就像牛之体不能有马之用。

王国维对张之洞的尊经和敌视西方哲学，颇不以为然，先后在《教育世界》发表《哲学辩惑》《论哲学家美术家之天职》《奏定经学科大学文学科大学章程书后》等文章予以批驳。对于张之洞拟定的大学章程，王国维批评道：

> 其根本之错误何在？曰：在缺哲学一科而已。夫欧洲各国大学无不以神、哲、医、法四学为分科之基本，日本大学虽易哲学科以文学科之名，然其文科之九科中，则哲学科褎然居首，而余八科无不以哲学概论、哲学史为其基本学科者。①

他援欧洲、日本的大学皆以哲学为基本科目为例，驳张之洞拟定的大学章程摈弃哲学之非。王国维没有进一步说明为什么大学必须要有哲学作为基本科目。然而我们知道，这个问题恰是康德《系科之争》一书中所要回答的。康德说，大学中的神学、法学、医学三科服务于政府，听命于政府，不是遵从理性的自由的研究；这三个系科都把政府委托给他们的学说建立在经书上——这种经书（或书籍）必须包含规定，即出自某一高层人士之裁断的学说。然而“大学里必须（另）有一个在其学说上独立于政府命令的系科，这个系科并不发令，但却对一切加以评判，它拥有对于科学兴趣——即真理——的自由，在这里理性必须有权公开说话；假如没有这个系科的话，真理将永不见天日（这本身对政府是有害的），理性按其本性应该是自由的，不接受任何要求它把某种东西当作是真的命令”。这个系科就是哲学。哲学是自由的，只处于理性，而不是政府的立法规范之下，它有权要求检审一切学说的真理性，其他系

---

① 王国维：《奏定经学科大学文学科大学章程书后》，《全集》第十四卷，第32页。

科也必须对它所公开提出的批评和怀疑作出回答。康德认为，大学里必须有只对真理负责而不必对政府负责的哲学系，以控制神学、法学、医学科，使它们步入真理的轨道。[1]

我相信，王国维是在康德的意义上理解哲学的性质以及大学中设哲学科目的必要性的，而他对张之洞的批驳，则有着现实的针对性，即当时流行的中国哲学与西方哲学之争，中学与西学之争。

王国维指出，哲学的任务是探求真理，而不是守护某家之说，所以“不研究哲学则已，苟研究哲学，则必博稽众说而唯真理之是从”[2]。哲学也并不是西方的特产，中国自古以来就有这样的学问，即所谓“理学”。害怕哲学，而欲废弃哲学的人，是被“哲学”这个外来的名词惊吓了，不知道这其实是中国文化中固已有之的“理学”。不过王国维又指出，对这“理学”须作宽泛的了解，凡诸子百家，一切对形上之理的思考，都应包括在内，而不能仅仅局限于宋儒的理学。对于张之洞的尊经崇儒、摈弃诸子，王国维批评说：“周秦诸子之说，虽若时与儒家相反对，然欲知儒家之价值，亦非尽知其反对诸家之说不可，况乎其各言之有故，持之成理者哉。今日之时代，已入研究自由之时代，而非教权专制之时代。苟儒家之说而有价值，则因研究诸子之学而益明，其无价值也，虽罢斥百家，适足滋世人之疑惑耳。”[3]欧洲中世纪的哲学，以替宗教辩护为任务，是哲学的极大耻辱，至今为人诟病[4]。尊经崇儒，其精神与欧洲中世纪的哲学相去无几，处今日之时代而倡尊经崇儒，可以算得上倒行逆施了！对于张之洞比附西方大学中的神学科而设经学科，又出于尊经的目的而置经学于各分科大学之首，王国维更是不以为然。他说，孔孟之教是学说而非宗教，应该与其他学说一样，作为研究的对象，而非信仰的对象。儒家的价值，只能通过研究而加以发明，所以经学应该作

---

① 参见康德：《系科之争》，赵鹏、何兆武译，世纪出版集团，上海人民出版社，2005 年。

② 王国维：《奏定经学科大学文学科大学章程书后》，《全集》第十四卷，第 34 页。

③ 同上书，第 36 页。

④ 王国维：《文学小言（二）》，同上书，第 92 页。

为文学科的一部分,而不该独立分科。①

然则研究中国哲学就是了,何必一定要研究西方哲学呢?王国维说,不然。西方哲学与中国哲学的关系,犹如诸子与儒学的关系,作为研究的对象,西方哲学、中国哲学应该一视同仁,而不该有所偏废。再者,研究西方哲学,对于我们了解中国哲学,也有极大的意义。王国维说:

> 余非谓西洋哲学之必胜于中国,然吾国古书,大率繁散而无纪,残缺而不完,虽有真理,不易寻绎,以视西洋哲学之系统灿然,步伐严整者,其形式上之孰优孰劣,固自不可掩也。且今之言教育学者,将用《论语》《学记》作课本乎?抑将博采西洋之教育学以充之?于教育学然,于哲学何独不然?且欲通中国哲学,又非通西洋之哲学不易明也。近世中国哲学之不振,其原因虽繁,然古书之难解,未始非其一端也。苟通西洋之哲学,以治吾中国之哲学,则其所得当不止此。异日昌大吾国固有之哲学者,必在深通西洋哲学之人,无疑也。②

因此,即便从发扬中国哲学的角度,也有研究西方哲学的必要。不单哲学如此,一切学术无不如此。王国维宣称:处此开放的时代,"异日发明光大我国之学术者,必在兼通世界学术之人,而不在一孔之陋儒,固可决也"③。

"唯真理之是从",是哲学的基本精神,也是西方近代文化的基本精神。站在这个立场上,学问无所谓新旧,而只有是非。王国维说:"事物必尽其真,而道理必求其是。凡吾智之不能通,而吾心之不能安者,虽圣贤言之,有所不信焉,虽圣贤行之,有所不慊焉。何则?圣贤所以别

---

① 王国维:《奏定经学科大学文学科大学章程书后》,《全集》第十四卷,第38页。
② 王国维:《哲学辩惑》,同上书,第8—9页。
③ 王国维:《奏定经学科大学文学科大学章程书后》,同上书,第36页。

真伪也,真伪非由圣贤出也,所以明是非也,是非非由圣贤立也。”[①]站在这个立场上,学问也无所谓中西,而只有正确与不正确,因为人类所有的学术活动,都是对宇宙、人生问题的探索,人类的一切思想,都是对宇宙、人生问题的回答。王国维说:“知力,人人之所同有;宇宙人生之问题,人人之所不得解也。其有能解释此问题之一部分者,无论其出于本国或出于外国,其偿我知识上之要求,而慰我怀疑之苦痛者则一也。同此宇宙,同此人生,而其观宇宙人生也则各不同,以其不同之故而遂生彼此之见,此大不然者也。学术之争,只有是非真伪之别耳。于是非真伪之别外,而以国家、人种、宗教之见杂之,则以学术为一手段而非以为一目的也。”[②]他呼吁国人放下儒家本位主义的包袱,放下中学西学之争,面向真理,走向近代——我们若记得经学与哲学的分际,我们就该明白,惟有如此,我们才有进入近代文明的希望。

四

王国维做的另一件重要的事,是批判中国文化的泛道德化和泛政治化倾向,呼唤学术的纯粹性和独立性。

大致来说,这也是针对张之洞的教育思想而言。张之洞视哲学、文学为无用之学而加以摈斥或限制,王国维乃作《论哲学家与美术家之天职》一文,予以批驳。王国维说:“天下最神圣最尊贵,而无与于当世之用者,哲学与美术是已。天下之人嚣然谓之曰无用,无损于哲学、美术之价值也。”既无用,为什么还说它最神圣最尊贵呢?王国维给出两点理由:其一,哲学与艺术的目标是真理——哲学家发现真理,艺术家表现真理。真理关乎天下万世,而非一时一地。而世人认为最有用的,如政治与实业,却只关乎一时一地。因此,与政治、实业相比,哲学、艺术

① 王国维:《国学丛刊序》,《全集》第十四卷,第130页。
② 王国维:《论近年之学术界》,《全集》第一卷,第125页。

虽无当世之用,却有万世永久之用。其二,哲学与艺术满足人的精神需要(知识和情感),政治与实业满足人的物质需要(生活之欲)。然而人之为人,乃在于人有知识和情感,而不在于人有生活之欲——禽兽也有生活之欲。因此,就其对于人的意义而言,哲学/艺术较政治/实业高贵。

但是以儒家为主体的中国文化,有根深蒂固的"功业"思想。在这种文化氛围里,哲学家没有不想兼作政治家的,诗人也没有不想要"致君尧舜上,再使风俗淳"的。结果,在中国的历史上,哲学和艺术长久地失掉了独立的价值:中国哲学最完备的是道德哲学和政治哲学,形而上学、逻辑学、知识论等"纯粹哲学"则相当贫乏;文学方面,戏曲、小说多以惩恶劝善为主旨,诗歌多以家国情怀、感怀伤世为主旨,纯粹以艺术为目的的作品寥寥无几。这是王国维深为不满,亦深感忧虑的,因为学术如果没有相当的超越性和独立性,而沦为眼前利益和现实政治的附庸,则其衰落,是不可避免的,而学术的衰落,亦必将导致一个民族的精神和情感的枯竭。

这个观察极其敏锐。站在儒家文化的立场上,重视功业是无可厚非的,不构成问题。但是从外部看,比如从西方文化的角度看,中国学术过于实际的偏颇就凸现出来了。这是从他者的眼光看出的问题。王国维对社会的观察,常能藉其深广的文化视野,而表现出异于常人的洞见。比如对于鸦片问题,张之洞有《去毒篇》,认为中国人嗜鸦片是因为无知与不知耻。他引《论语》"齐之以刑,免而无耻;齐之以礼,有耻且格"的教训,主张通过明耻教育和砥砺名节,引导民众戒烟。王国维也有《去毒篇》,给出的答案却完全不同。王国维说国人并不是不知道鸦片的祸害,国人也不是道德腐败、甘于沉沦,根本的原因,是由于国民感情上无希望,无慰藉。因此,禁鸦片的根本之道,除修明政治,大兴教育,以养成国民之知识及道德外,尤不可不于国民之情感加以留意。什么能够护育国民的情感呢?宗教与艺术。宗教给人希望,艺术给人慰藉。于是,当张之洞本着儒家的功业思想而重弹"一命为文人便不足观”的老调时，王国维发出了“生百政治家不如生一文学家”的呼声。文学可以培育国民的精神，文学可以慰藉国民的情感。与文学相表里的哲学也是如此。于此我们可以知道，王国维著《论哲学家与美术家之天职》一文，提倡“纯粹哲学”、“纯粹艺术”——有独立价值而不为道德和政治的附庸的哲学、艺术——实在有着文化上的宏图远虑，他大声疾呼：“夫忘哲学美术之神圣而以为道德政治之手段者，正使其著作无价值者也，愿今后之哲学、美术家，毋忘其天职而失其独立之价值，则幸矣。”①

尤其可贵的是，王国维的批评并不单是指向张之洞，他的批评也指向维新派和革命派。在他看来，无论中体西用派还是维新派和革命派，都着眼于政治，他们对于学问本无固有的兴味，所以他们论学不是纯粹的论学，只是用作实现自己的政治目的的手段而已。在《论近年之学术界》一文中，王国维对这种现象作了集中的批评。他说严复译《天演论》，一新世人耳目，然而“严氏所奉者，英吉利之功利论及进化论之哲学耳，其兴味之所存，不存于纯粹之哲学，而存于哲学之各分科，如经济、社会等学，其所最好者也。故严氏之学风，非哲学的，而宁科学的也，此其所以不能感动吾国之思想界者也”②。他批评康有为：“康氏以元统天之说，大有泛神论之臭味，其崇拜孔子也，颇模仿基督教，其以预言者自居，又居然抱穆罕默德之野心者也。其震人耳目之处，在脱数千年思想之束缚，而易之以西洋已失势力之迷信，此其学问上之事业，不得不与其政治上之企图同归于失败者也。然康氏之于学术，非有固有之兴味，不过以之为政治上之手段，荀子所谓‘今之学者以为禽犊’者也。”③他批评谭嗣同：“谭氏之说，则出于上海教会中所译之治心免病法，其形而上学之以太说，半唯物论半神秘论也。人之读此书者，其兴味不在此等幼稚之形而上学，而在其政治上之意见。谭氏此书之目的，

① 王国维：《论哲学家与美术家之天职》，《全集》第一卷，第133页。
② 王国维：《论近年之学术界》，同上书，第122页。
③ 同上。

亦在此而不在彼,固与南海康氏同也。”[1]哲学上如此,文学又如何呢?他发现:“近数年之文学,亦不重文学自己之价值,而唯视为政治教育之手段,与哲学无异。”[2]他于是感叹说:

> 如此者,其亵渎哲学与文学之神圣之罪固不可逭,欲求其学说之有价值,安可得也!故欲学术之发达,必视学术为目的,而不视为手段而后可。汗德《伦理学》之格言曰:“当视人人为一目的,不可视为手段。”岂特人之对人当如是而已乎,对学术亦何独不然?然则彼等言政治则言政治已而,而必欲亵渎哲学文学之神圣,此则大不可解者也。
>
> ……
>
> 未有不视学术为一目的而能发达者,学术之发达,存于其独立而已。然则吾国今日之学术界,一面当破中外之见,而一面毋以为政论之手段,则庶可有发达之日欤。[3]

学术的独立性问题,即学术是否应该与政治和社会分离甚至绝缘,如果不能绝缘,又该与政治和社会保持怎样的距离,这本是个仁者见仁智者见智的问题。有人主张哲学与艺术超然于现实之上,亦有人主张哲学与艺术积极关注现实、介入现实。中西思想史上皆有关于这两条路线的争论。而实际上,哲学与现实政治从来都是纠缠着的,只不过发生关系的方式不同而已:一种是对政治作独立的思考,此时哲学虽然与政治发生关涉,但是并不失却自身的价值;一种是迎合政治,谄媚政治,此时哲学沦为政治的手段,失却了自身的价值。王国维的论述中没有区分这两种情形,不过他的批评显然是针对后一种情况而言的。他曾说欧洲中世纪哲学为宗教辩护,沦为宗教的工具,是西方哲学史上的一段耻

---

① 王国维:《论近年之学术界》,《全集》第一卷,第123页。

② 同上。

③ 同上书,第123、125页。

辱。由此反观儒家哲学,虽不致如欧洲中世纪哲学那样的堕落,然而其维护政教,为政教服务的性质,也同样使之常常处于沦为政教工具的危险境地。

另一个需要略加辨别的问题是:哲学领域里,形而上学、逻辑、知识论之类王国维称为纯粹哲学的部分,是否比道德哲学(伦理学)和政治哲学之类王国维称为部门哲学的部分,更神圣更高贵,或者说更有学术上的价值?习惯上,纯粹哲学又称理论哲学,部门哲学又称实践哲学。在西方学术系统中,一般认为纯粹/理论哲学是实践哲学的基础。哲学的发达,需以纯粹/理论哲学的发达为基础,所以西方哲学家一向重视纯粹/理论哲学的方面。中国哲学的情形,似乎颠倒了过来,道德哲学与政治哲学较发达,形而上学较欠缺,而且中国哲学中的形而上学多是为道德论证,而不是为道德提供基础,即王国维所说:“周、秦、两宋间之形而上学,不过欲固道德哲学之根柢,其对形而上学非有固有之兴味也。”[①]这也是个极敏锐的观察。比如儒家哲学中天道与人道的关系,名义上是由天道推及人道,而实际上儒家所标榜的诸多天道的性质,却是从人道反射上去的——四时不忒(不欺),天道生生,都含道德的意味——于是天道成了人伦性质的天理。[②]没有形而上学这个活水之源,道德哲学便成了自封闭的系统,如一潭死水,等着发霉腐臭了。一切道德中心主义的文化,都免不了发霉腐臭的结局,这是缺乏形上之思的必然结果吧。王国维重视纯粹哲学,就是要开发源泉,对治中国文化的这种弊病。

王国维向往独立的学术,纯粹的哲学,有相当的理想主义色彩。然而无论如何,在一个健康的社会里,学术应有其独立和超越的价值——即使没有绝对独立的超越的价值,至少应有相对独立的超越的价值。在中国这样一个泛道德化、泛政治化的文化传统中,提出学术的独立性和纯粹哲学的问题,显然有着文化上的洞见和文化发展上的深谋远虑。

---

① 王国维:《论哲学家与美术家之天职》,《全集》第一卷,第132页。

② 在这方面,道家与儒家正相反对。老子说:“天地不仁,以万物为刍狗。”

但是清末民初,救亡图存是迫切的任务,用现在流行的话说,“救亡压倒了启蒙”。在此特殊的历史背景下,王国维文化角度的深谋远虑,不免显得迂阔了。无论中体西用派,还是维新派,都没有对他的呼声作出积极的响应。他是个孤独的思想者,空谷足音。但这个孤独的思想者的思考是深邃的,他看到了中国文化过于实际的弊病,痛下针砭。

五

对哲学与艺术的重视,深层的原因,是对“人”的认识发生了根本的转变。王国维吸收西方近代文化,对人之为人,作了不同于传统的解释。他说:

> 夫人之所以异于禽兽者,岂不以其有纯粹之知识与微妙之感情哉,至于生活之欲,人与禽兽无以或异。后者政治家及实业家之所供给,前者之慰藉满足,非求诸哲学与美术不可。①

这里涉及古今中外的哲学都绕不开的一个话题:人禽之辨。王国维认为,人之为人,在于人有知识与情感,而知识之最高满足,必求诸哲学,情感之最高满足,必求诸艺术。这看法与叔本华有关。叔本华虽然一反传统,说人的本质是生活之欲,但是叔本华也接受了西方哲学上的一个传统观念,承认人是形而上学的动物,于欲望之外还有形而上学的需要。②

“人禽之辨”也是儒家的一个重要话题,孔子、孟子对这问题都有论述,而以孟子的一段议论最为人熟知。孟子说:“人之所以异于禽兽者几希,庶民去之,君子存之。舜明于庶物,察於人伦,由仁义行,非行仁

① 王国维:《论哲学家与美术家之天职》,《全集》第一卷,第131页。
② 参见王国维:《〈奏定经学科大学文学科大学章程〉书后》。

义也。”孟子认为，人之异于禽兽者，在于人伦，即仁义道德。从道德性的方面辨别人禽，是儒家的传统。王国维人禽之辨的角度，显然有别于这个传统——他从“形而上学的需要”辨别人禽，循的是西方哲学的理路，而以纯粹的知识与情感作为人的形而上学之需要的内容，则又体现出明显的西方近代文化的色彩。

西方近代文化是相对于中世纪的宗教文化而言的。中世纪，人把自己完全交给神，失掉了自我。从文艺复兴开始，“人”一步步从神的权威下解放出来，重新发现自己，认识自己，此后又经过了提倡理性的启蒙运动，高举情感旗帜的浪漫运动，实现了近代文化史上人性的充分觉醒。情感在人性中的地位获得认可，是西方近代文化的一个重要成就。柏拉图曾把人的灵魂划分成“优秀的部分”和“低劣的部分”，理性属灵魂的“优秀的部分”，情感属灵魂的“低劣的部分”。[①] 如果说柏拉图以理性压制了情感，中世纪则是以神性/宗教道德压制了情感。近代思潮首先是以理性对抗宗教，既高举理性的旗帜，势必有忽视甚至抑制情感的倾向，直到经验主义兴起，情感才获得了平反的机会。休谟的《人性论》，在观察的基础上，详细讨论的人的知性、情感、道德。在休谟，情感是研究的对象，而不是批判的对象。休谟还对情感在人性中的地位给予了充分的肯定，他说古往今来的精神哲学普遍存在一个谬误，即认为理性优越于情感——“理性的永恒性、不变性和它的神圣的来源，已经被人渲染得淋漓尽致，而情感的盲目性、变幻性和欺骗性，也同样地受到了极度的强调”。休谟力图证明，理性不能独自成为意志活动的动机，理性在指导意志活动时也不能反对情感。换句话说，人的意志（道德实践）不能单独由理性来决定，情感对人的意志也有重要的作用，甚至更基本，有某种优先性。[②] 休谟之后，西方哲学和心理学通常将人的心理功能划分为知（认识活动）、情（审美活动）、意（实践/伦理活动）三

---

① 詹文杰：《教化与真理视域中的诗——重思柏拉图对诗的批评》，《世界哲学》2012年第5期，第47页。

② 休谟：《人性论》，关文运译，郑之骧校，商务印书馆，2009年，下册，第413页。

个方面。德国哲学界深受休谟《人性论》的影响,康德的三大批判即分别以知、情、意为研究的对象,《纯粹理性批判》对应“知”,《实践理性批判》对应“意”,《判断力批判》对应“情”。其后,席勒更提出了“完满的人性”的概念,提倡理性和感性、知识和情感的平衡。席勒甚至认为情感是人性中最为基本的因素,德性的圆满须通过情感而不是依据理性。这显然是休谟的影响。

西方近代文化的发展方向固然不是反道德的,但是西方近代文化的发展方向确实是反道德主义的,知、情、意三分的格局,本身即是对道德主义的突破——人不仅是道德的,人还是理性的,情感的;完满的人性,是理性、情感、道德三方面的充分发展和调和。对人性的这种新的理解,构成了西方近代教育学的基础。王国维对西方近代的心理学、哲学、教育学都有相当的了解,我们可以从他关于教育的议论,反窥他对于“人”的理解。他在《论教育之宗旨》一文中说:

> 教育之宗旨何在?在使人为完全之人物而已。何谓完全之人物?谓人之能力无不发达且调和是也。人之能力分为内外二者:一曰身体之能力,一曰精神之能力。发达其身体而萎缩其精神,或发达其精神而罢蔽其身体,皆非所谓完全者也。完全之人物,精神与身体必不可不为调和之发达。而精神之中又分为三部:知力、感情及意志是也。对此三者而有真、美、善之理想:真者知力之理想,美者感情之理想,善者意志之理想也。完全之人物,不可不备真美善之三德。欲达此理想,于是教育之事起。教育之事亦分为三部:智育,德育(即意育),美育(即情育)是也。如佛教之一派,及希腊罗马之斯多葛派,抑压人之感情,而使其能力专发达于意志之方面,又如近世斯宾塞尔之专重智育,虽非不切中一时之利弊,皆非完全之教育也。完全之教育,不可不备此三者。

“使人为完全之人物”,即“人之能力无不发达且调和”,这让我们想起康德《论教育学》中的话：“人应该将其人性之全部自然禀赋，通过自己的努力逐步从自身中发挥出来。”“人性中有很多胚胎，我们现在要做的是让自然禀赋均衡地发展出来，让人性从胚胎状态展开，使人达到其本质规定。”①“完全/全部”，包括身体和精神两方面，而精神又有知、情、意三种能力，有真、美、善三种理想状态。这三种精神能力及其三种理想状态，虽然不能说毫不相关，但是一定有其各自独立的价值。比如小学的唱歌课，虽然也有德育的附带功能，其根本的意义却在调和感情，这是不容动摇的。王国维曾专门论述小学唱歌课的问题，他指出，只有把握住唱歌课的美育意义，“唱歌科庶不致沦为修身科之奴隶而得保其独立之位置”②。

真、美、善的教育观念，我们看来是常识，在清末却是新鲜的思想。盖人性之完全发展的教育观念，与传统的以道德为中心的修身观念，有根本的不同。这不同的教育观念的背后，是关于人性，即人之为人的观念的不同。王国维强调哲学、文学的意义，其实是强调知和情、真和美对于人的意义。这显然是针对儒家以道德性为人性的观念而言的。当然，王国维也非反道德，他是在特定的文化和时代背景下做“纠偏”的工作。与当时人不同的是，他的较为深刻的认识，建立在对德国近代哲学家如康德、谢林、席勒等人的哲学和美学思想的研究之上。我们不妨顺便提及王国维对于哲学与教育学之关系的认识。自梁启超作《新民说》，通过教育来提高国民素质以最终达到强国的目的，成了知识界的共识。但是培养怎样的国民，以及如何培养国民，却仍是问题。前者要由哲学来回答，后者要由教育学来回答。哲学探究宇宙人生的根本，人生的意义，人性的内涵都须据此确定，而教育的目标和宗旨则又由人生的意义，人性的内涵而定。通过对近代哲学和教育学的研究，王国维发现，“自十九世纪以降，教育学蔚然而成一科之学，溯其原始，则由德意

① 康德：《论教育学》，赵鹏、何兆武译，世纪出版集团、上海人民出版社，2005年，第3、6页。

② 王国维：《论小学唱歌科之教材》，《全集》第十四卷，第118页。

志哲学之发达是已”,因此,“夫哲学,教育学之母也”。[1] 没有哲学,教育就没有方向;没有正确的哲学,教育就不可能有正确的方向。王国维提倡哲学,呼吁纯粹的哲学,是有教育学上的深意的,他在论“中国现时研究哲学之必要”时说:

尤可异者,则我国上下日日言教育,而不喜言哲学。夫既言教育,则不得不言教育学。教育学者,实不过心理学、伦理学、美学之应用。心理学之为自然科学而与哲学分离,仅曩日之事耳,若伦理学与美学,则尚俨然为哲学中之二大部。今夫人之心意,有知力,有意志,有感情,此三者之理想曰真,曰善,曰美。哲学实综合此三者而论其原理者也。教育之宗旨,亦不外造就真善美之人物,故谓教育学上之理想即哲学上之理想,无不可也。试读西洋之哲学史、教育学史,哲学者而非教育学者有之矣,未有教育学者而不通哲学者也。不通哲学而言教育,与不通物理、化学而言工学,不通生理学、解剖学而言医学何以异?[2]

六

王国维在哲学史研究上的具体工作,主要有两个方面:一、深入地研究了康德、叔本华、尼采的哲学,撰写了研究叔本华、尼采哲学的论文,把叔本华、尼采哲学的要义和精神介绍进来并加以评述;二、把自己研究西方哲学所获得的分析方法、批判精神和近代文化观念运用于清

① 王国维:《叔本华之哲学及其教育学说》,《全集》第一卷,第34、35页。

② 王国维:《哲学辨惑》,《全集》第十四卷,第8页。按:中国文化中,亦有以情和理(知性)为人之有别于禽兽的,如刘禹锡《伤往赋》的序中说:“人之所以取贵于飞走者,情也。”不过,这些议论都是个别的,零星的,而且多出于文人的一时之言,既不成系统,也不成主流。就中国文化的总体情形而言,儒、道、释都抑情。

理中国传统哲学，开始了近代意义上的中国哲学史研究。

王国维西方哲学研究的中心是康德，他先研读康德，遇到了极大的困难，于是转而研读与康德哲学有密切联系的叔本华哲学，研究了叔本华之后，又回头去研究康德。他终于读通了康德，读通的标志是他看清了康德哲学的优缺点——不仅明了康德的贡献，而且明了康德哲学本身的矛盾。可惜的是，他没有把研究康德的成果写出来，就匆匆离开了哲学研究的领域而转向文学、史学了。我们现在能看到的，是他研究叔本华和尼采的两篇专论，即《叔本华之哲学及其教育学说》《叔本华与尼采》。这两篇专论并非简单地介绍叔本华、尼采的思想，而是深入地研究叔本华、尼采的思想，析其条理，明其所以，评其是非，有许多深造自得之见。他的研究所达到的深度，不仅当时无人能出其右，即后来人也是不能轻加疵议的。叔本华、尼采是19世纪后期带有叛逆性质的哲学家（我们现在常说他们是反理性主义哲学家），他们都想“破坏旧文化而创造新文化”，叔本华崇尚超绝知识法则的天才，尼采鼓吹超绝道德法则的超人，对20世纪初的思想界发生了极大的影响。在中国20世纪20年代至40年代之间，尼采一度成为思想解放的标志，而导夫先路之功，似不得不归于1904年前后王国维的研究和大力介绍。

王国维对中国哲学有一个基本的判断：哲学是中国的固有之学，但是我国古书，大率繁散无纪，残破不完，虽有真理，不易寻绎，与西洋哲学之系统灿然、步伐严整相比，形式上的优劣是不言而喻的。因此，欲通中国哲学，非通西洋哲学不可。王国维早年哲学工作的一部分，即是把西方哲学细致严密的分析方法，用于对中国传统哲学的考察。他借西方近代哲学的成果，整理先秦诸子的思想，把诸子学说笼统含混的内容加以分疏，澄清其混淆之处。他又把康德的态度和方法用到对中国传统哲学的研究上，对传统哲学的三个核心概念性、理、命，展开理性的批判，写成了《论性》《释理》《原命》三篇论文。尤其是《论性》《论理》两篇论文，批判的锋芒之锐，真有思想革命的气概。在《论性》一文中，他据康德的知识论，说明“性之为物，超乎吾人之知识外”，因而不可能有确实的答案;性善论者如孟子,性恶论如荀子,其学说都不可避免有许多自相矛盾之处,不足为信。他把孟子、荀子、董仲舒、韩愈、李翱,直至宋代的周、张、程、朱的人性理论一一作了考察,暴露他们的矛盾,以此警戒后人不要作性善或性恶这类无谓的议论。[①] 类似地,王国维对宋明理学的另一个核心概念"理"做了批判的工作。他首先从中西语源学的角度,说明"理"有广义和狭义两种解释,广义的解释即所谓"理由",狭义的解释即所谓"理性"。然后他借西方的知识论,说明"充足理由之原则,为吾人知力之普遍之形式,理性则知力之一种(即人的推理能力),故二者皆主观的而非客观的也"。古今中外,"往往视理为客观上之物,即以为(理)离吾人之知力而独立,而有绝对的实在性",如古希腊的斯多葛派和宋儒程子、朱子,都认为有一个客观的理,存在于生天、生地、生人之前。这其实只是一种预想,一种假定而已。最后,王国维指出,宋儒赋予"理"以形而上学之所谓真、伦理学之所谓善的属性,根本是个误会,是一个幻影。

王国维作《论性》《释理》《原命》三文,似乎与他研究戴震(1724—1777)的思想有关。戴震以考据学的功夫,辨明先儒所用的"理"字,不过是指物之条理,宋儒大谈在物之先的"理",并不合孔、孟的本意。戴震由此批判宋儒将天理与人欲对立起来的观点,说宋儒"存天理灭人欲"是"以理杀人"。戴震的弟子阮元推阐师说,作《性命古训》,推原"性"、"命"的本意。王国维发现了戴震批判宋儒的意义,特地作《国朝汉学派逮阮二家之哲学说》一文,介绍戴震、阮元的思想。他自己的《论性》《释理》《原命》三文,则是在更广阔的,远非清代的考据学所能范围的学术视野上,继续了戴震的批判工作。我们知道,性善和天理是宋明理学的两块基石,揭下覆在"性"、"理"之上的神圣外衣,宋明理学所秉持的绝对的道德主义的神圣形象,也就轰然倒塌了。

对戴震思想的重新发现,是中国近代文化史上意义深远的一件大事,导夫先路的也是王国维。

---

① 王国维:《论性》,《全集》第一卷,第4—17页。

七

王国维对于自己哲学上的天分颇为自负，《三十自序（一）》中说自己哲学方面的撰述，“见识文采诚有过人之处”。但是据说他辛亥后寓日本，有日本友人（狩野直喜）想和他谈西洋哲学，他苦笑一声：“我不懂哲学。”这时距他放弃哲学研究已经好多个年头。他不愿谈哲学，是觉得早年在哲学上的自信近于孟浪？或者不再认同早年思想革命的理想，甚或有了悔意，而至于“悔其少作”了？罗振玉说，王国维在日本，听了他的忠告，尽弃旧学，专心经史，并且搬出早年的《静安文集》付之一炬，以示与旧日之我、旧日之学决裂。当日或者确有其事。不过，那更可能是王国维一时的冲动，并不能就此断定他从此彻底地否定了自己过去的工作。我们现在知道，他自存的《静安文集》并没有全部烧掉，晚年还曾以《静安文集》赠学生。晚年的另一件事也透露出不同寻常的消息。王国维 1906 年曾作《书辜氏汤生英译中庸后》一文，根据辜鸿铭的英译，指出辜鸿铭对《中庸》以及译文所涉及的西方哲学的理解均有不少偏差，当然也借此发表对中西哲学的一些见解。此文登载于当年的《教育世界》。二十年后的 1925 年，王国维又捡出这篇旧文，交《学衡》转载，并作了一个短短的附记：

> 此文作于光绪丙午，曾登载于上海《教育世界》杂志。此志当日不行于世，故鲜知之者。越二十年，乙丑夏日，检理旧箧，始得之。《学衡》杂志编者请转载，因复览一过。此文对辜君批判颇酷，少年习气，殊堪自哂。案：辜君雄文卓识，世间久有定论，此文所指摘者，不过其一二小疵。读者若以此而抹杀辜君，则不独非鄙人今日之意，亦非二十年前作此文之旨也。国维附记。

他只说当年行文中的“少年习气”殊堪自哂，对自己当年的观点的自信，却未见一丝动摇。早年的志趣似乎并没有从他心底消失，只不过被现实的尘障重重淹没了。他的苦笑不是悔意，而是无可奈何花落去的伤感吧？正如顾颉刚所说，他虽然进了遗老的圈子了，但他是经过了西方近代文化和近代学术的洗礼的人，他的思想与一般的遗老，是完全两样的。

最早对王国维早年哲学研究作出评价的是蔡元培。蔡元培 1923 年作《五十年来之中国哲学》，文中详细介绍了王国维的西方哲学研究，并将之与严复译介西方哲学的工作，作了比较。蔡元培认为五十年来介绍西方哲学的，首推严复。但是蔡元培也承认，“严氏介绍西洋哲学的旨趣……不很彻底”。这是针对严复侧重于政治哲学、社会学而言的，与王国维早年对严复的评价恰相一致。蔡元培又说，严复是英国哲学的介绍者，王国维是德国哲学的介绍者。蔡元培在文章中较为细致地介绍了王国维的《叔本华之哲学及其教育学说》《叔本华与尼采》《哲学家与美术家之天职》，认为王国维“对于叔氏的哲学，研究固然透彻，介绍也很扼要”，又说“王氏介绍叔本华与尼采的学说，固然很能扼要，他对哲学的观察，也不是同时人所能及的”。[①] 这是说王国维对中西哲学的精神和大势有深刻的了解。

其后，冯友兰《中国哲学简史》(1948)之“西方思想的传入”部分，也论到了严复和王国维的工作，意见与蔡元培相似，而更加推崇王国维。冯友兰说，由严复译的书目来看，严复介绍西方的哲学很少，由严复推崇斯宾塞的《天人会通论》，可见严复的西方哲学知识是很有限的；而“与严复同时有另一位学者，在哲学方面理解比较透彻，见解比较深刻，可是是在他放弃哲学研究之后，他才出名。他就是王国维”。冯友兰认为：“他(王国维)对西方哲学深有所见，用中国的成语来说，他深知

---

① 蔡元培：“五十年来中国之哲学”，《蔡元培全集》(高叔平编)，中华书局，1984 年，第四卷，第 354—360 页。

其中甘苦。”[1]冯友兰对王国维能够了解到康德哲学的矛盾和不足，尤其心服，认为这才是真正的“懂”。20 世纪 80 年代，冯友兰写《中国哲学史新编》，在第七册中对王国维早年的哲学工作，特别是王国维运用西方的分析方法研究中国古代哲学的工作，作了详细的评述。

蔡元培、冯友兰对王国维早年哲学工作的评述，皆学术史角度的评述。然而在我看来，更有意义的，也许是从思想史的角度研究王国维早年的哲学活动。周光午先生评论王国维早年文学批判方面的著述说：“（先生）以受西洋思想影响，故能发人之所未发……持论之伟，盖为五四运动诸公之先知先觉”；又其论王国维关于教育方面的论述，誉为“近代教育之先导，其头脑清晰，眼光明锐如此，于开发近代风气，厥功伟已”。[2] 这判断是极其准确的。可惜这方面的意见至今未得到应有的重视，目前大陆研究清末民初思想启蒙运动的著作，都忽略了王国维。这实在令人诧异。私意以为，王国维是清末思想启蒙最重要的先驱之一，他的工作在当时虽然没有产生多少大众层面的影响，但是后来的新文化界的重要人物，鲜有不受他影响的——他最深沉，影响也会最深远。

---

① 冯友兰：《中国哲学简史》（涂又光译），北京大学出版社，1985 年，第 360—362 页。

② 周光午：“我所知之王国维先生”，《追忆王国维》（陈平原、王风编），三联书店，2009 年，第 130 页。

若是春归归合早

——王国维之死及其他

王国维昔时题唐代吴中名妓真娘之墓，有“千秋诗料，一抔黄土”的感叹，岂料二十年后他在颐和园鱼藻轩的纵身一跃，也使他的一生，尤其是他的死，成为后人议论不休的话题。倘若今人亦如古人那般能诗，则“千秋诗料，一抔黄土”之句，恰是可以用在王国维自己身上的。逝者已矣，千言万语于他无一毫意义；我们所以要说他，为的是我们自己。

一

王国维的死，要从他与清室的关系说起，虽然我决不同意他是殉清。

1906 年，清朝正式成立学部，管理全国的教育事务，罗振玉北上任学部参事，王国维亦随之进京，由罗氏举荐，任学部编译图书局局员，兼学部总务司行走，后又兼名词馆协修，正式做了清朝的公务员。他有一首《浣溪沙》，表现一个早起上班的小职员对紫禁城的印象：

城郭秋生一夜凉，独骑瘦马傍宫墙。参差霜阙带朝阳。
旋解冻痕生绿雾，倒涵高树作金光。人间夜色尚苍苍。

"独骑瘦马傍宫墙",多少有些落魄的感觉,而"人间夜色尚苍苍",也确乎有些讽喻的意味。这段时期,虽然有了较稳定的职业,但他的心情似乎极低落,对于时局与世事,也还是失望居多。

辛亥革命的爆发,为王国维的这一段人生画上了句号。1911 年 10 月 10 日,武昌起义的枪声响起,京师骚动;11 月 1 日,由王公、亲贵组成的内阁倒台,袁世凯复出,接任总理大臣。罗振玉、王国维对局势的发展甚为悲观,商定举家迁日避乱,于 11 月 27 日抵达日本神户。次年 1 月 1 日,民国正式成立;2 月 12 日宣统发布退位诏书,清朝结束。罗、王即滞留日本,做了寓公。罗、王此次迁居日本,初衷只是避乱,并无作遗民的打算。盖二氏之赴日,在宣统退位之前,其时清室并无危险——哪有皇上尚未波迁,臣下提前避地桃源去做遗民的道理!不过王国维寓日后,情怀渐旧,却是事实。究其原因,约有三端。其一,民国初年(直至北伐成功),中国实际上陷入了地方割据、军阀混战的局面,时局之乱,生民之惨,有甚于清末。如同周亡而有战国之乱,汉亡而有三国之乱,唐亡而有五代十国之乱,周末、汉末、唐末的政治固然腐败,社会固然黑暗,然而毕竟有一个统一的政权,维持着基本的社会稳定。战国就不同了。战争随时会发生,不可预知的危险,逼迫你流离失所,惶惶不可终日。所以战乱中的人们,总会回忆前朝,不管那前朝多么荒唐,多么黑暗。诗人不是政治家。政治家常常用狂热的理性掩盖血腥的战斗,甚至要借战乱获取政治的利益。然而在诗人眼里,人间的惨烈却无过于战乱。其二,王国维寓日后,听了罗振玉的劝告,放弃新学,改治经史,日熏月沐,不知不觉中长了些遗民的思想,也在所难免。其三,寄居日本让他脱离了国内的实际情势,只能在记忆里过活,念旧的情绪遂日益滋长了。"莽莽神州入战图"是他对故国的唯一想象。如果他留在国内,感受一些新气象,或许也就被社会的大潮卷着,早早剪了辫子,作了新民了吧。

王国维寓日期间的心绪,可以用两首诗说明。其一作于辛亥年初到日本时,诗曰:

三山西去阵云稠，虎踞龙争迄未休。
邂逅喜来君子国，登临还望帝王州。
市朝言论鸡三足，今古兴亡貉一丘。
犹有故园松菊在，可能无赋仲宣楼？

这是他定居京都之初奉答日本友人赠诗的组诗四首之四。此诗首联即点出故国的无休止的战乱。颈联“邂逅喜来君子国”是蜻蜓点水般的一句客气话，然后就“登临还望帝王州”，思绪回到故国了。这一转换间，极尽缠绵之致。颔联“市朝言论鸡三足，今古兴亡貉一丘”，道出了他对于革命党人的态度。尾联用陶渊明《归去来兮辞》中“三径就荒，松菊犹存”的典故，和王粲因战乱而流寓荆州，作《登楼赋》抒发怀乡之情的典故，委婉地说出自己的家园之思。从颈联的故国之思，到尾联的家园之思，情感愈来愈细腻，愈来愈缠绵。

其一作于次年（壬子）除夕，诗曰：

又向殊方阅岁阑，梦华旧事记应难。
淄尘京洛浑如昨，风雪山城特地寒。
可但先人知汉腊，定谁军府问南冠。
屠苏后饮吾何憾，追往伤来自寡欢。

转眼一年，又到了除夕之夜。回忆是免不了的，而日本的较中国寒冷的气候，大概也给这个南方人的心上增添了不少寒意。“追往伤来自寡欢”是此夜的心情，也是他寓日期间心情的基调吧。

不过寓日的生活，也不全是苦闷。住处的风景颇佳，生活虽不宽裕，总还清静，赁屋拥书的快乐也时时给他劳尘暂息的感觉——有诗为证：

平生丘壑意相关，此日劳尘暂得闲。
近市一廛仍远俗，登楼四面许看山。
书声祗在淙潺里，病骨全舒紫翠间。
赁庑佣书吾辈事，北山聊为一开颜。

在对家国的怀念，和对时局的静观默想中，他的诗情突然焕发了。他不是政治家，并无从政治上为这个国家找到出路的意图。他只是以一双诗人之眼，惊惧地看着这个国家的动乱和苦难，以一颗诗人之心，悲悯地感受着人民的惨死和悲痛——政局的云翻雨覆，政治家的朝秦暮楚，道德之沦丧欲尽，生民之辗转沟壑，让他无比伤感。1912 年，他写了多首歌行体长诗，其中三首咏晚清之事，合称“壬子三诗”：《颐和园词》咏慈禧一生，及其主政期间国势的由兴而衰；《隆裕皇后挽辞》咏隆裕的不幸，及其与末帝溥仪孤儿寡母在清末的大变局中任人摆布的凄楚；《蜀道难》咏清末名臣，金石收藏家端方晚年出山，平定四川保路风潮，遭部下叛变而落得身首异处的悲惨结局。壬子三诗未必没有哀清的意思，陈寅恪就曾说《颐和园词》“兴亡哀感动人思”；然而壬子三诗更多的恐怕是哀天下，王国维自己就说过：“兴亡原非一姓事，可怜惵惵京与垓。”[①]此处不妨略说一下王国维的政治态度。盖王氏虽尽量远离政治，但是也有他的政治倾向。他固然是赞成变法维新的，而对于暴力革命，如辛亥革命，则始终不能认同。忠义仍是他最高的政治道德。他曾有诗说：“楚汉龙争原自可，师昭狐媚竟何如。”天下固然可以争，惟不可首鼠两端，像司马师、司马昭那样，表面作魏的顺臣，暗地里经营篡逆。《颐和园词》中“谁知今日新朝主，却是当年顾命臣”一句，便是讽刺作为顾命之臣的袁世凯，促成宣统退位，自己却去做了民国的总统。然而王国维作壬子三诗却不尽出于政治或道德的关怀——他还有一份艺术上的抱负。盖重大的历史事件，对于艺术家总有无穷的魅力，而易

① 王国维：《送狩野博士游欧洲》。京、垓皆数量词，古人以十兆为京，十京为垓，诗中用以指以亿兆计的众生百姓。

代之际亦总有许多可歌可泣、可哀可叹之事，感动诗人、小说家、戏剧家的心，并供他们施展文学的才情。诗的方面，自然要以写《长恨歌》的白居易为第一，其次则有明清之际写《圆圆曲》《永和宫词》的吴伟业。王国维认为，就诗才与艺术成就而言，白优于吴，因为白的歌行不堆典故，不掉书袋，而能够自然条畅，风华婉丽。王国维面对晚清这场数百年一遇的奇局，也想于此一展身手。寓日期间，闲暇较多，他于是集中精力进行歌行体长诗的创作。他给自己定的目标是"上希白傅"，亦自认为壬子三诗虽不能比肩白居易，却胜过吴伟业。这三首长诗皆精心结构之作，叙事、抒情、议论的穿插，韵脚、语势的转折变化，极见匠心。对于这壬子三诗，倘若不从政治的角度看，而从艺术的角度看，不当作政治诗看，而当作诗人之诗看，我们就能看出它的好处来。试以《蜀道难》为例，王国维曾在给缪荃孙的信中说："近日作《蜀道难》一首，咏匋斋制府事。此公境遇可怜，而死后之惨，亦作诗大好题目。"[①]他和端方有过接触，算是旧识，对端方之死充满同情与感喟。《蜀道难》写得凄婉哀艳，动人魂魄，如起首一段："对案辍食惨不欢，请为君歌蜀道难。蜀江委蛇几千折，峰峦十二烟云间。中有千愁与万冤，南山北山啼杜鹃。借问谁化此，幽愤古莫比。云是江南开府魂，非复当年蜀天子。"中间写端方之死的一段："玉垒荆门路几许，可怜遍地生榛莽。木落经秋滟滪堆，风高暮宿彭亡聚。提兵苦少贼苦多，纵使兵多且奈何。戏下自翻汉家帜，帐中骤听楚人歌。楚人三千公旧部，数月巴渝共辛苦。朝趋武帐呼元戎，暮扣辕门诟索虏。彻侯万户金千金，首级还须赠故人。此意公私君莫问，此时恩怨两难论。爱弟相随同玉碎，赠官赐谥终何济。铜鼓聊当蒿里歌，铁笼便是东园器。"又末一段："首在荆南身在蜀，归魂日夜西山麓。千里空驰江上心，一时已抉城门目。可怜萧瑟满江潭，无限江南与汉南。莫向翠微旧山色，西方落木归来庵。"如此情辞，确是不愧白居易

① 转引自马忠文：《王国维致缪荃孙、劳乃宣未刊书札笺释》，《文史哲》2010年第4期。

而突过吴伟业的。[①]

1916年2月，王国维先于罗振玉返国，寓上海。这时候他已经是声名赫赫的国学家了。他在英人哈同的苍圣明智大学从事研究和著述，为藏书家蒋汝藻的藏书编目，与遗老沈曾植往来论学，过从日密。他还给仍在日本的罗振玉通报遗老们的活动，包括遗老们参与张勋复辟的事，虽然他只是个旁观者——以他与清朝的关系，遗老他还算不上，遗民庶几乎是。王国维与时势似乎总不合拍。旧学势力强盛时，他大谈新学，新学势力强盛时，他却转而埋首于旧学了。是自主的抉择，还是环境的使然？只有他自己知道。上海本是个思想庞杂的地方，他的旧学又偏重在历史，离政治较远，没有任何的危险。麻烦的是他头上的辫子。他是拖着辫子回到民国的上海的。民国已经有些年头了，新旧的壁垒已经分明，剪与不剪也早有了界限。剪辫的时机既已错过，与遗老们的往来又如此的密，要他在这壁垒分明的时候自剪辫发，于情于义都无可能了。若是在街头被激进的青年捉去强剪了辫子，这侮辱他又受不了，于是深居简出，以免意外之辱。

此时的溥仪仍然在紫禁城里称孤道寡。原来当初清室签署退位协议时，民国政府承诺优待清室，允许溥仪保留皇帝的尊号，并由民国政府拨付一笔费用，维持清室在紫禁城里的生活和活动。溥仪因此得以在紫禁城里维持着一个小朝廷，只不过令不出紫禁城而已。1923年，因升允的举荐，溥仪招王国维进京任南书房行走，赏食五品俸。入值南书房，做了溥仪的侍从之臣，王国维遂与溥仪有了正式的君臣名分。君臣名分是义，而王国维以秀才之身，预以往只有翰林才能入值的南书房之

---

① 王国维初次尝试歌行体诗的创作，是在1905春任教江苏师范（苏州）期间作《留园玉兰花》。《留园玉兰花》意颇佳，然转折较生硬，手腕尚未圆熟。此后他转而肆力于词，没有在歌行长诗方面多用力，然而在《人间词话》中，仍可见他对于歌行体诗的思考。他比较白（居易）、吴（伟业）的优劣说："以《长恨歌》之壮采，而所隶之事，只'小玉双成'四字，才有余也，梅村歌行，则非隶事不办，白、吴优劣，即于此见。"寓日期间，王国维始集中进行歌行长诗的创作，除"壬子三诗"外，还有《送狩野博士游欧洲》《京都兰亭会诗》。按："壬子三诗"之《隆裕皇太后挽歌辞九十韵》为五言排律。

选，遂对溥仪有了一种国士知遇之感，这却是情了。情和义这两条缠绵之丝，就此把王国维捆了个结结实实。

倘若局势就这样维持下去，民国政府遵守优待清室的承诺，溥仪亦老老实实做他的小皇帝，则民国自民国，小朝廷自小朝廷，两下相安无事；王国维亦可以在南书房行走的位子上坐下去，既有稳定的五品俸养家，又可乘此检阅内府藏书，满足他读书治学的愿望，亦可谓两全其美。可惜好景不长。张勋的复辟闹剧，引起了民国的警惕与厌烦，1924 年冯玉祥的部将韩复榘在景山架起大炮，把溥仪赶出了紫禁城。溥仪仓惶出城之时，王国维随侍左右，君臣在韩复榘部队的枪弹夹道中斛觫而行，累累若丧家之犬。溥仪几经辗转，在天津日本人控制的张园落下脚；王国维没有随往天津，而是留在北京，就聘清华大学国学院，做了国学院导师。王国维就聘清华，一方面因为民国政府取消了给皇室的优待条件，溥仪已经发不出给王国维的五品俸；另一方面也因为小朝廷里的钩心斗角让这个老实得像火腿的学者看在眼里，堵在心里，以至对这是非之地心生厌倦了。就聘清华让王国维颇有些“离此人海，计亦良得”的轻松感。倘若局势就这样维持下去，溥仪在天津的张园继续做小皇帝，他在清华园教授门生，偶尔去天津请个安，尽君臣之份、知遇之情，也未尝不是一种理想的生活状态。陈寅恪挽王国维的诗中“学院遂闻传绝业，差喜园林得幽居”两句，即咏王国维离小朝廷而就聘清华之事。可惜好景仍然不长。王国维 1925 年就聘清华，次年八月，他的任职于上海海关的长子（潜明）突然染病不治。王国维赴沪料理长子丧事，期间又与亲家罗振玉产生嫌隙，三十年交情一朝决绝。既有丧子之痛，复遭挚友之绝，王国维的心情可想而知了。然而更大的风暴还在后头。1927 年春间，北伐军渡过黄河，进逼津京。大变在即，清华园内人心慌慌，纷纷作移居避乱之思。而对于王国维，还有两个特别不祥的消息。其一，4 月 27 日，湖南的学者叶德辉因为发表了辱骂工农革命的言论，被革命党人以“维护帝制”的罪名枪毙。消息传来，给了与清室有甚深关系的王国维、梁启超等人极大的震动。北京的报纸甚至拿这事开起了玩笑，猜测革命军进京后要清算的目标，王国维的名字赫然在列。其二，据说冯玉祥的部下，那个甲子年用大炮把溥仪赶出紫禁城，让他蒙受“甲子之耻”的韩复榘，已经逼近了燕郊。危险一步步逼近，辫子突然间又成了问题。清华的同仁门生也替他着急，纷纷出谋划策，或劝他剪辫，或邀他避难。然而他们对于王国维的处境与心境似乎都不能了解。某生劝王国维避难，王国维答曰：“我不能走。”盖他的去留并不是他一人的事，还有溥仪牵连着。当时社会上传言，革命党人将大不利于溥仪，王国维大概也以为这是必然之势，因此万分焦急，特地上折子劝溥仪早作预计。可是溥仪身边的一干人却只顾着钩心斗角，争权夺利，对溥仪的安危毫不挂心。主子的行止既未定，他这个重情重义的臣子，也就没法安排自己的避难。然而侮辱似乎已经迫在眉睫，去留两难，他只好一死了之：一死以避侮辱，一死以尽情义。对于溥仪及种种是非，连同这龌龊界，亦可以一瞑而不复视了。6 月 1 日，王国维参加了学生的毕业餐会，次日即自沉于颐和园，遗书曰：“五十之年，只欠一死。经此事变，义无再辱。”他本是极悲观的人，两年里接二连三的打击，终于击碎了他生的意志。

二

“只欠一死”的话，南宋谢枋得曾经说过。

谢枋得是南宋要臣，宋末率兵抗元，宋亡后隐遁山林。元廷数次劝其出仕，他作《却聘书》说：“人莫不有一死，或重于泰山，或轻于鹅毛。若逼我降元，我必慷慨赴义，绝不矢志。”元廷欲强令他出仕，将他胁迫至大都，幽于悯忠寺（今法源寺）。谢枋得果然不矢志，绝食而死，遗书曰：“大元制世，名物一新。宋室孤臣，只欠一死。某所以不死者，以九十三岁之母在堂耳，先妣以今年二月寿终于正寝，某自今无意人间事矣！”谢枋得终于一死全其节。王国维对谢枋得的气节一向钦佩。寓日本时，友人狩野直喜（字君山，京都大学教授）将游欧洲，王国维作诗送之，兼及时事，发感慨说："汉土由来贵忠节，至今文谢安在哉。"文即文天祥，谢则谢枋得。然而我总以为，若元朝不逼迫，谢枋得定会把隐居的生活过下去，渐渐与世相忘，尽其天年。"汉土由来贵忠节"，所谓忠，是忠于旧主，所谓节，是不坠素志。在政权更替中，节的主要表现是不仕新朝。改仕即失节。因此，节的关键在守，不必死而后方为节——若不仕新朝，即不死亦为完节。谢隐遁不仕，是守节，于节已然不亏；元朝不让他守，他就只得死，以死为守，是为尽节。谢之死，是元廷所逼，与其说他殉宋，不如说他为宋守节。

忠节观念的价值如何，姑且不论，王国维的忠节意识如何，也暂且不论，然而我相信，如果没有环境的逼迫，王国维应该会在清华园里，把他的学者生涯安静地过下去。所以他的自沉，与谢枋得的绝食而死一样，是"守节"而不是"殉"。而且他的守节，与谢枋得的守节也有不同。谢枋得明明白白是为前朝守节，这对王国维似乎不能成立——我以为王国维的自沉并不是要为清朝守节，他只是守他自己的道德底线，守住自己的尊严，守住自己独立的人格而已。这一层意思须从他遗书中"义无再辱"的辱字说起。

"义无再辱"四个字，亦是有来源的。据《汉书》：

> 苏武归汉，霍光遣史招李陵，陵曰："归易耳，丈夫不能再辱。"遂死于匈奴。

胡三省注曰：

> 降匈奴已辱矣，今若归汉，汉将使刀笔吏簿责其丧师降匈奴之罪，是为再辱也，故遂不归。

李陵兵败，暂降匈奴，本拟待机归汉。汉武帝怒其降匈奴，将其母、弟、妻、子尽皆诛杀，李陵遂留匈奴。李陵与苏武素来相善，苏武出使匈奴被扣留近二十年，及苏武归汉，李陵作诗送之，辞极哀婉，然而李陵终于拒绝归汉者，不愿回去面对刀笔吏，遭受凌辱耳。我们读《汉书》，知道刀笔吏的严酷可怕，则李陵的担忧是极有理由的，胡三省的注亦可谓善得其情。

王国维熟读《汉书》，"义无再辱"之语或从此化出。有叶德辉的前车之鉴，王国维唯恐刀笔吏的凌辱，亦在情理之中。顾颉刚《悼王国维先生》说：

> 昨天在报纸上读到他的遗嘱，里边说"五十之年，只欠一死。经此事变，义无再辱"，始恍然明白他的死是怕国民革命军和他过不去。湖南政府把叶德辉枪毙，浙江政府把章炳麟家产籍没，在我们看来，觉得他们罪有应得，并不咤异。但是这种事情或者深深地刺中了静安先生的心，以为党军既敢用这样的辣手对付学者，他们到了北京也会把他如法炮制，办他一个"复辟派"的罪名的；与其到那时受辱，不如乘党军尚未到来时，索性做了清朝的忠臣，到清室的花园里死了，倒落得一个千载流芳。其实他过虑了。叶德辉在湖南做地方上的恶霸，筹安会的首领，是很昭著的。章炳麟近来常做军阀的爪牙，在报纸上屡屡发表反革命的言论，也是很明显的。至于静安先生，不过曾做过清室的官，现在还拖着辫子罢了：他并不曾发表一篇鼓吹复辟的宣言，也不曾从事阴谋复辟的活动，更不曾受别人的贿赂而主张过任何关于政治的议论。他究竟还是一个超然的学者，党军到北京时哪会使他难堪，至多只有在街上遇见，硬剪掉他的辫子而已。剪掉他的辫子，实在也算不得侮辱。

顾颉刚对王国维至少有两个方面的误解。一、王国维当然不会惦记"千载流芳"一类的忠臣之名。端方死后，谥忠敏，王国维哀端方的诗中说"赠官赐谥终何济"，可见他对于世俗的荣誉是很不屑的。这态度与他的悲观主义人生观也正相合。二、辫子是王国维独立自由的道德理想的象征,被人强剪了辫,对他当然是莫大的侮辱。据姜亮夫回忆,王国维自沉前一天晚上,他去王国维家里,王国维对他说:"亮夫,我总不想再受辱,我受不得一点辱!"历史上固然有忍辱而生的,能屈能伸也被认为是大丈夫的一种美德;然而历史上也尽有宁愿死而不愿活着受辱的,宁折不曲也未始不是大丈夫的一种美德。我们不必在两者间强分出个是非,受得辱者不妨活,受不得辱者不妨死,各依其性份,各取其所宜而已。"文革"中受冲击的学者,不也有忍辱而活的,与不愿受辱而自杀的两类么?顾颉刚大概是能够忍辱的一类,所以有"剪掉他的辫子,实在也算不得侮辱"的话。王国维是受不了辱的一类,先自从容而死,也恰是得其所宜。

回过头去看他遗书的第一句:"五十之年,只欠一死。"这句话与谢枋得的"宋室孤臣,只欠一死",表面上类似,实质却不同。谢枋得明确把自己的死与宋室联系在起来,王国维却避开了与清室的联系。"五十之年"固然是王国维当时的年龄,是实指;然而"五十之年"还有一个特定的义函——"五十而知天命"。据《论语》的记载,孔子说自己"三十而立,四十而不惑,五十而知天命,六十而耳顺,七十而从心所欲,不逾矩"。后人遂称五十岁为知命之年。在知命之年说直欠一死,则其所知之命,即是不得不死矣。自己不能控制,不能决定的,才是"命",因此"命"是无可奈何。世事如网,丝丝相连,人在世间,总要被缚在种种因果的链条上而不得不受种种牵连。王国维对此是深有体认的,早年在词中曾说,"试上高峰窥皓月,偶开天眼觑红尘,可怜身是此中人",后来在诗中亦曾说,"我欲从驼纲,北去问居延;明朝入修门,依旧尘埃间"。总想要冲出世网,最后还是落在世网中。今日之困境,皆昔日之种种因果牵连而至,不怨天,不尤人,只能叹息一声,归之于命。今日之世界,直如地狱般浑浊凶险,王国维自知难谐于世难容于世,所以才有鱼藻轩上那纵身一跃。"五十之年,只欠一死",八个字中含多少无从说难以说的悲愤!清华同仁中,梁启超与王国维年齿相近,才情、境遇亦相近,独能体谅王国维心中的苦与悲与愤。梁启超说：

> 孔子曰："不降其志，不辱其身，伯夷、叔齐欤！"宁可不生活，不肯降辱。本可不死，只因既不能屈服社会，亦不能屈服于社会，所以终久要自杀。伯夷、叔齐的志气，就是王静安先生的志气！违心苟活，比自杀还更苦；一死明志，较偷生还更乐！①

又说：

> 先生盖情感最丰富而情操最严正之人也。于何见之？于其所为诗词及诸文学批评中见之，于其所以处朋友师弟间见之。充不屑不洁之量，不愿与虚伪恶浊之流同立于此世，一死焉而清刚之气乃永在天壤。②

丰富的情感、严正的情操，这理想主义的品质，与混乱不堪的严酷的现实相碰撞，让他常常发生莫名的悲愤。他的性格又是复杂而矛盾的，有学者的冷静和平的脾气，有诗人的深挚浓厚的情感，也有传统的士的峻烈之气。从他的诗词及文学批评来说吧。他在《人间词话》中说，诗人不独对于人须有忠实之意，即对于一草一木亦须有忠实之意。他有一阕《蝶恋花》："谁道江南春事了，废苑朱藤，开尽无人到。高柳数行临古道，一藤红遍千枝杪。冉冉赤云将绿绕，回首林间，无限斜阳好。若是春归归合早，余春只搅人怀抱。"他以诗人的敏感的心和眼，留意到春末无人注意的废苑朱藤，红色的藤与金色的斜阳仿佛他浓厚的情感，然而冷静的理性告诉他，美苑终要废，斜阳终要去，春事终要了，一切终会被时间带走，留给人的只是无限的伤感与惆怅而已。"若是春归归合早，

---

① 梁启超：《王静安先生墓前悼辞》，《追忆王国维》（陈平原、王风编），三联书店，2009年，第84页。

② 梁启超：《〈王静安纪念号〉序》，同上书，第87页。

余春只揽人怀抱”，无奈之极的激愤之辞，何等的决绝、峻烈！春情如此，人生何尝不是这样？

三

王国维与清室的关系不浅。他是小朝廷的南书房行走，溥仪的侍从之臣，再加上他曾作《颐和园词》，而今又在颐和园自沉，人们自然会把他的自沉与殉节联系起来。在其中推波助澜、大做文章的，是罗振玉。王国维自沉后，罗振玉伪造了一份王国维上溥仪的遗折，溥仪读了这篇充满了孤臣孽子情调的临终忠谏，大受感动，发了一份上谕，赠谥“忠悫”，并派人祭奠。于是殉节之说就在社会上流传开了。罗氏自言他替王国维争得个“忠悫”公的谥号，是为弥补自己的歉疚，报亡友于地下。罗氏的真实意图何在，我们不便妄加猜测。但是他显然辜负了王国维的志愿。王国维的遗书中只字未及清室，早年吊端方之死还曾有“赠官赐谥终何济”的话，然则“谥”对于王国维或许竟是侮辱吧？人之能否相知，须看彼此的人生境界与旨趣是否相近。境界、旨趣相近，一言之晤可以莫逆于心，境界、旨趣相乖，终日面对亦如千里。罗振玉与王国维的境界与旨趣本不相同，虽然相交三十年，且形迹甚密，而罗对于王的心志，终于还是不能了解。视王国维的死为殉清，遗老们当然是乐为之道的，民国的人却不免要替他惋惜了，甚至视此为他的一个污点，于是纷纷造作曲说，或说他因为惧怕革命军的侮辱而自杀，或说他因为家庭细故，即与罗振玉的失欢及罗的逼债而自杀。对于这种种议论，种种妄测，梁启超特地作一副挽联予以驳斥，曰：

其学以通方知类为宗，不仅奇字译鞮，创通龟契；
一死明行己有耻之义，莫将凡情恩怨，猜拟鹓雏。

梁启超所谓的凡情恩怨，不仅指社会上的种种是非之论，亦指罗振玉汲汲于把王国维塑造成殉清的节臣。

清华同仁中，陈寅恪于王氏为后辈，但是王国维把陈寅恪引为同类，二人有忘年之契。王国维最后的日子里，常去陈家长谈，遗书中“书籍可托陈、吴二先生处理”，陈即陈寅恪，吴则吴宓。陈寅恪自谓与王国维“平生风宜师友间”，亦是实情。梁启超既作挽联讥讽罗振玉，又致书陈寅恪说明其意，陈寅恪颇以梁说为然（事见戴家祥的回忆），及陈氏作《王观堂先生挽词并序》，乃发挥梁说而提出“殉文化”说，其说谓：

> 凡一种文化，值其衰灭之时，为此文化所化之人，必感苦痛。其表现此文化之程度愈宏，则其所受之苦痛亦愈甚。既达极深之度，殆非出于自杀，无以求一己之心安义尽也。吾中国文化之定义，具于《白虎通》之三纲六纪之说，其意义为抽象理想最高之境，犹希腊柏拉图所谓 Eidos 者。若以君臣之纲言之，君为李煜，亦期之以刘秀；以朋友之纪言之，友为郦寄，亦待之以鲍叔。其（观堂先生）所殉之道，所成之仁，均为抽象理想之通性，而非具体之一人一事。

又曰：

> 近数十年来，自道光之季迄于今日，社会经济之制度以外族侵迫，指剧疾之变迁，纲纪之说，无所凭依，不待外来学说之掊击，而已销沉沦丧于不知觉之间。虽有人焉，强聒而力持，亦终归于不可救疗之局。盖今日之赤县神州，值数千年之钜劫奇变，劫尽变穷，则此文化精神所凝聚之人，安得不与之共命而同尽，此观堂先生所以不得不死，遂为天下后世所极哀而深惜者也。至于流俗恩怨荣辱委琐龌龊之说，皆不足置辩。①

---

① 陈寅恪：《王观堂先生挽词序》，《全集》第二十卷（附录卷），第 202—203 页。

陈氏此论，高矣，辩矣，然而以为王国维是个坚守本位文化的人，不免看小了王国维的格局，而不离一个“殉”字，亦不免拘泥于“只欠一死”四个字，于“义无在辱”的“辱”字终究隔膜。盖此时陈寅恪也承认王国维之死有殉清之意，“殉文化”说，不过是对“殉清”说的一种拓展，一种曲护而已，所以《挽词》的结句说：“他年《清史》求忠节，一吊前朝万寿山。”其时陈寅恪又有《挽诗》，把殉文化与殉清混在一起说，诗曰：“敢将私宜哭斯人，文化神州丧一身。越甲未应公独耻，湘累宁与俗同尘。吾侪所学关天意，并世相知妒道真。赢得大清干净水，年年呜咽说灵均。”

然而两年后，陈寅恪的看法有了巨大的变化。1929年，清华立王国维纪念碑，陈寅恪受命作碑铭。陈寅恪说，他要“举先生之志事，以普告天下后世”。就在这篇铭文中，陈寅恪对王国维之死作出了另一种解读——捍卫“独立自由之意志”说。铭曰：

> 士之读书治学，盖将以脱心志于俗谛之桎梏，真理因得以发扬。思想而不自由，毋宁死耳。斯古今仁圣所同殉之精义，夫岂庸鄙之敢望。先生以一死见其独立自由之意志，非所论于一人之恩怨，一姓之兴亡。呜呼！树兹石于讲舍，系哀思而不忘；表哲人之奇节，诉真宰之茫茫。来世不可知者也，先生之著述，或有时而不章，先生之学说，或有时而可商，惟此独立之精神，自由之思想，历千万祀，与天壤而同久，共三光而永光。

这一番议论，完全脱离了殉清说的束缚，立脚点从“只欠一死”转到了“义无再辱”——“义无再辱”即是“思想而不自由，毋宁死耳”，其结果是以死捍卫自己的“独立自由之意志”。这一解读，与陈氏两年前在《王观堂先生挽词并序》中的解读，有明显的不同。这转变或许有现实的触发，不过我更愿意相信，这是因为陈氏较多地了解了王国维早年哲学与文学方面的工作，从而对于王国维的思想与境界，有了更深的理解的缘故。由王国维早期哲学方面的文字可以知道，王国维的学术视野极其开阔，心胸和思想也极其开阔，绝无文化本位主义的狭隘立场，说他因为传统文化的销沉沦丧而殉死，无论如何说不通。而“独立之精神，自由之思想”，也确实是王国维坚守的核心价值之一。这当然与西方近代学术的影响，尤其是康德的批判哲学的影响分不开。“独立之精神，自由之思想”是批判哲学的基础，盖无此精神则不能有批判，更罔论批判哲学了。意志自由又是康德伦理学的基础。依康德之说，道德必须是自律的，凡他律的都与道德无关，因此若无意志自由，即无所谓道德不道德。这些西方近代文明的基本理念，王国维是深有所契的。他曾说，“人有生命，有财产，有名誉，有自由，此数者，皆神圣不可侵犯之权利也”①，可见他早已视自由为神圣不可侵犯的权利了。他又把西方学者所秉持的“意志自由”，会通于中国士人所秉持的“匹夫不可以夺志”②，以此建立起他的道德原则。他当然知道，道德的具体内容是相对的，不同的人有不同的道德（所谓人各有志），此时代公认为道德的，彼时代或竟公认为不道德；惟此道德的原则是绝对的（所谓匹夫不可以夺志），盖无此原则，道德即无以成立。以此而论，辫子可以剪，可以不剪，惟不可以强其剪；可以忠于清，可以忠于民国，惟不可以强其弃清而誓忠于民国。这就是王国维的节——独立的人格——古人所谓“匹夫不可以夺志”，梁启超所谓“一死明行己有耻之义”，陈寅恪所谓“以一死见其独立自由之意志”。

不过在王国维，“独立自由之意志”恐怕不仅关乎道德，还关乎情感，因而也可以说关乎他整个的生命。此处不能详论，惟须指出，梁启超从情感与情操两方面分析王国维的自杀，确是有所洞见的——若意志的独立自由没有保障，他的学术、文章，乃至生命都要枯萎，所以只有一死了。

陈寅恪终于了解到这一层，所以有纪念碑铭中的那一段宏论。这一认识从此印在陈寅恪的心上而深入其骨髓，亦成为陈氏立身处世的

---

① 王国维：《教育杂感》之二，《全集》第一卷，第 135 页。

② 王国维：《教育杂感》之一，同上书，第 134 页。

原则。陈氏晚年著《论〈再生缘〉》，借题发挥，重拈自由之思想的话题。他惊叹端生(《再生缘》的作者)摧破三纲五常的精神，称赞端生具有自由、自尊的独立思想，是当日无数女性中思想最超越之人。然后他又论这种自由、独立的精神对于《再生缘》的意义：

> 庾汪两文之词藻固甚优美，其不可及之处，实在家国兴亡哀痛之情感，于一篇之中，能融化贯彻。而其所以能运用此情感，融化通贯无所阻滞者，又系乎思想之自由灵活。故此等之文，必思想自由灵活之人始得为之，非通常工于骈四俪六而思想不离于方罫之间者，便能操笔成篇也。……楚生之记诵广博，虽或胜于端生，而端生之思想自由，则远过于楚生。撰述长篇之排律骈体，内容繁复如弹词之体者，苟无灵活自由之思想以运用贯通于其间，则千言万语，尽成堆砌之死句，即有真实情感，亦堕世俗之见矣。……故无自由之思想，则无优美之文学。①

这虽然是论文学，实在也可以推及其他的：无自由之思想，则无优美之灵魂，无优美之文化。陈寅恪最后的二十年，僻居岭南，恪守他“独立之精神，自由之思想”的理想，然而终于不能逃得开“文革”的冲击，好在“文革”初他已经缠绵病榻，1969年病逝，免遭了许多侮辱。“文革”中另有一位不愿受辱的学人，倒是步了王国维的后尘，他是版本目录学家王重民。这位一言九鼎的版本鉴定家，未能配合形势把一部托名李贽的伪书说成是真的，被迫做了许多次检查。面对各方的劝说，他始终不愿违背自己的良心和学术的操守，最后在病榻上对来人说“不愿再做思想检查了”，当夜写下一封短短三句话的遗书，次日早晨如往常一样平静地出门——家人以为他去散步，他却去颐和园效了王国维，在长廊上静静地结束了自己的生命。

“思想而不自由，毋宁死耳。”

---

① 陈寅恪：《寒柳堂集》，三联书店，2001年，第73页。

近代思想影响下的文学观

——从《红楼梦评论》到《人间词话》

《红楼梦评论》和《人间词话》是王国维文学批评的代表作，人们习惯上称之为王国维的前后两个美学纲领。关于这两部著作之间的关系，有多种看法。有人说《红楼梦评论》立足于叔本华的思想，到《人间词话》就转向了康德或柏拉图；有人说《红楼梦评论》是以西说中，至《人间词话》乃回归了传统。这两种看法，虽然观察的角度不同，但是都着重说明从《红楼梦评论》到《人间词话》，王国维的思想发生了重大的变化——转向。变化当然是有的，是否"转向"，却颇值得怀疑。就第一种看法来说，王国维研习西方哲学，固然吸收过柏拉图、康德、叔本华等人的思想，而叔本华与康德、柏拉图之间原本就有许多纠缠，要从王国维身上分出来某点来自叔本华，某点来自康德或柏拉图，未免有些痴人说梦的味道。确实，在《红楼梦评论》的第四章，王国维提出了对叔本华哲学的绝大怀疑，然而那怀疑是从伦理学方面提出的。放弃了叔本华的伦理学思想，是否意味着放弃了叔本华的美学思想，以及在何种意义上或哪些方面放弃了叔本华的美学思想，这也是个绝大的疑问。就第二种看法来说，《红楼梦评论》是论文式批评，《人间词话》是词话式点评，形式上一中一西，这也没有错。问题是，采用了传统的形式，是否意味着思想上向传统文化回归，或情感上向传统文化皈依呢？照我看，这是痴人面前说不得梦。

我以为，王国维的文学批评活动，需要放到他研究西学的背景中去看。从最初的《红楼梦评论》，到《文学小言》，再到最后的《人间词话》，都渗透着西方近代文化的影响,是一步步成熟、圆融了,那精神却是一贯的。

一

王国维早年从事西方哲学的研究,在西方近代哲学方面用力最多。据罗振玉说,那时候王国维一心想搞"思想革命"。王国维的"思想革命",即是介绍西方近代文化,作精神的启蒙。王国维接受的西方近代文化,主要是以康德哲学为中心的启蒙运动文化,再加上浪漫运动的影响。王国维对西方近代启蒙文化的精神是心领神会的,他向国人介绍的西方哲学家,也主要是启蒙时代以来的哲学家。他说:"启蒙时代之第一特点,在力戒盲信盲从。"[①]他认为英国自培根以来的经验主义与法国自笛卡儿以来的理性主义,对于旧说都持宁疑惑而不盲信的态度[②],其后乃有康德的批判哲学,对理性自身加以反思,完成了从独断论哲学向批判哲学的变革。[③] 如果说休谟的怀疑论惊醒了康德,引导康德打破独断论的迷梦而走向批判哲学,在物理之必然与伦理之自由之间划出了一条清晰的界限;那么西方近代的启蒙哲学,康德的批判哲学,是否也惊醒了王国维,引导他冲破经学传统下对圣贤之教的迷信,而走向理性的反思呢?的确如此。以近代的理性精神反思传统,正是王国维早年一心想要搞的"思想革命"的主要内容。他不再谨守儒家之说,而是宣称:"今日之时代,已入研究自由之时代,而非教权专制之时代。苟儒

---

① 王国维:《述近世教育思想与哲学之关系》,《王国维哲学美学论文辑佚》,佛雏(校辑)华东师范大学出版社,1993 年,第 14 页。

② 同上。

③ 王国维:《汗德之哲学说》,同上书,第 155—156 页。按,康德亦言:"我们的时代是真正的批判时代,一切都必须经受批判。"康德:《纯粹理性批评》,邓晓芒译,人民出版社,2004 年,第 3 页脚注。

家之学而有价值也，则因研究诸子之学而益明；其无价值也，虽罢斥百家，适足滋世人之疑虑耳。”[①]他也不再迷信圣贤，而是说：“凡吾智之不能通，而吾心之所不能安者，虽圣贤言之，有所不信焉，虽圣贤行之，有所不慊焉。何则？圣贤所以别真伪也，真伪非由圣贤出也；所以明是非也，是非非由圣贤立也。”[②]他的实际的工作，是借西方近代哲学的成果，整理先秦诸子的思想，又把康德的态度和方法用到对中国传统哲学的研究上，对理学的三个核心概念“性”、“理”、“命”展开批判，写成了《论性》《释理》《原命》三篇长文，把旧说笼统含混的内容加以分疏，澄清其混淆，指摘其谬误。

西方近代文化对王国维的另一个重大影响，是对感性/情感的肯定。当启蒙运动把人从神的权威下解放出来时，解放的不仅是人的理性，也解放了人的感性/情感[③]。西方近代哲学和心理学把人的心理功能区分为知、情、意三个部分，知联系于人的认识活动，情联系于人的艺术/审美活动，意联系于人的伦理活动。近代大哲学家的理论体系通常由认识论、美学、伦理学三部分构成，即是这个原因。比如康德的三大批判，即是讨论理性在知、情、意三个领域的运用。这是王国维熟知的。其后又有受康德影响的席勒，倡言美育/情感教育，以救宗教抑情的教育和世俗尚知的实用教育之弊，而期于人性的圆满发展。这也是王国维熟知的。[④]“情感/审美活动”在哲学的系统中有了一席之地，艺术的独立价值也就有了理论的依据，这是西方近代思想史上的一个重要成果。王国维受此思潮的影响，特别注意到了艺术对于慰藉和培养情感的意义，这对于他的文学批评思想有决定性的影响。

要之，王国维受西方近代文化的熏陶极深，他的思想和方法都是新的。即使在他放弃了哲学的研究而转向文学，最后完全转入经史考据

① 王国维：《奏定经学科大学文学科大学章程书后》，《全集》第十四卷，第 36 页。

② 王国维：《国学丛刊序》，同上书，第 130 页。

③ 这后一方面是对启蒙运动前期过度崇尚理性的纠正，也为后来的浪漫运动埋下了附笔。

④ 参见王国维：《汗德之哲学说》《教育家之希尔列尔（席勒）》，《王国维哲学美学论文辑佚》（佛雏校辑），第 154—156、258—259 页。

的研究之后，他的哲学眼光和理性批判精神，乃至"思想革命"的志向，也没有消失，只不过他的"思想革命"较深沉，不易为人了解罢了。在他自沉后，新派史学家顾颉刚在纪念文章中说："他的学问，恐怕一般人要和别的老先生老古董们相提并论，以为他们都是研究旧学，保存国粹的。这是大错误。"又说："静安先生在廿余年前治哲学、文学、心理学、法学等，他的研究学问的方法已经上了世界学术的公路……他对于学术界的最大功绩，便是经书不当作经书（圣道）看而当作史料看，圣贤不当作圣贤（超人）看而当作凡人看。他把龟甲文、钟鼎文、经籍、实物作打通的研究，说明古代的史迹。他已经把古代的神秘拆穿了许多，这和一班遗老们迷信古代，将'圣道，王功'常挂在嘴边的，会相同吗？"所以，"我们单看静安先生的形状，他确是一个旧思想的代表者；但细察他的实在，他却是一个旧思想的破坏者"。[1] 这个看法用到王国维文学研究的方面，也可以成立——在文学方面，王国维也是一个旧思想的破坏者，他要打破以文学为载道言志之具的传统观念，把文学从政治、伦理的婢女位置解放出来，恢复其言情、慰情的本来面目。所以，单看《人间词话》的形式，是回归传统了，细察其内容，他的思想，他的文学观念，却是近代的。借冯友兰的话说，这是旧瓶装新酒。我们要识得瓶之旧，更要识得酒之新。

二

我个人的经验，理解王国维的文学思想，应当以《论哲学家与美术家之天职》《古雅之在美学上之位置》为基本的参照点。

《论哲学家与美术家之天职》（1905）的主旨，是呼吁哲学和艺术的独立价值，可以视作哲学和艺术在中国的"独立宣言"。他将艺术与哲

① 顾颉刚：《悼王静安先生》，陈平原、王枫（编）：《追忆王国维》，中国广播电视出版社，1997年，第132—133页。按：顾氏原文载《文学周报》第五卷一、二期合刊，1927年8月7日。

学并立，给予二者“最神圣最尊贵”的地位：

> 天下有最神圣最尊贵而无与于当世之用者，哲学与美术是已。①

哲学与美术何以“最神圣最尊贵”？它们既“无与于当世之用”，其价值到底何在呢？这涉及“人之为人”的根本问题。他说：

> 夫人之所以异于禽兽者，岂不以其有纯粹之知识与微妙之感情哉；至于生活之欲，人与禽兽无以或异。后者政治家及实业家之所供给，前者之慰藉满足，非求诸哲学及美术不可。②

人之所以为人，在于他除了生活之欲之外，还有知识和情感。政治与实业是为了满足人的生活之欲，哲学与美术则是为了满足人的知识和情感需要，让人实现“人之为人”的价值。王国维判分了哲学、美术，与政治、实业在人生中的不同角色和地位。这判分的目的是为了替哲学、美术的独立价值寻找依据。如前所说，把美术的价值定位在满足人的情感需要，其学理依据是近代哲学、心理学上的知、情、意三分说。王国维既受此思潮的影响而特别注意到了艺术对于慰藉和培养情感的意义，乃进而以此为艺术的独立价值。

在此基础上，王国维批判了传统文化的一个弊端。他说，自古以来中国的哲学家和诗人，无不兼欲为政治家，于是哲学和文学沦落为政治和道德的婢女。因此，我们向来没有纯粹的哲学，而纯粹的美术亦向来不为世所重，甚至遭受贬斥。这是中国哲学和美术不发达的主要原因。

---

① 王国维：《论哲学家美术家之天职》，《全集》第一卷，第 131 页。

② 同上。按：知识之慰藉与满足固然不只在哲学，情感之慰藉与满足亦不只在美术。在后来的《奏定经学科大学文学科大学章程书后》中，王国维对对此有更完备的说明：“人于生活之欲外，有知识焉，有感情焉。感情之最高之满足，必求之文学、美术，知识之最高满足，必求诸哲学。”

他于是大声疾呼：

> 夫忘哲学、美术之神圣而以为道德政治之手段者，正使其著作无价值者也。愿今后之哲学美术家毋忘其天职而失其独立之位置，则幸矣。[①]

他所谓纯粹的哲学、纯粹的美术，是有其自身的独立位置和价值的哲学和美术。要求美术摆脱道德与政治的支配，颇有文学解放的意味了。但他的文学解放的旨趣，与后来新文化运动之以文学为思想或政治革命的工具，又如此的不同。这是因为他把艺术提高到哲学的层面来看待了。

王国维常常将艺术与哲学并列而论。他有意要让艺术邻于哲学，乃是基于他对哲学和艺术之性质及其关系的了解。他说：

> 夫哲学与美术之所志者，真理也。[②]

他认为，艺术与哲学一样，旨趣在真理：哲学家发明真理，美术家用符号表现真理。此所谓真理，王国维另有一种说法，曰“宇宙人生的根本”。他在论及诗歌时说：“特如文学中之诗歌一门，尤与哲学有同一性质，其所欲解释者，皆宇宙人生上根本之问题，不过解释之方法，一直观的，一思考的；一顿悟的，一合理的耳。”[③]哲学与艺术关乎真理，也是王国维说它们“最神圣最尊贵”的原因，因为“真理者，天下万世之真理，而非一时之真理也”，所以“其有发明此真理（哲学家），或以记号表之者（美术家），天下万世之功绩，而非一时之功绩也”[④]。真理不是关乎一时一地

---

① 王国维：《论哲学家美术家之天职》，《全集》第一卷，第133页。
② 同上书，第131页。
③ 王国维：《奏定经学科大学文学科大学章程书后》，《全集》第十四卷，第37页。
④ 王国维：《哲学家与美术家之天职》，《全集》第一卷，第131页。

的，那是政治的性质；真理超乎一时一地，而关乎天下万世，惟其如此，才可以说它关乎“宇宙人生上之根本问题”。

王国维艺术/美术关乎真理的思想，启发于叔本华，而且在《红楼梦评论》中就运用过。叔本华认为，唯直观能够把握真理，而艺术/美术的知识全为直观的知识，所以“美术之所表者，既非概念，又非个象，而以个象代表其物之一种之全体，即实念者是也”。[①] 叔氏又谓：“历史之对象，非概念，非实念，而但个象也。诗歌之所写，人生之实念，故吾人于诗歌中，可得人生完全之知识。故诗歌之所写者，人及其动作而已；而历史之所述，非此人即彼人，非此动作即彼动作，其数虽巧历不能计也，然此等事实，不过同一生活之欲之发现。故吾人欲知人生之为何物，则读诗歌贤于历史远矣。”[②]叔氏此论，也有渊源，即亚里士多德的《诗学》。亚里士多德《诗学》说，诗比历史更具有普遍性：“诗人与历史家……真正的差别在于历史家描述已发生的事，而诗人却描写可能发生的事，因此诗比历史是更哲学的，更严肃的：因为诗所说的多半带有普遍性，而历史所说的则是个别的事。”[③]换句话说，历史所写是一时一地，已然、偶然之事，而诗所写却是普遍的可然或必然之事。正是出于“普遍性”的要求，亚里士多德说悲剧固然不该写好人由福转祸或坏人由祸转福，但是也不该写穷凶极恶之人由福转祸，而应该写“这样一种中等人：在道德品质和正义上并不好到极点，但是他的遭殃并不是由于罪恶，而是由于某种过失或弱点”[④]。所谓中等人，即是和我们自己类似的普通人，他们的遭遇是人类难以避免而不得不面对的遭遇，因而关乎人类之全体而具有普遍的意义。亚里士多德的观点被叔本华发挥，而又被王国维运用于《红楼梦评论》。《红楼梦评论》说：

---

① 王国维：《叔本华之哲学及其教育学说》，《全集》第一卷，第 50 页。

② 同上，第 50—51 页。

③ 亚里士多德《诗学》，第九章。此用朱光潜译法，转引自朱光潜《西方美学史》（上卷），1994 年，人民文学出版社，第 73 页。

④ 亚里士多德《诗学》，第十三章。此用朱光潜译法，转引自朱光潜《西方美学史》（上卷），第 85 页。

> 由叔氏之说，悲剧之中，又有三种之别：第一种之悲剧，由极恶之人，极其所有之能力以交构之者。第二种，由于盲目之命运者。第三种之悲剧，由于剧中之人物之位置及关系而不得不然者，非必有蛇蝎之性质与意外之变故也，但由普通之人物，普通之境遇，逼之不得不如是；彼等明知其害，交施之而交受之，各加以力而不任其咎。此等悲剧，其感人贤于前二者远甚。何则？彼示人生最大之不幸非例外之事，而人生之所固有也。①

前两种悲剧是罕见、偶然的，我们或可以幸免；第三种悲剧似乎无时而不可坠于我们身前，我们既无可逃避，亦无不平可鸣。这第三种悲剧，不是盲目的命运，而简直是全人类的宿命。王国维说："若《红楼梦》，则正第三种之悲剧也。"②

既然《红楼梦》是为全人类代言，我们就该当它作邻于哲学的艺术看，而不能当它作历史看。在《红楼梦评论》的余论部分，王国维批判了当时流行的"索隐派"从政治、历史的角度研究《红楼梦》的陋习，兼为自己独特的批评视角作辩护：

> 自我朝考证之学盛行，而读小说者，亦以考证之眼读之。于是评《红楼梦》者，纷然索此书之主人公之为谁，此又甚不可解者也。夫美术之所写者，非个人之性质也，而人类全体之性质也。惟美术之特质，贵具体而不贵抽象，于是举人类全体之性质，置诸个人之名字之下，譬诸"副墨之子"、"洛诵之孙"，亦随吾人之所好名之而已。善于观物者，能就个人之事实而发见人类全体之性质；今对人类之全体，而必规规焉求个人以实之，人之知力相越，岂不远哉！故《红楼梦》之主人公，谓之贾宝玉可，谓之子虚、乌有先生可，即谓

---

① 王国维：《红楼梦评论》（第三章），《全集》第一卷，第66—67页。按：此章末尾提到了亚里士多德的《诗论》及其中的悲剧理论。

② 同上。

之纳兰容若，谓之曹雪芹，亦无不可也。[1]

依此而言，对于文学作品，读者须有如此的眼光：一件作品能否见出并表达出人类全体的性质，是其是否成功的关键；它在多大程度上发见了人类全体的性质，是评价其价值高低的标准。王国维拿《红楼梦》与《桃花扇》作对比说，"《桃花扇》之作者，但借侯、李之事，以写故国之戚，而非以描写人生为事，故《桃花扇》，政治的也，国民的也，历史的也"；《红楼梦》虽然也是借个人之事，而所发见的却是人类全体之性质，故"《红楼梦》，哲学的也，宇宙的也，文学的也"。[2] 基于这个判定，王国维推许《红楼梦》为"宇宙之大著述"、"我国美术史上唯一之大著述"。

《红楼梦评论》(1904)中的"人类全体之性质"，即是《论哲学家与美术家之天职》(1905)中的超越一时一地的"真理"。王国维批评"(我国)历代诗人多托于忠君爱国劝善惩恶之意以自解免"，其理由即是这些依附于政治和道德的作品，仅仅系念于一时一地一己，而无关乎"人类全体之性质"，因而也无关于"真理"。他说我国诗歌中，"(无美术上之价值的)咏史怀古感事赠人之题目弥满充塞于诗界……其有美术上之价值者，仅其写自然之美之一方面耳"，其理由亦即是写自然之美的作品面向人类全体，面向真理。[3]

稍后的《文学小言》(1906)，立论的基础也在区分哲学家/美术家与政治家的不同天职，显然是沿着《论哲学家与美术家之天职》的思路而来。《文学小言》(共 17 则)第一则开宗明义，提出"真正之哲学"、"真正之文学"(即《论哲学家美术家之天职》中所谓"纯粹之哲学"、"纯粹之美术")的问题：

---

① 王国维：《红楼梦评论》(第五章)，《全集》第一卷，第 76 页。

② 同上书，第 65 页。

③ 《人间词话》中曾以此为依据，判分了李煜词与宋徽宗词的高下；静安先生自己作词，也总是直接面向人生问题(人类命运)，总是要向上透出一层，而不是停留在一时一地一事上。参见本书《王国维诗词中的悲观主义人生境界》。

> 余谓一切学问皆能以利禄劝，独哲学与文学不然……若哲学家而以政治及社会之兴味为兴味，而不顾真理之如何，则又决非真正之哲学，此欧洲中世纪哲学之以辩护宗教为务者所以蒙极大之污辱者也。文学亦然，餔餟的文学决非真正的文学也。①

餔餟的文学（即以文学为稻粱之谋的文学）与文绣的文学（即作为政治或道德之手段的文学）既不足为真正的文学，然则如何才是真正的文学呢？

在接连批判了餔餟的文学（第二则）与文绣的文学（第三则）之后，《文学小言》第四则说：

> 文学中有二原质焉，曰景，曰情。前者以描写自然及人生之事实为主，后者则吾人对此种事实之精神的态度也。故前者客观的，后者主观的也；前者知识的，后者感情的也。自一方面言之，则必吾人之胸中洞然无物，而后其观物也深，而其体物也切，即客观的知识实与主观的感情为反比例。自他方面言之，则激烈之感情亦得为直观之对象，文学之材料，而观物与其描写之也，亦有无限之快乐伴之。要之，文学者，不外知识与感情交代之结果而已。苟无敏锐之知识与深邃之感情者，不足与于文学之事，此其所以但为天才游戏之事业，而不能以他道劝者也。

真正的文学，惟以描写客观的景与主观的情为务。真正的文学家，对待景和情，如同纯粹的哲学家之对待真理；真正的文学家的动力，如同纯粹的哲学家的动力，来自内心的无限的快乐，而非外部的利禄。

如若能得情、景之真，则可成就成功的文学作品。最好的代表是屈原、陶渊明、杜甫、苏轼那种能感自己之感，言自己之言的作品（详见本文第三部分）；其原始的代表，则是离人征夫的感情和言语。《文学小

---

① 王国维：《文学小言》，《全集》第十四卷，第92页。

言》之八：

“燕燕于飞，差池其羽”，“燕燕于飞，颉之颃之”，“晛睆黄鸟，载其好音”，“昔我往矣，杨柳依依”，诗人体物之妙，侔于造化，然皆出于离人孽子征夫之口，故知感情真者，其观物亦真。

十七：

吾宁闻征夫思妇之声，而不屑使此等（餔餟的）文学嚣然污吾耳也。

征夫思妇之声之可贵，在于它有真情，得真景；餔餟和文绣的文学之可厌，因为它无真情，亦无真景。

《文学小言》的要旨，总结起来也有两点：一是提倡独立的文学，批评餔餟和文绣的文学；二是确立了文学之为文学的“原质”，即景和情，并以是否得真情真景为伟大的文学的评判依据。这是从“美术家以志于真理为天职”的思想而发展出来的文学批评原则，这样的批评原则也为后来的《人间词话》所秉持，构成其境界理论的内核。不过在讨论《人间词话》之前，我们先得讨论他的《古雅之在美学上之位置》，此文是从《文学小言》发展到《人间词话》的一个必不可少的环节。

三

《古雅之在美学上之位置》（1907）一文从形式主义美学的角度，提出了评判文学作品高下优劣的一个依据。不过我们将发现，这与《文学小言》中以是否得真情真景为评判的依据并不矛盾；不仅不矛盾，而且相为表里。我们从他所接受的形式主义美学说起。

王国维接受了康德的形式主义美学，认为美在形式，审美乃是对形式的观照。康德说，一切事物总可以分为存在和形式两个方面，其存在是我们欲望的对象，与我们的关系是功利（利害）关系，而且会引起我们的实践活动；其形式则是我们观照的对象，与我们的关系是的审美关系，不会引起我们的实践活动。比如一个苹果，其存在可以供我们食用，与我们是利害（功利）的关系，而其形与色则可以供我们观照，与我们是审美的关系。所以说审美是观照活动，美感即起于我们对事物之形式的观照。[①] 这里涉及“形式”、“无利害关系”、“观照”三个概念。在审美活动中，这三个概念是相互关联，甚至可以说是相互定义的：形式是观照的对象，而且形式必起于观照；观照是我们与形式发生关系的方式，涉及形式的活动必须是观照；无利害关系是形式的性质，也是观照的性质。

早前的《红楼梦评论》(1904)所持即是这种形式主义美学观。《红楼梦评论》中说：

> 兹有一物焉，使吾人超然于利害之外而忘物与我之关系。此时也，吾人之心无希望，无恐怖，非复欲之我，而但知之我也……然物之能使吾人超然于利害之外者，必其物之于吾人无利害之关系而后可。易言以明之，必其物非实物而后可。然则非美术何足以当之乎？夫自然界之物，无不与吾人有利害之关系，纵非直接，亦必间接相关系者也。苟吾人而能忘物与我之关系而观物，则夫自然界之山明水媚，鸟飞花落，固无往而非华胥之国，极乐之土也。岂独自然界而已，人类之言语动作，悲欢啼笑，孰非美之对象乎？然此物既与吾人有利害之关系，而吾人欲强离其关系而观之，自非天才，岂易及此。于是天才者出，以其观于自然人生中者复现之于美术中，而使中智以下之人亦因其物之与已无关系而超然于利害之外。[②]

---

① 参见朱光潜：《西方美学史》（下卷），人民文学出版社，1994 年，第 359 页。

② 王国维：《红楼梦评论》，《全集》第一卷，第 56—57 页。

美的对象必须是与我们无利害关系之物，换句话说，我们必须超出利害关系而观物（“忘物与我之关系而观物”），才能进入审美状态，才能见出事物的美。这时我与物的关系是观照的关系，而非欲求的关系。天才（大艺术家）的特别之处，即在于他能够跳出利害关系而观照自然与人生，见出一个美的情境，并将之复现于艺术作品之中。申而言之，对艺术家来说，能观是第一要求；若不能观，就不能见出美的情境，更罔论“复现之于美术中”了。[①]

这一思想在《古雅之在美学上之位置》（1907）中有了进一步的发展。

在《古雅之在美学上之位置》一文中，王国维首先以“非功利”、“无利害”为出发点，论证了“一切之美皆形式之美”，然后结合中国的艺术实践，对形式主义美学作了一个的补充，即在形式中区分出第一形式和第二形式。王国维关于第一形式和第二形式的主要观点是：

Ⅰ）艺术家在宇宙人生中所观照到的优美与宏壮，为第一形式，第一形式属于对象（即美境）。第一形式必须有其他形式表出之，始能复现于艺术之中；用来表出此第一形式的形式，为第二形式，可谓之形式的形式。第二形式之美即是通常所谓的“雅”。[②]

Ⅱ）第一形式（优美与宏壮）惟天才能捕攫之，非后天的修养（人格、学问）所能为力；第二形式（古雅）可以由人力致之，依赖于后天的修养（人格、学问）。因此之故，“今古第三流以下之艺术家大抵能雅而不能美且壮”。

Ⅲ）优美、宏壮必须与古雅合，然后才能显现其固有的价值。不过，优美与宏壮之原质愈显，则古雅之原则愈蔽。

Ⅳ）第二形式有其独立的美学价值。因此，一件艺术作品“虽第一

① 从这里也可以知道，王国维坚持说餔餟的文学与文绣的文学都不是真正的文学或纯粹的文学，提醒艺术家不忘自己的天职，勿以艺术为政治或道德的手段，是因为艺术家一旦带上诸如此类的功利色彩，就不能超越利害关系而观照宇宙人生，也就不能见出美境，不能有真正的艺术作品了。

② 王国维此文中古雅、典雅、雅同义。

形式之本不美者(即无优美与壮美之属性者),得由其第二形式之美(雅),而有一种独立之价值”。

V) 第一形式(优美与宏壮)在美学上的价值,高于第二形式(古雅)。[①]

他举国画为例说:“绘画中之布置(即构境)属于第一形式,而使笔使墨则属于第二形式。”显然,从艺术家的方面来说,第一形式涉及能观的一方面,第二形式涉及能写的一方面。从作品的方面来说,第一流的艺术必定是以第一形式之美取胜的,换句话说,无第一形式之美(即无优美与壮美之属性)的作品,绝不能算第一流,只能算第二流、第三流。这二三流的作品,以第二形式之美取胜。艺术家当以追求第一形式之美为第一义,如此才能创作出第一流的作品。如果艺术家徒知追求第二形式之美,则只能出二三流的作品,而绝无成为第一流艺术家的可能。不过,能不能成为第一流的艺术家,能不能创作出具有第一形式之美的作品,要看天分如何。一个艺术家,如果没有天才,无论后天如何努力,也不可能创作出具有第一形式之美的作品;然则他只好退而求其次,在第二形式上用功,争取而且甘心地做个二流的艺术家。

王国维发现,一般人常常混淆了第一形式与第二形式,把第二形式之美(古雅)错当成艺术的第一义,因而把一些凭第二形式之美取胜的艺术家滥入第一流艺术家之列。比如在书画方面,“凡以笔墨见赏于吾人者,实赏其第二形式也……凡吾人所加于雕刻、书画之品评曰神、曰韵、曰气、曰味,皆就第二形式言之者多,而就第一形式言之者少”[②]。换句话说,从神、韵、气、味方面论书画者,根本没抓住书画艺术的第一义。文学方面也是如此,“宋之山谷(黄庭坚),明之青邱、历下,国朝之新城(王渔洋)等,其去文学上天才盖远,徒以有文学上的修养故,其所作遂带一种典雅之性质,而后之无艺术上之天才者,亦以其典雅故,遂与第

① 《古雅之在美学上之位置》一文的初衷虽然是要说明第二形式(即古雅)的美学价值,而实际上却说明了第一形式的美学价值高于第二形式的美学价值。

② 王国维:《古雅之在美学上之位置》,《全集》第十四卷,第108—109页。

一流之文学家等类而观之”[1]。进一步说，这个混淆也导致人们对艺术的价值发生误解，而政治的文学、道德的文学、餔餟及文绣的文学所以流行，也未始不与这个误解有关。于此我们不难理解，确认第一形式为艺术的第一义，建立一个以第一形式之美之高下有无为标准的评价系统，将成为王国维努力的方向。

我以为第一形式与第二形式的区分，是王国维的艺术思想走向成熟和清晰的标志。以这个区分作基础，往前看《文学小言》(1906)，往后看《人间词话》(1908—1909)，其中有关作家评论的理路，可以一目了然。

《文学小言》之十、十一、十二，就是论第一流艺术家与二三流艺术家的分际。《文学小言》之十：

> 屈子，感自己之感，言自己之言者也。宋玉、景差，感屈子之所感而言其所言，然亲见屈子之境遇与屈子之人格，故其所言亦殆与言自己之言无异。贾谊、刘向，其遇略与屈子同，而才则逊矣，王叔师以下但袭其貌而无真情以济之，此后人之所以不能复为楚人之词者也。

之十一：

> 屈子之后，文学上之雄者，渊明其尤也。韦、柳之视渊明，其如贾、刘之视屈子乎？彼感他人之所感而言他人之所言，宜其不如李、杜也。

之十二：

> 宋以后之能感自己之感，言自己之言者，其唯东坡乎？山谷可

---

① 王国维：《古雅之在美学上之位置》，《全集》第十四卷，第110页。

> 谓能言其言矣，未可谓能感所感也。遗山以下亦然。若国朝之新城，岂徒言一人之言已哉，所谓“莺偷百鸟声”者也。

感自己之感，即能观（捕攫第一形式之美的能力）；言自己之言，即能写（表出第一形式之美的能力，即获得第二形式之美的能力）。能感自己之感，言自己之言，则第一形式之美与第二形式之美合，成就一流的作品。屈子、渊明、东坡是也。山谷、遗山能言其言而不能感所感，即是说他们无捕攫第一形式之美的天才，只能靠修养之功，在第二形式上用力，所以不能预第一流文学家之列。至王渔洋，既不能感自己之感，也不能言自己之言，即是说他非但没有捕攫第一形式之美的天才，连造就第二形式之美（古雅）的能力也没有，单靠模拟（偷）作活计，遂落得三流以下了。

《人间词话》中虽然没有出现第一形式、第二形式的说法，其背后却显然有这样的观念作支持。我们从王国维对姜夔的批评说起。在《古雅之在美学上之位置》一文中，王国维曾说，世人欣赏艺术“曰神曰韵曰气曰味，皆就第二形式言之者多，而就第一形式言之者少”。他所举文学方面的例子中，词就以姜夔为代表。他说：

> 姜夔之于词，且远逊于欧、秦，而后人亦嗜之者，以雅故也。[1]

他认为世人欣赏姜夔词，欣赏的其实是其第二形式上的成功。扩展开去说，清人之欣赏南宋，倡言神韵、格调，也都是在第二形式上打转；清末王鹏运、朱祖谋、况周颐之提倡重、拙、大，是论风格，亦属第二形式的问题。

《人间词话》里对姜夔有许多毫不掩饰的批评或嘲讽，根本的意思是：

---

① 王国维：《古雅之在美学上之位置》，《全集》第十四卷，第 109 页。

> 古今词人格调之高无如白石,惜不于意境上用力,故觉无言外之味,弦外之响,终不能与于第一流之作者也。①

姜夔词以格调取胜,是历来论词者的共识,王国维于此亦无异议。但是王国维认为,格调高并不足以让姜夔预于第一流作者之列,因为格调并非词的第一要义,境界(意境)才是词的第一要义。姜夔醉心于格调而不在境界(意境)上用力,错了方向,反而阻碍了他成为第一流作者。

姜夔所逊于欧(阳修)、秦(观)者,用《古雅之在美学上之位置》里的概念说,是第一形式之美;用《人间词话》里的概念说,是境界(意境)。由此我们可以得到一个结论:境界(意境)属第一形式的问题。以境界(意境)论词,是在第一形式的层面上论词,相较于清人论词只知在第二形式上打转,可谓探得其本,所以王国维又说:"言气格,言神韵,不如言境界。境界,本也。气格、神韵,末也。"②

四

较晚发表的《人间词话》,一方面继承了《论哲学家与美术家之天职》《文学小言》所建立起来的批评原则,一方面吸收了《古雅之在美学上之位置》中新的思考:由前者遂有独标境界的论词宗旨,由后者遂有对于"隔"的批评。

标境界是《人间词话》的宗旨。独标境界的意义,需要从文学与政治的判分来了解。前文说到,王国维受西方学术的洗礼,在艺术与政治、道德之间划出界限,提倡写景写情的真文学,否弃餔餟/文绣的伪文学。此义初见于《论哲学家与美术家之天职》,畅发于《文学小言》,而

---

① 王国维:《人间词话》(上),许文雨《钟嵘诗品讲疏-人间词话讲疏》,成都古籍书店,1983年,第210页。

② 王国维:《人间词话选》,《王国维学术随笔》,社会科学文献出版社,2000年,第170页。

亦为《人间词话》所秉持。《人间词话手稿》曰：

> “君王枉把平陈业，换得雷塘数亩田”，政治家之言也。“长陵亦是闲邱垄，异日谁知与仲多”，诗人之言也。政治家之眼，域于一人一事；诗人之眼，则通古今而观之。词人观物，须用诗人之眼，不可用政治家之眼，故感事、怀古等作，当与寿词同为词家所禁也。①

政治家之眼与诗人之眼的区分，是此前《论哲学家与美术家之天职》的中心论题之一。政治家观物，取功利或道德的态度；诗人观物，取艺术的、审美的态度。王国维此处说“词人观物，须用诗人之眼，不可用政治家之眼”，即是提醒词家不要混淆了政治与艺术。这番话是针对晚清词坛重风教之旨的陋习而发。《人间词话手稿》论晚清词学曰：“读竹垞《词综》，张皋文、董子远《词选》，令人回想沈德潜《三朝诗别裁集》。”又曰：“竹垞以降之论词者，大似沈归愚，其失也枯槁而庸陋。”盖我国诗词评论的正统，一向看重诗词的政教功能，即所谓的雅正、风教之旨。晚明清初虽曾有一段颇为浪漫的文学解放时期，然而清中叶而后，又慢慢回到风教之旨的老路上去了。诗的方面有沈德潜（号归愚）秉持儒家的诗教精神，撰《唐诗别裁集》《明诗别裁集》《清诗别裁集》，希图恢复诗歌的政教功能；词的方面则有朱彝尊（号竹垞）作《词综》，提倡雅正风旨，其后张惠言（字皋文）《词选》、董子远《续词选》，亦皆本着尚雅黜浮之旨，以张声教②。晚清的词学便笼罩在这样的氛围中，其庸陋在于不知诗词之所以为诗词，而以诗词为政治、道德的婢女；其枯槁亦在于不知以诗人之眼看诗词，而以政治、道德的眼光看诗词。这是王国维深为不满的。他所希望并乐为呼唤的，是以写景写情为内容的“真正的文学”（《文学小言》语），不过这时他有了一个新的概念表述他所谓“真正

① 王国维：《人间词话手稿》（九五），《全集》第一卷，第519页。
② 参见许文雨：《人间词话讲疏》（下），“读花间、尊前集”、“明季国初诸老之论词”两条并注。

的文学”——境界。

《人间词话》第一条开宗明义，标明他词学的宗旨：

词以境界为最上，有境界则自成高格，自有名句。

至于何所谓“境界”，或者说诗词如何能够有境界，《人间词话》亦有说明：

境非独景物之谓也，喜、怒、哀、乐亦人心中之一境界，故能写真景物真感情者谓之有境界，否则谓之无境界。

我们记得在《文学小言》中，王国维曾说“景”与“情”是文学的“二原质”，而文学之成功，在于得情、景之真。于此我们可以说，“景”与“情”是境界的二原质，诗词之能得情、景之真者，谓之“有境界”。可见“境界”概念所概括的，正是《文学小言》中“真正的文学”的特质。这启发我们把“境界”放到《文学小言》的思想背景中去考察，于是我们看到境界说的一个特殊意义：标举境界，意味着取纯粹的审美的立场，同时亦意味着对政治或道德立场的拒绝。因为有这坚定、崭新的立场，王国维遂能把词学中陈腐的道学家气息摧廓一清：《人间词话》不言寄托，不言寓志，不言载道，也没有一句有关“雅正”或“家国身世之感”一类“枯槁而庸陋”的话，它为我们打开的，是一个清新的，令人心豁眼亮的艺术世界。

然而一事物如何，与一事物如何如何，是两个不同的问题：前者涉及该事物与他事物的区分，是外部的问题；后者涉及该事物如何实现，是内部的问题。政治与艺术的判分，析出了艺术的独立价值，并可以据此把艺术的内容界定为写景与写情，但是如何成功地写景写情，或者说如何得真景真情，这个艺术的内部问题，却不能由此得到解决。这个问题须待到王国维提出第一形式与第二形式的区分之后，才清晰起来并获得了解决的途径。据《古雅之在美学上之位置》的分析，一件艺术品必定包含着第一形式与第二形式，它能否预于第一流作品之列，取决于其第一形式；但是第一形式与第二形式之间存在着张力，自一方面言之，优美与壮美之质愈显，古雅之质愈蔽，自另一方面言之，则古雅之质愈显，优美与壮美之质愈蔽。据此，如何写真景真情，即是如何凸现第一形式，以及如何消除第二形式对第一形式的遮蔽。不过因为《古雅之在美学上之位置》一文的目的，原在说明"第二形式（古雅）"亦有其价值，所以对于第二形式与第一形式之间的张力，即第二形式的负面意义，没有作深入的讨论。到《人间词话》，论述的重心既已转移到彰显第一形式，于是第二形式的负面意义得到了特别的关注，第二形式与第一形式之间的张力遂成为一个重要的话题而得以充分展开。就诗词而言，第一形式是境界，第二形式是文辞及其风格，于是《论古雅之在美学上之价值》中以第一形式为文学的第一要义，遂转化为《人间词话》中的"词以境界为最上"；第二形式与第一形式之间的张力遂转化为文辞与境界之间的张力，即"隔"与"不隔"的问题。

所谓"隔"，指文辞不能有效地发挥传达的功能（辞不达意），对境界的呈现发生了阻碍，削弱甚至彻底破坏了境界原有的感发的力量。据王国维所说，造成"隔"的因素略有三种，曰用代字、使隶事之句、用粉饰之字。而诗人/词人之所以落入"隔"的困境，其原因亦有三种。其一曰"意不足"，即境界本不佳，如"美刺投赠之篇"，本来就没有真情实感，于是装腔作势，借文饰之辞来装点门面；其一曰"语不妙"，即境界本佳，而才力有限，于是用学问，用雕琢之功来救济。这两种"隔"，多少有些不得而已的苦衷。此外还有第三种，曰"认宾作主"，却是识见庸陋的结果。见识庸陋的作者，不了解第一形式与第二形式分别，因此既不懂得以境界（第一形式）为诗词的第一义，也意识不到文辞（第二形式）可能的负面意义，把全副精力用在文辞与风格的创造上，结果"古雅（第二形式）之质愈显，而优美壮美（第一形式）之质愈蔽"。这方面的代表是南宋词人姜夔。王国维批评姜夔词追求格调而不在境界上用功的话，

已具引于上文,这里再引他批评姜夔等南宋词人"隔"的一则词话——《人间词话》说:

> 白石写景之作,如"二十四桥仍在,波心荡、冷月无声","数峰清苦,商略黄昏雨","高树晚蝉,说西风消息",虽格韵高绝,然如雾里看花,终隔一层。梅溪、梦窗诸家写景之病,皆在一隔字。北宋风流,渡江遂绝。

姜夔一味追求清空的格调,不免矜持有余而至于冷了。

怎样才算不隔呢?王国维举例说:

> "生年不满百,常怀千岁忧。昼短苦夜长,何不秉烛游。""服食求神仙,多为药所误。不如饮美酒,被服纨与素。"写情如此,方为不隔。"采菊东篱下,悠然见南山。山气日夕佳,飞鸟相与还。""天似穹庐,笼盖四野。天苍苍,野茫茫,风吹草低见牛羊。"写景如此,方为不隔。

这些"不隔"的诗句,用《人间词话》里的话来说,"其言情也沁人心脾,其写景也豁人耳目,其辞脱口而出,无矫揉妆束之态"。这时候文辞似是"透明"的,对于所要传达的情或景没有任何的障碍。于此我们可以知道,所谓隔,用《古雅之在美学上之价值》中的话说,就是第二形式对第一形式构成了障碍,不能充分表出第一形式;所谓不隔,就是第二形式与第一形式契合无间,能充分表出第一形式。

不过对我们来说,更有意义的还不在王国维对"不隔"现象的描述,而在他对"不隔"原因的追问。《人间词话》有一段论纳兰容若的话:

> 纳兰容若以自然之眼观物,以自然之舌言情,此由初入中原,未染汉人习气,故能真切如此。北宋以来,一人而已。

按王国维的看法，一种新文体的出现，总是出于作者表达自己真切感受的需要，然而流行既久，染指渐多，慢慢就成了俗套，失去了表达人之真切感受的能力。词在五代北宋是新体裁，诗人用它表达自己最真切的感受；到南宋人手里，词已成了俗套，渐渐远离了真情实感而至于“隔”了。清初的纳兰容若因为初入中原，没有染上汉人的俗套，所以能够接响北宋，创造了词学史上的奇迹。“以自然之眼观物，以自然之舌言情”，是纳兰词所以能够真切如北宋人的原因，也是真景物真感情的根本保障，所有大诗人“言情必沁人心脾，写景必豁人耳目”的根本原因吧。从王国维对纳兰词的偏爱，联想到他对元曲的欣赏（《宋元戏曲考》），对离人征夫之言的赞许（《文学小言》），这“自然”分明是没有被文化和历史的积习覆盖或扭曲的人的真情。然则自一方面说，“隔”是文辞对境界的遮蔽，自另一方面说，“隔”也是文化和历史的积习对人的真性情的遮蔽，而对“隔”的文学的批评，对“不隔”的文学的追求，也含有解放和培养健康的情感的意蕴吧。

五

纵观王国维的文学批评活动，从《红楼梦评论》到《人间词话》，有个一以贯之的核心，即提倡文学的独立价值。这个过程，当然也是他探寻并确立文学之为文学的过程，盖文学的独立价值，必定要依赖文学之为文学才可以成立。这个追寻与确立的过程，有破和立两个方面：从破的方面说，是批判功利或道德的附庸文学；从立的方面说，是提倡写真情真景的真正/纯粹的文学。这是吸收了西方近代启蒙文化的思想，反观中国的文学传统而作出的批评。要求文学走出忠君爱国、劝善惩恶的藩篱而描写真景真情，如同要求科学摆脱前人的论断而面对真实的自然，亦如同要求哲学摆脱为宗教辩护的地位而直接思考宇宙人生。因此可以说，他对传统文学的批评，与他站在西方近代批判哲学的立场而审视中国的哲学传统,相为表里,都带着近代启蒙的精神。

他探寻文学之为文学的具体过程,约略而言,大致经历了两个步骤。第一步,借西方的观念,特别是形式主义美学,把写景写情的真文学与功利文绣的伪文学剥离开来。这一步起于《红楼梦评论》,完成于《哲学家与美术家之天职》和《文学小言》。第二步,通过第一形式与第二形式的区分,亦即优美、壮美与古雅的区分,把文学的内质之美(优美与壮美之境)与文学的外饰之美(表达此优美壮美之境的文辞)剥离开来。这一步起于《古雅之在美学上之位置》,完成于《人间词话》。经过这两次剥离,文学之自性——文学之为文学的特质——真景真情,终于粲然呈现了出来。在《人间词话》里,他把那最终呈现出来的文学之自性称为"境界"。

他希望通过倡言境界,让文学回到自身,发挥其慰藉和培养情感的特有功能。

辨乎深情、儇薄之际

——王国维论"艳词"

词本艳科，历来的论词者都绕不开这个话题。王国维亦不例外，《人间词话（定本）》六十四则中有两则（第三十二、六十二）专论艳词，加上《稿本》中未发表的两则，删去的一则，共有五则论艳词，算得上"着笔甚多"了。王氏的议论当然极有见地，也极有意味，不过其中的深意，须放到特定的背景中去，方能够得到全部的了解。

一

男女之情是中国文化中的一个难题，它既是人伦之始，也是人之大防；男女之情尤其是中国文学中的一个难题，它是文学最基本的内容，甚至可以说是文学的种子，然而至高无上的道德，无时无刻不想着侵入文学的领域来扼杀它。这难题从汉代起有了一个奇妙的解决办法。话得从《诗经》说起。《诗经》中有不少叙写男女之情的诗（朱熹所谓"淫奔"之诗），这与孔子删诗之说起了冲突：《诗经》既经圣人删定，为什么还有这些淫奔之诗呢？况且孔子明明说过："《诗》三百，一言以蔽之，曰：思无邪。"汉人为解决这矛盾，发明了"美刺"说。此说认为，《诗经》中的相思怨慕，甚至淫奔之诗，表面上写男女之情，实际上隐喻君臣高义或讥讽失德之政（是政治讽刺诗），言在此而意在彼，终究是"思无邪"。这说法并非空隙来风，至少《楚辞》确实是以香草美人喻君子,以男女喻君臣的。这就为艳情诗指出了一条向上的生路——要有寄托有讽喻,言情而不流连于情,通过寄托讽喻,把风月之情超度到骚雅,即人们常说的“写怨夫思妇之怀,寓孽子孤臣之感”。这也为艳情诗留了一条向下的活路——披上寄托讽喻的外衣,就可以心安理得地簸风弄月!中国的艳情诗,就在这奇怪的夹缝中,奇怪地生长了两千年。

与诗有许多纠缠,而比诗的处境更为奇特,可谓夹缝中之夹缝的,就是词了。词的处境所以更为奇特,与词的身份有关。盖词启源于里巷歌谣,而其发展则与声色歌舞之场有密切的关系。刘禹锡谪朗州(今湖南常德),依其地民歌作《竹枝词》九篇,序其端曰:

> 四方之歌,异音而同乐。岁正月,余来建平,里中儿联歌竹枝,吹短笛,击鼓以赴节,歌者扬袂睢舞,以曲多为贤。聆其音,中黄钟之羽,卒章激讦如吴声,虽伧伫不可分,而含思宛转,有淇澳之艳。昔屈原居沅湘间,其民迎神,词多鄙陋,乃为作九歌,到于今荆楚鼓舞之。故余亦作竹枝词九篇,俾善歌者飏之。

仿民歌曲调而制词,似乎是中唐诗人的爱好。刘禹锡《竹枝词》之外,张志和《渔歌子》,白居易《杨柳枝》《采莲子》诸词,皆是其例。不过据近人的研究,曲子词的兴起,不全因为诗人模仿民歌,教坊的发达也是一大因缘。教坊初设于唐代,是掌管俗乐的官方机构。所谓俗乐,是与由太常寺掌管的古乐或雅乐相对而言的。雅乐典雅庄重,有政教的意义,是祭祀、朝会之类正式场合的典礼之乐;俗乐轻松活泼,具有生活的气息,是后宫宴享(如庆生)时的娱乐之乐。不独后宫宴享需要俗乐,地方的公私宴享也需要俗乐,不独教坊歌者需要演唱的曲目,民间歌楼舞榭的歌女也需要演唱的曲目,于是依调制词,以供歌女演唱,就成了文人难以推却的义务或应酬。前者如李白应唐玄宗之诏作《清平乐》,令狐绹向唐宣宗进献《菩萨蛮》,后者则有温庭筠等花间词人的作品。欧阳炯序《花间集》，述唐代声伎之盛，曰：

> 率土之滨，家家之香径春风，宁寻越艳，处处之红楼夜月，自锁嫦娥。

又述花间词之兴起，曰：

> 杨柳、大堤之句，乐府相传，芙蓉、曲渚之篇，豪家自制。莫不争高门下，三千玳瑁之簪，竞富樽前，数十珊瑚之树，则有绮筵公子，绣幌佳人，递叶叶之彩笺，文抽丽锦，举纤纤之玉指，拍按香檀。不无清绝之辞，用助娇娆之态。

花间即香艳，《花间集》中的词，多写公子佳人间的情事，且多成于歌筵酒席之上，所谓“递叶叶之彩笺，文抽丽锦”是矣，亦传唱于歌筵酒席之上，所谓“举纤纤之玉指，拍按香檀”是矣。温庭筠是花间派的教主，也是第一个以词名家的文人，他仕途偃蹇，沉沦下僚，《唐书》说他“士行尘杂，能逐管弦之音，为侧艳之词”。士行尘杂，指他浪迹歌楼舞榭，狎邪声色；“能逐管弦之音”，不只说明温庭筠解音律，也说明词的应曲（应歌）的性质；“（能）为侧艳之词”是说温氏善写艳情。应曲与艳情，可算是词的两种天性。龙榆生说词的发展往往与声色歌舞之场联系在一起，亦即此意。①

这天性与它起源于民间有关，是其“俗”性（风俗、民俗）的遗传。然而文人既参与进来，文人的修养，包括他的道德性和政治性，让他总有一股变风为雅的冲动，要对这起于民间的曲子词，作一番化性起伪的工夫。文人制词，便是雅化过程的开始。这雅化有两个方面。一是用语的雅化。里巷歌谣，词多鄙俚。诗人仿作，文辞上虽然保留了一些鄙

① 龙沐勋：《词体之演进》，华东师范大学中文系古典文学研究室（编）《词学研究论文集（1911—1949）》，上海古籍出版社，1988 年，第 21—60 页。

俚的性质，总的来说，是向文雅的方向发展，屈原作《九歌》，刘禹锡作《竹枝词》，其初衷即是要为这感人的歌调配上文雅的词。晚唐五代花间派词人的一大贡献，即是文辞的雅化，欧阳炯所谓“（以）清绝之辞，助妖娆之态”是矣。一是内容的雅化，比如刘禹锡《竹枝词九首》《浪淘沙词九首》皆描写当地的民俗风情，而《杨柳枝词九首》却带入了许多文人的历史情怀，明显地变风为雅了。在内容的雅化方面，南唐李后主和他的词臣冯延巳功劳最大。二人皆以词名天下，不仅用词写风月之情，也用词写身世际遇之感，甚至对于宇宙人生的感悟。词的内容遂在他们手上得到了较大的拓展，远非“花间”所能范围了，所以王国维说冯延巳词“堂庑特大，开北宋一代风格”，又说“词至李后主而眼界始大，感慨遂深，遂变伶工之词为士大夫之词”。①

北宋是词大发展的时代。一方面，填词成了文人的普遍行为，不仅晏殊、欧阳修这样的文臣爱填词，以德业名天下的范仲淹、司马光亦不免染指——要知道，晚唐五代时期，填词还只是少数人的爱好呢。另一方面，词的题材进一步拓展，到苏轼手上，吊古怀人，咏物言志，感怀伤世之情，山水林泉之乐，一切诗的内容，无不可入词。在这大发展中，有两个问题逐渐浮现了出来：一是词与诗的关系，一是词的雅与艳。南朝梁陈的宫体，掀起了诗中的倡风，这风气一直持续到初唐。宫体诗经过初唐的自赎（闻一多语），从诗中逐渐退出，而倡风也转移了阵地，由诗转到词了。晚唐兴起的侧艳之词，殆同于南朝的宫体诗。艳情之所以出诗而入词，与诗、词在人们心目中的不同地位有关。诗有悠久的传统，远承六经之首的《诗经》，它关乎风教，兼具六义，是艺术的大雅之堂。以传统的道德眼光看，艳情是难登大雅之堂的，艳情终于被逐出诗，即为此故。词本是民间的俗文学，即使被文人借用了，其地位与诗终究不能同日而语；自另一方面说，人们既视词为娱乐之具，自然不会

① 王国维：《人间词话》，《全集》第一卷，第466页、465页。按：对这两则词话的深入解读，参见叶嘉莹《从〈人间词话〉看温韦冯李四家词的风格》，《叶嘉莹说词》，上海古籍出版社，1999年，第33—35、55—60页。

以道义责之，对它的艳也就较能宽容了，词终于成为艳情的新落脚地，即为此故。北宋虽说是词的大发展时代，诗尊词卑的观念却不曾动摇，即如苏轼那样开拓了词的题材与境界的通达之人，也还持诗尊词卑的态度。他题张子野的诗集说："张子野诗笔老妙，歌词乃其余技耳……而世俗但称其歌词。昔周昉画人物皆入神品，而世俗但知有周昉仕女。皆所谓'未见好德如好色者'欤？"这番议论所隐含的尊诗卑词的态度，明眼人都瞧得出的。北宋的诗人通常将他们堂堂正正、合乎六义的志写进诗，而把那难登诗的大雅之堂——自觉有乖风雅，而又舍弃不得的绮情艳思，记在词里[1]。词之为"诗余"，其故端在于此。于此我们亦可以说诗言志而词缘情。然而自五代以来，词的内部也发生了分化。如前所说，晚唐五代之词有形式和内容两方面的雅化倾向，这两方面其实是不可分的：文辞之俗与内容之艳往往是一张纸的两面，所谓俗艳；文辞之清与内容之雅也往往是一张纸的两面，所谓清雅。北宋的晏、欧诸公大抵沿袭五代温、韦、冯、李之风，清雅温丽。苏轼继承欧阳修的风格，而在内容与风格方面又有拓展，"一扫绮罗香泽之态"，于清雅温丽之外，益以横放与超旷。另一方面，则有柳永之流，纵游娼馆酒楼间，较多地继承了词的俚俗特色，陈师道《后山诗话》说："柳三变游东都南北二巷，作新乐府，骫骳从俗。"柳永词，非羁旅穷愁之词，则闺门淫媟之语，浅近卑俗，尤为下层民众喜爱，流行于坊间，风行于天下，在北宋中期与晏、苏之体隐然敌国。词中雅、艳的区分就此出现了。据说徽宗朝词臣万俟雅言的自集，初分两体，曰雅词，曰侧艳。这分类即是从内容上来分的。不过因为诗、词的分工，终北宋之世，艳情并不成为词的禁忌，所以词中的艳与雅常并行不害，不仅欧阳修《六一词》中雅、艳杂出，即苏门四学士中以词名天下的秦观、黄庭坚、晁补之三人，秦、黄都作过

---

① 文人的这种忸怩心态，常见于后世词集的序，如陆游词集自序说"少时汩于世俗，颇有所为，晚而悔之"，这也就是胡寅《酒边词序》所说："豪放之士鲜不寄情于此者，寻亦自扫其迹，曰：谑浪游戏而已。"悔是悔了，却并不毁弃掉，而且结集留传，可见这"悔"字只是饰词，不必当真的。

不少艳词，晁亦偶尔为之①。盖当时的风气，不以艳词为讳也。

二

至南宋，情况起了变化。失了半壁江山的南宋人，心态既不如北宋人平和通达，对于艳词便不再宽容了。陆游跋《花间集》曰："《花间集》皆唐五代时人作。方斯时，天下岌岌，生民救死不暇，士大夫乃流宕至此，可叹也哉。或者，出于无聊故耶？"陆游的感慨是有为而发的。在这氛围中，遂起了一股"复雅"的思潮。南宋人编有《复雅歌词》五十卷，鲖阳居士序之，批评五代词"淫艳猥亵"。鲖阳居士并且将词导源至《诗经》，举起了崇雅正、黜浮艳的旗帜②。其时又有曾慥，辑《乐府雅词》，取"所藏名公长短句，裒合成篇……涉谐谑则去之"。又其论欧阳修曰："欧公一代儒宗，风流自命，词章幼眇，世所矜式。当时小人或作艳曲，谬为公词，今悉删除。"③曾慥把《六一词》中的艳词悉皆删除，说那些都是小人所作而假名欧公的。然则曾慥所谓雅，乃与艳相对，南宋人的复雅亦即是斥艳。南宋词人如姜夔、张炎主张以词言志，内容上提倡写身世家国之感，格调尚清空而黜靡曼，这是所谓"骚雅"了。张炎可算是南宋骚雅派的殿军，也是骚雅理论的总结者，其论曰：

> 词欲雅而正，志之所之，一为情所役，则失其雅正之音。耆卿、伯可不必论，虽美成亦有所不免。如"为伊泪落"，如"最苦梦魂，今宵不到伊行"，如"天便教人，霎时得见何防"，如"又恐伊，寻消问息，瘦损容光"，如"许多烦恼，只为当时，一晌留情"，所谓淳厚日变

① 龙木勋：《苏门四学士词》，《词学研究论文集》，第 110—125 页。

② 参见吴熊和：《关于鲖阳居士〈复雅歌词序〉》，《唐宋词通论》，浙江古籍出版社，1989 年，第 458—465 页。

③ 曾慥：《乐府雅词引》，《唐宋人选唐宋词》（上），上海古籍出版社，2004 年，第 295 页。

成浇风矣。[①]

连“为伊泪落”也不能见容，裁量可谓酷矣。

南宋的复雅运动，随着南宋词人的谢世而落幕。元明之词尚俗。明人守诗词之分，大多持诗雅词俗的观点，以俗艳为词的当行本色。王世贞曰：“词须宛转绵丽，浅至儇俏，挟春月烟花，于闺幨内奏之，一语之艳，令人魂绝，一字之工，令人色飞，乃为贵耳。至于慷慨磊落，纵横豪爽，抑亦其次，不可作耳。作则宁为大雅罪人，勿为儒冠而胡服也。”毛映选辑历代词为《词的》，论曰：“幽俊香艳，为词家当行。”又曰：“旨本浮靡，宁亏大雅；意非训诂，何事庄严。”[②]这可说是对南宋复雅运动的反动了。尚俗之风一直延续到清初，至康熙中期始有朱彝尊出来，痛诋王世贞诸人“宁为大雅罪人”的论调，倡为雅词，形成了声势浩大的浙西词派，词坛的风气终于为之一变。是为词学上的第二次复雅运动，这次复雅运动一直延续到清末。清代的复雅运动，祖述南宋，然而也有自己的特点。一、推尊词体。清人不满词为诗余的说法，力言词与诗一样，兼具六义。二、推尊南宋词，以为词至南宋而“始极其工”（朱彝尊《词综·发凡》）。其所谓雅词，大抵以姜夔（白石）、王沂孙（碧山）、吴文英（梦窗）诸人为式，这与宋人以苏轼一派为雅，以柳永一派为俗，颇为不同。三、清代复雅运动的第二波，以张惠言为首的常州词派，主比兴寄托说，甚至认为温庭筠诸人的艳词也有寄托——所谓“极命风谣里巷男女哀乐，以道贤人君子幽约怨悱不能自言之情”[③]——这比《复雅歌词》以“讽喻”说苏轼的《卜算子·缺月挂疏桐》，走得更远了。四、清季诸公论词，如王鹏运、况周颐标“重”、“拙”、“大”，陈廷焯标“沉郁”、“忠厚”，似在论杜甫诗，这不仅是要为词争得与诗同等的地位，简直就是以

---

① 张炎：《词源·杂论》，唐圭璋（编）《词话丛编》第一册，中华书局，1986 年，第 266 页。

② 以上述明人尚俗，皆取孙克强之说。参见孙著《清代词学批评史论》中“明代的雅俗之辨”部分。

③ 张惠言：《词选序》，《词话丛编》第二册，第 1617 页。

词为诗。其所谓重、拙、大,或沉郁、忠厚,固然是一种雅,然而与南宋人以清空为雅,气味亦终究不同。

复雅就要斥艳。这在清人词论中是较为普遍的,如金应珪《词选后序》论词之三蔽,淫居其首。又如刘熙载《词概》曰:“乐,中正为雅,多哇为郑。词,乐章也,雅郑不辨,更何论焉。”其评周美成词曰:“周美成词,或称其无美不备。余谓论词莫先于品。美成词信富艳精工,只是当不得一个贞字,是以士大夫不肯学之,学之则不知终日意萦何处矣。”

王国维论词,一反清人的立场,尊五代北宋而鄙薄南宋,对于浙西词派之推崇白石、玉田,常州词派之主比兴寄托说而推崇碧山,清季诸公之推崇梦窗,亦皆不满。他的许多议论都是针对清人的词学而发,他批评朱彝尊一派以风教为旨归的词学:

> 竹垞以降之论词者,大似沈归愚(之论诗),其失也枯槁而庸陋。①

他又批评张惠言以寄托解词:

> 固哉,皋文之为词也!飞卿《菩萨蛮》,永叔《蝶恋花》,子瞻《卜算子》,皆兴到之作,有何命意?皆被皋文深文罗织。阮亭《花草蒙拾》谓坡公命宫磨蝎,生前为王珪、舒亶辈所苦,生后又硬受此差排。由今观之,受差排者,独一坡公已耶。②

他无疑是反对“复雅”的。然则对于复雅派的斥艳,他有何意见?对于艳词,他又有何新说呢?

---

① 王国维:《人间词话手稿》,《全集》第一卷,第525页。
② 同上书,第510页。

三

《人间词话》曰：

词之雅、郑，在神不在貌。永叔、少游虽作艳语，终有品格，方之美成，便有淑女与倡伎之别。①

这一番议论，乃是针对刘熙载的意见而发。② 如前文所引，南宋张炎指斥柳永(耆卿)、康与之(伯可)的艳词时，已经有“虽美成亦有所不免”的话；刘熙载说周美成词“当不得一个贞字”，指控更严重了(周美成可是常州词派最推崇的人呢)。王国维论词既尊北宋，就不得不面对这样一个问题：北宋的艳词远多于南宋(“词之雅郑在神不在貌”一则，出现在《人间词话》论北宋词的部分，可知是为北宋的艳词问题而发)。王国维承认词有雅郑之分，这是他同于刘熙载的。但是他又认为，一词是雅是郑，不能单看它所写的是不是艳情，还得看它所写的艳情的品格如何。若此艳情的品格凡下，固然是郑，若此艳情品格高洁，则虽艳而不妨其为雅。换句话说，艳词亦有雅有郑。这分析比刘熙载笼统的雅郑说，要精微许多。

何所谓品格？何所谓“淑女倡伎之别”？王国维关于欧阳修和柳永的一段议论可以给我们提供寻绎的线索。《人间词话手稿》曰：

《蝶恋花》(独倚危楼)一阕，见《六一词》，亦见《乐章集》。余

① 王国维：《人间词话》(三二)，《全集》第一卷，第470页。

② 王国维《人间词话》与刘熙载《艺概·词概》的关系，早为学界注意。参见孙维城“《艺概》对《人间词话》的直接启迪”，《千年词史待平章——晚清三大词话研究》，北京师范大学出版社/安徽大学出版社，2010年，第204—216页。

谓屯田轻薄子，只能道“奶奶兰心蕙性”耳。“衣带渐宽终不悔，为伊消得人憔悴”，此等语固非欧公不能道也。①

王国维论及的这阕《蝶恋花》，全词为：

独倚危楼风细细。望极春愁，黯黯生天际。草色烟光残照里，无言谁会凭栏意。

拟把疏狂图一醉。对酒当歌，强乐还无味。衣带渐宽终不悔，为伊消得人憔悴。

此词既见于欧阳修词《六一词》，又见于柳永《乐章集》，究竟属欧属柳，聚讼不一。王国维认为是欧公的词，理由很简单：只有欧公能写出“衣带渐宽终不悔，为伊消得人憔悴”这样感情深挚的句子。“衣带渐宽终不悔，为伊消得人憔悴”，可谓艳矣，但这刻骨铭心的相思，与《蒹葭》篇对“伊人”的执着追求一样，是一种深情与坚贞。这就是所谓作艳语而有品格吧。欧阳修的艳词确有这样的品格，如其《生查子》：“去年元夜时，花市灯如昼。月上柳梢头，人约黄昏后。今年元夜时，月与灯依旧。不见去年人，泪满春衫袖。”去年的元宵节，“月上柳梢头，人约黄昏后”，不可谓不艳，然而今年的元宵节，“不见去年人，泪满春衫袖”，又是怎样的一种深情呵。欧阳修另有一首艳情《蝶恋花》：“几度兰房听禁漏，臂上残妆，印得香盈袖。酒力融融香汗透，春娇入眼横波留。不见些时眉已皱，水阔山遥，乍向分飞后。大抵有情须感旧，肌肤拼为伊消瘦。”“大抵有情须感旧”，欧公艳词里的情皆当作如是观。这是淑女之情，既深且贞。

王国维又说：柳永那样轻薄的人，只能写出“奶奶兰心蕙性”一类的句子。“奶奶兰心蕙性”出自柳永《玉女摇仙佩》，全词为：

① 王国维：《人间词话手稿》，《全集》，第521页。

飞琼伴侣，偶别珠宫，未返神仙行缀。取次梳妆，寻常言语，有得几多姝丽。拟把名花比。恐旁人笑我，谈何容易。细思算、奇葩艳卉，惟是深红浅白而已。争如这多情，占得人间，千娇百媚。

须信画堂绣阁，皓月清风，忍把光阴轻弃。自古及今，佳人才子，少得当年双美。且恁相偎依。未消得、怜我多才多艺。愿奶奶、兰心蕙性，枕前言下，表余深意。为盟誓，今生断不孤鸳被。

且不说他言语的庸俗无味，就那情——男子迷恋女子的千娇百媚，女子倾慕男子的多才多艺——也是肤浅无聊的。枕前言下所表的“意”，不过是一点才子佳人的俗念，哪里说得上“深”。“恁相依偎”的情事，则更像逢场作戏般的一晌欢娱，连带那“今生断不孤鸳被”的誓言，也显得轻佻浮薄了。这是倡伎之情。

“淑女与倡伎之别”，亦可以借秦少游（观）与周美成（邦彦）的艳词来说明：

鹊桥仙 秦观

纤云弄巧，飞星传恨，银汉迢迢暗度。金风玉露一相逢，便胜却人间无数。

柔情似水，佳期如梦，忍顾鹊桥归路。两情若是久长时，又岂在朝朝暮暮。

清玉案 周邦彦

良夜灯光簇如豆。占好事，今宵有。酒罢歌阑人散后。琵琶轻放，语声低颤，灭烛来相就。

玉体偎人情何厚，轻惜轻怜转唧唱。雨散云收眉儿皱，只愁彰露，那人知后，把我来僝僽。

同样是男女相会的艳情，秦观的《鹊桥仙》可以称“雅”，周邦彦的《青玉案》只可谓“郑”。前人说秦观词“酒边花下,一往而(情)深”,这也是王国维所谓的“虽作艳语,终有品格”吧。

因此,艳词并非不可以作,就怕你走邪了路,不是深情,而是薄倖。王国维说:

> 《读会真记》者,恶张生之薄倖而恕其奸非,读《水浒传》者,恕宋江之横暴而责其深险,此人人之所同也。故艳词可作,惟万不可作儇薄语。龚定庵诗云:“偶赋凌云偶倦飞,偶然闲慕遂初衣。偶逢锦瑟佳人问,便说寻春为汝归。”其人之凉薄无行,跃然纸墨间。余辈读者卿、伯可词,亦有此感,视永叔、希文小词何如耶?①

深情与儇薄,是王国维评判一首艳词是雅是郑的依据;“艳词可作,万不可作儇薄”,是王国维对艳词的最终态度。龚自珍的诗,“偶赋凌云偶倦飞,偶然羡慕遂初衣”两句,还可以说是旷达,至“偶逢锦瑟佳人问,便说寻春为汝归”,就流入儇薄了。也许在王国维看来,儇薄比水性杨花还要可恶——水性杨花毕竟是真,儇薄却只是油滑与欺骗。

从艳词中区分出深情语与儇薄语,而不把艳词统而言之,一棒打杀,是王国维的通达之处。这样的通达,在传统词学的范围内,甚至复雅派的内部,原也可以约略做到。晚清谢章铤曾区别“情语”与“绮语”,即有类似的意味。谢章铤说:

> 纯写闺襜,不独词格之卑,抑亦靡薄无味,可厌之甚也。然其中却有毫厘之辨:作情语,勿作绮语。绮语设为淫思,坏人心术。情语则热血所衷,缠绵悱恻,而即近知远,即微知著,其人一生大节,可于此得其端倪。“笑问双鸳鸯字怎生书”,出自欧阳文忠,“残灯明灭枕头攲,谙尽孤眠滋味”,出自范文正,是皆一代名德,慎勿

① 王国维:《人间词话手稿》,《全集》第一册,第521—522页。

谓曲子相公皆轻薄者。[1]

谢章铤自然是以欧阳修、范仲淹的艳词为情语而加以肯定的。谢章铤又说：

徐仲公咸清《青玉案》曰："少年不幸称才子，徒多作、淫词耳。"绮语淫，情语不淫也。况词本于房中乐，所谓燕乐者。《子夜》《读曲》等体，固与高文典册有间矣。近者或矫枉过正，稍涉香奁，一概芟薙，号于众曰："吾词极纯雅。"及受读之，则投赠肤词，咏物浮艳，轇轕满纸，何取乎尔，反不如靡靡者之尚有意绪可寻也。[2]

这是批评清代词人一味地斥艳，落到意兴全无的窘境。然而接下来谢章铤又说：

香草美人，离骚多半寄托，朝云暮雨，宋玉最善微言。识曲得真，是在逆志，因噎废食，宁复知音。[3]

这就又把艳词，特别是他所欣赏的欧阳修、范仲淹的情语，往寄托的方向牵引，重拾起张惠言的老调了。可见他的批判终究不够彻底，他的通达亦不过是一种调和。但是王国维的批判却没有止步于此，王国维的通达也不是调和，而是一次较为彻底的转变——由传统的道德的文艺观，向近代的情感的文艺观的转变。

① 谢章铤：《赌棋山庄词话》，卷四，"情语与绮语不同"，唐圭璋（编）《词话丛编》第四册，中华书局，1986年，第3366—3367页。
② 同上。
③ 同上。

四

清人复雅，取的是道德主义立场。王国维论词，取情感主义立场，所以《人间词话》言真而不言雅，我们甚至可以说，王国维是用近代的情感论之“真”，对抗清人的道德论之“雅”。《人间词话》说：“能写真景物真感情者，谓之有境界，否则谓之无境界。”又说：“故知感情真者，其观物亦真。”[①]从这个角度，情之“真”较情之“贞”，更能代表王国维对于艳词的态度——“贞”毕竟拖着道德论的尾巴，“真”却纯粹是情感论的立场。我们可以从他对淫词、鄙词、游词的态度，来看这由“贞”向“真”的转进。

张惠言既辑《词选》，提倡正声，门人金应珪（字朗甫）校而刻之，并序其后，响应乃师“塞其下流”的呼声而论词之三蔽曰：

> 近世为词，厥有三蔽。义非宋玉而独赋蓬发，谏谢淳于而唯陈履舄，揣摩床笫，污秽中冓，是谓淫词。其蔽一也。猛起奋末，分言析字，诙嘲则俳优之末流，叫啸则市侩之盛气，此犹巴人振喉以和阳春，黾蜮怒嗌以调疏越，是谓鄙词。其蔽二也。规模物类，依托歌舞，哀乐不衷其性，虑叹无与乎情，连章累篇，义不出乎花鸟，感物指事，理不出乎酬应，虽既雅而不艳，斯有句而无章，是谓游词。其蔽三也。[②]

无比兴寄托，单纯为艳而艳，是为淫词；狂呼叫嚣，以粗为豪，以放为旷，

① 最早以“真”为王国维文学批评思想的核心概念的，似乎是王国维的门生戴家祥。参见戴家祥：《近代学术代表人物讲稿之四：海宁王国维先生》，陈平原、王风（编）：《追忆王国维》，三联书店，2009，第199—202页。

② 金应珪：《词选后序》，唐圭璋（编）：《词话丛编》第二册，第1618—1619页。

是为鄙词(这是站在婉约为宗的立场,针对豪放派末流的批判);貌似清雅,实无真情[1],为作词而作词的无聊应酬,是为游词。这三蔽,前两病是不雅,末一病是不真。

金氏的三蔽说影响甚广,清代后期的词家,多以张惠言别生枝节、深求寄托为穿凿,而对金应珪的三蔽说却总是赞同的。王国维也一度认同了金应珪的三蔽之说,认为“词之蔽尽于是矣”[2]。但是雅与真毕竟是不同的方向,所以王国维最终又修正了金应珪的三蔽说,否定了不雅之蔽,而统归之于不真。他说:

> “昔为倡家女,今为荡子妇。荡子行不归,空床难独守”,“何不策高足,先据要路津?无为久贫贱,轗轲长苦辛”,可谓淫鄙之尤,然无视为淫词鄙词者,以其真也。五代北宋之大词人亦然:非无淫词,读之者但觉其亲切动人;非无鄙词,读之者但觉其精力弥满。可知淫词鄙词之病,非淫与鄙之病,而游词之病也。“岂不尔思,室是远而。”子曰:“未之思也。夫何远之有?”恶其游也。[3]

管他是淫是鄙,只要其情真挚恺切,便自有一种亲切感人的力量,而其淫或鄙都不足为病了。若情感不真,辄成游词,这却是不可救不可恕的大病。

王国维的这一番议论,可以分作两个方面来看:一、不以淫、鄙为病;二、以游为病而深恶痛绝之。

不以淫、鄙为病,这与清代复雅派的词论,判若云泥。复雅派对于淫、鄙之病,向来不宽容,也从未怀疑。例如陈廷焯即坚持“词不可浮艳

① 此用孙克强之说,见孙著:《清代词学批评史论》,上海古籍出版社,2008年,第66页。

② 《人间词话手稿》中原有“金朗甫作词选后序,分词为淫词、鄙词、游词三种,词之弊尽是矣。五代北宋之词,其失也淫;辛、刘之词,其失也鄙;姜、张之词,其失也游”一段,在“昔为倡家女”一段之前,后墨笔涂去。见《全集》第一卷,第528页。

③ 王国维:《人间词话(六二)》,《全集》第一卷,第479页。

鄙陋”，说淫与鄙两蔽“显忤风雅，常人皆知其非”。[①] 以传统眼光看，王国维为淫鄙之词辩护，可谓离经叛道。这离经叛道源于他迥异于传统的文学观念。他受西方近代文化的影响，认为文学的目的是培育和慰藉情感，而不是进行道德的教化，所以他呼唤写真情真景的纯粹的文学（或曰真正的文学），而鄙弃作为政治或道德的附庸和手段的虚伪的文学（或曰铺餟的文学）。他又受到西方近代以来重视原始艺术和民间艺术的风气的影响，对于俗文学有同情的态度，能够不鄙其粗鄙，而赏其真切——他花大力气研究宋元戏曲，称赞戏曲、小说家为“专门之诗人”，皆有从俗文学发掘艺术的真正活力的深意。风教既不是文学的目的，“雅”也就不必是文学的品格了，王国维于是提出“真”作为文学的必要品格。他在《文学小言》中说：“‘燕燕于飞，差池其羽’，‘燕燕于飞，颉之颃之’，‘睍睆黄鸟，载其好音’，‘昔我往矣，杨柳依依’，诗人体物之妙，侔于造化，然皆出于离人、孽子、征夫之口，故知感情真着，其观物亦真。”又说：“吾宁闻征夫思妇之声，而不屑使此等【铺餟的】/【虚伪的】文学嚣然污吾耳也。”征夫思妇之声，虽或鄙野不雅，然而“真”。将这样的态度应用于艳词，就是宁淫而不游。《人间词话手稿》曰：

> 唐五代北宋之词家，倡优也。南宋后之词家，俗子也。二者其失相等。然词人之词，宁失之倡优，而不失之俗子，以俗子之可厌，较倡优为甚故也。[②]

这是针对复雅派推崇南宋词而言的：你们不是说南宋词雅而深么？然而南宋词的那份矜持，那份造作，根本是一副俗子的面目，比倡优还可厌。五代北宋词固然较为艳冶，表达也较为直白，但那感情的真诚与热烈，自有一种生香活色的美！在另一则词话中王国维还列出了一些为

---

① 陈廷焯：《白雨斋词话》，卷六，“金应珪词选后序”；卷八，“词不可浮艳鄙陋”，唐圭璋（编）：《词话丛编》第四册，第3933、3976页。

② 王国维：《人间词话手稿》，《全集》第一卷，第520—521页。

他所欣赏，不可谓不淫鄙，然而读来或亲切感人，或精力弥满的五代北宋人的词：如牛乔“甘作一生拚，尽君今日欢”，顾琼“换我心为你心，始知相忆深”，欧阳修“衣带渐宽终不悔，为伊消得人憔悴”，周邦彦“许多烦恼，只为当时、一晌留情”。这当中的“一晌留情”，曾被张炎作为周邦彦词“为情所役，失其雅正之音”的例子之一加以斥责，更何论“甘作一生拚，尽君今日欢”这样的句子？然而王国维称赞这些词“专作情语而绝妙”。①

再看他对游词的批评。

“岂不尔思，室是远而”，是《诗经·唐棣之华》中的句子。孔子批评说：哪里因为远？根本是没有思！（《论语·子罕》）为了一慰相思而千里命驾，历史上尽有这样的例子。据《世说新语》记载，吕安与嵇康相善，“每一相思，辄千里命驾”。又如苏轼流放岭南期间，一位陆姓的方外之友，不惮路途遥远，跋涉两千余里，特意去看望他。情到浓时，可生可死，思到深处，千里命驾；一个远字便裹住了脚，无他，只是情未切，思不深而已。换句话说，若果真思念，千山万水也挡不住你回来的路。所以，“岂不尔思”不过是一句客套话，应酬语，“室是远而”不过是一个托词，推脱语。这一番意思，王国维曾写进词：

西河　王国维

垂杨里，兰舟当日曾系。过尽千帆，只伊人、不随书至。怪渠道着我侬心，一般思妇游子。

昨宵梦，分明记，几回飞度烟水。西风吹断，伴灯花、摇摇欲坠。宵深待到凤凰山，声声啼鴂催起。

锦书宛在怀袖底。人迢迢，紫塞千里。算是不曾相忆。倘有情，早合归来，休寄一纸、无聊相思字。②

① 王国维：《人间词话手稿》，《全集》第一卷，第503页。

② 王国维此词或启发于欧阳修《蝶恋花》（腊雪初销梅蕊绽）的“音书纵有争如见”句。

盖思妇盼游子，然而游子总是书至而人不归。“锦书宛在怀袖底，人迢迢，紫塞千里。”他想念她，想念这个家么？她终于怀疑而厌倦了：“算是不曾相忆。倘有情，早合归来，休寄一纸、无聊相思字。”那一封封锦书中，少不了“岂不尔思，室是远而”一类的话吧，王国维说：是皆游词。

艳情中的游词，即是儇薄语。“偶逢锦瑟佳人问，便说寻春为汝归”，与“岂不尔思，室是远而”，虽然一者归，一者不归，然而归者逢艳即称“为汝归”的假言假语，不归者“岂不尔思”的故作姿态，都是不知羞耻的欺妄。不过，“游”之蔽却不单是对艳词而言的，盖任何题材，任何内容，若态度不忠实，都成游词。王国维说：

> 词人之忠实，不独对人事宜然，即对一草一木，亦须有忠实之意，否则所谓游词也。①

岂独对人要忠实，待物亦须如此！此处的忠实，兼有深情之意，至少我们可以根据王国维的思想补足这一层意思：词人之深情，不独对人事宜然，即对一草一木，亦须有一种深情。这是一切大诗人的忠厚缠绵之处——谢章铤所谓“热血所衷，缠绵悱恻”——不过在王国维，这忠厚缠绵是情感的，而非道德的。

五

王国维关于艳词的思考，立足于“情”，以情之深浅而有淑女与倡伎之别，深情与儇薄之分；以情之真伪而有忠实与游词之不同，进而有宁失之倡，勿失之俗/游的极端之辞。这两方面的内容我们既已揭橥于前，关于这两方面另有一些意见，亦须在此略为交待，以免偏听之失。艳词中淑女与倡伎之别，固然极有见地，但是以淑女之品归欧阳修、秦

① 王国维：《人间词话手稿》，《全集》第一卷，第 522 页。

观，以倡伎之品归柳永、周邦彦，却是颇有争议的。欧阳修的艳词，并不尽是“衣带渐宽终不悔，为伊消得人憔悴”般的深情语，柳永的艳词，也不尽是“愿奶奶兰心蕙性”般的轻薄语——况且今人多认为“衣带渐宽终不悔”一阕本就是柳永的呢？若问本人的意见，本人认同王国维的判断，人品见乎词品，欧阳修、秦观词的本色是深情的，柳永则不免轻薄。至于第二个方面，即宁倡勿俗或宁淫勿游，也固然是极有血性，极有气魄的高识，不过这意见的背景——推崇五代北宋而深抑南宋的态度——却也是颇有争议的。数百年来，贬斥南宋词态度激烈如王国维者，似乎没有第二个。何以说南宋词人为俗子呢？按照王国维的理解，一种文体之出现，总是出于作者表达一己之真心深情的需要，所以其初也总是生气淋漓的。但是一种文体“通行既久，染指遂多，自成习套，豪杰之士，亦难于其中自出新意，故遁而作他体，以自解脱。一切文体所以始盛终衰者，皆由于此”①。以词而言，王国维认为五代北宋是词之始盛，自南宋起是词的终衰。词在南宋人手里已成了习套、俗套，而不再能够感自己之感，言自己之言——所以南宋词人“失之俗”的“俗“，换一个字来说，就是“游”。王国维论及金朗甫三蔽说时曾说：“五代北宋之词，其失也淫；辛、刘之词，其失也鄙；姜、张之词，其失也游。”②拿这一段话与“宁失之倡优勿失之俗子”一段话两相参比，就可以知道，宁倡勿俗其实就是宁淫勿游。南宋词失之于游的意见，陈廷焯《白雨斋词话》中就提出过，陈廷焯还说近人（晚清）学南宋其病在游。但是像王国维这样对南宋词几乎全面否定（除了一个稼轩），而且以姜夔、张炎为游词之病的代表，清代词家是断难接受的。不单清代词家断难接受，今人亦多不以为然。今人多以为王国维不能欣赏南宋词，是他个人的原因，他之痛贬南宋词，是他个人的偏见。孰是孰非，难以遽断，亦不必遽断；我们但需记住，王国维关于艳词的议论，确有其特别的意义，不容抹杀。

王国维论词既不避艳，作词当然也不避艳；不仅不避艳，他还以善

---

① 王国维：《人间词话（五四）》，《全集》第一卷，第476—477页。

② 此则词话，本文第三部分脚注中已引出。

作情语著称。检讨一番《人间词》中的艳情词，是一件饶有兴味的事。不过我们要从他早年的一组诗说起。

红豆词

一

南国秋深可奈何，手持红豆几摩挲。
累累本是无情物，谁把闲愁付与他。

二

门外青骢郭外舟，人生无奈是离愁。
不辞苦向东风祝，到处人间作石尤。

三

别浦盈盈水又波，凭栏渺渺思如何？
纵教踏破江南种，只恐春来茁更多。

四

匀圆万颗争相似，暗数千回不厌痴。
留取他年银烛下，拈来细与话相思。

这是一组忆内诗。王国维二十岁娶莫夫人，二人琴瑟静好。但是结婚年余，王国维就只身往上海谋生，这对少年夫妇从此离多聚少。红豆又名相思子，是情人间的信物，大概王国维辞家时，莫夫人特地以红豆相赠。王国维是1898年春到上海的，《红豆词》盖作于是年秋间。万叶吟秋之际，客子思乡之时，“手持红豆几摩挲”，何等深情绵缈，“暗数千回不厌痴”，真是凄美欲绝。“留取他年银烛下，拈来细与话相思”，细帖中见深情，绮丽中寓坚贞，足可以当艳而淑的评价。这一时期的《杂诗三首》之二，也是忆内：

美人如桃李，灼灼照我颜。
贻我绝代宝，昆山青琅玕。

一朝各千里，执手涕汍澜。
我身局斗室，我魂驰关山。
神光互离合，咫尺不得攀。
惜哉此瑰宝，久弃巾箱间。
日月如矢激，倏忽鬓毛斑。
我颂唐棣诗，愧赧不可言。

“一朝各千里”至“咫尺不得攀”一段，九曲回肠，缠绵悱恻，意深而境绝。“我颂唐棣诗，愧赧不可言”，所愧盖即《唐棣》诗中的“岂不尔思，室是远而”之句。

看他的《蝶恋花》词：

阅尽天涯离别苦，不道归来，零落花如许。花底相看无一语，绿窗春与天俱暮。

待把相思灯下诉，一缕新欢，旧恨千千缕。最是人间留不住，朱颜辞镜花辞树。

客子远游归来，正值花事阑珊的春暮。花已零落，人呢？经此长别，自然是红颜渐老了。默默相看，看到的是彼此脸上岁月相思的痕迹——“花底相看无一语，绿窗春与天俱暮”——深情中多少感慨，欣慰中多少无奈，美景佳境中，又有多少凄楚！“待把相思灯下诉，一缕新欢，旧恨千千缕”，用极婉曲极细腻的笔触，写出客子思妇久别重逢的百端情思，万种心绪。然后，“最是人间留不住，朱颜辞镜花辞树”，如一声裂帛，戛然而止，立意之深，造语之工，如欧阳修，眼界之大，境界之深，如李后主。

另有两首写少女情怀的词，不可不看。一写情窦未开的少女的天真与憨态，一写情窦初开的少女的多情与娇羞：

浣溪沙

乍向西邻斗草过，药栏红日尚婆娑。一春只遣睡消磨。
发为沉酣从委枕，脸缘微笑暂生涡。这回好梦莫惊他。

应天长

紫骝却照春波绿，波上荡舟人似玉。似相知，羞相逐，一晌低头犹送目。

鬓云欹，眉黛蹙，应恨这番匆促。闹乱一时心曲，手中双桨速。

这两首词艳而清，且极有情致，直入欧公堂室。

最后我们再看一首《蝶恋花》，以了解王国维用情的一个特别之处。

莫斗婵娟弓样月，只坐蛾眉，消得千谣诼。臂上宫砂那不灭，古来积毁能销骨。

手把齐纨相诀绝，懒祝西风，再使人间热。镜里朱颜犹未歇，不辞自媚朝和夕。

情人之间情感和信任出现问题时怎么办？在夫为妇纲的道德限制下，女子被男子负了心，总是哀怨吞声，表现在传统诗词中大略如此。不过也有反抗所谓妇德的，如王国维许为真切感人、真力弥满的“荡子行不归，空床难独守”。另有一首古诗《皑如山上雪》也写到一位很有骨气的女子：她虽然“愿得一心人，白头不相离”，但是“闻君有两意，故来相绝决”，毫无凄切可怜之态。王国维《蝶恋花》写的就是这种决绝的态度。女子受谗遭负，“手把齐纨相诀绝，懒祝东风、再使人间热”，斩钉截铁，不乞人怜。结句“镜里朱颜犹未歇，不辞自媚朝和夕”，则表现一种不自弃的独立精神：宁可孤芳自赏，也不降其志，不辱其身。同样的意思，也见于《虞美人》（碧苔深锁长门路），该词结句曰：“从今不复梦承恩，且自簪花、坐赏镜中人。”用传统的眼光看，这样的词句可谓淫鄙之甚了吧？但是它确有一种感人肺腑的力量。

《蝶恋花》(莫斗婵娟弓样月)与《虞美人》(碧苔深锁长门路),有浓厚的自喻意味,表现了王国维情感中孤高峻烈的一面。正如梁启超所说,王国维是个充满矛盾的人。他身上既有忠厚缠绵的一面,也有孤高峻烈的一面,所以他既欣赏“为伊消得人憔悴”,也欣赏“手把齐纨相诀绝”。

“有我之境”、“无我之境”的传统意蕴

《庄子》中有方内、方外的概念。“方”是社会，有其确定的制度，以及这种社会制度所要维持的伦理。庄子认为，人的生活可以有游于方内和游于方外两种。方内的生活是人伦境界的生活，方外的生活是自然境界的生活。庄子而后，传统的中国人的生活理想，不外这两种。相应地，传统诗歌也可区分为表现人伦境界生活的方内之诗和表现自然境界生活的方外之诗。我认为，这正是王国维将传统诗歌区分为“有无之境”与“无我之境”的基础。①

一、方之内外

《庄子·大宗师》中有个故事：

> 子桑户、孟子反、子琴张三人相与为友，曰：“孰能相与于无相与，相为于无相为？孰能登天游雾，扰挑无极，相忘以生，无所终穷？”三人相视而笑，莫逆于心，遂相与为友。莫然有间，而子桑户死。未葬，孔子闻之，使子贡往侍事焉。或编曲，或鼓琴，相和而歌，曰：“嗟来桑户乎！嗟来桑户乎！而已反其真，而我犹为人猗！”

① 王国维《屈子文学之精神》一文说，我国春秋以前道德政治上之思想可分为二派，一帝王派，一非帝王派……前者入世派，后者遁世派。又说，因为这个缘故，我国的文学亦不外发表这两种之思想。我这篇文章，可以视为此种观点的推衍。

> 子贡趋而进曰:“敢问临尸而歌,礼呼?”二人相视而笑曰:“是恶知礼意!”子贡反,以告孔子,曰:“彼何人者邪?修行无有而外其形骸,临尸而歌,颜色不变。无以命之,彼何人邪?”孔子曰:“彼游方之外者也,而丘游方之内者也。内外不相及,而丘使汝吊之,丘则陋矣!彼且与造物者为人,而游乎天地之一气。彼以生为附赘悬疣,以死为决疣溃痈。夫若此,又恶知死生先后之所在!假于异物,托于同体;忘其肝胆,遗其耳目,反复终始,不知端倪;芒然彷徨乎尘埃之外,逍遥乎无为之业。彼又恶能愦愦然为世俗之礼,以观众人之耳目哉。”

故事中有两种人,“游方之内者”和“游方之外者”。这两种人临丧的态度大相径庭:“游方之内者”,如孔子及其门人子贡,遵循世俗之礼,认为临丧应该尽凭吊哭泣之哀;“游方之外者”,如子桑户、孟子反、子琴张,则不遵循世俗之礼,编曲鼓琴,临丧而歌。要了解这两种不同的表现,先须了解方内、方外两个不同的生活境域。

“方内”是人伦的社会。这个社会内有是非,有善恶,有意义,其特征是道德与秩序,其象征是朝廷。生活在人伦社会中的人,要不断进取,既为维护社会的道德,也为实现自己的价值,其极则是登于朝廷,成就功名事业。所谓“方外”,是社会之外,或曰道德之外、人伦之外。“方外之士”不用伦理道德的眼光看世界,而从自然的角度看世界,他所看重的不是意义,而是自由,其极则是入于山林,成为一个隐者。《大宗师》论方外之人曰:“其一与天为徒;其一不与人为徒。”“不与人为徒”,即超出人伦;“与天为徒”,即入于自然。

《论语》中记载着孔子及其门徒与隐者的碰撞。孔子是岌岌仕进的,不过孔子的仕也有原则,他要回避暗君,寻觅明主。在他带着子路颠沛于寻觅之途时,遇到长沮、桀溺两位隐者。长沮、桀溺晓谕子路:“避人”不如“避世”。所谓避人,即避暗君而投明主,是在世间的避,权宜式的避;避世则是回避人间社会,向山林退隐,是出世间的避,彻底的避。孔子不能接受避世的做法，他说：人应该生活在社会里与人为群，怎么能往山林里去与鸟兽同群呢？在另一次与隐者（荷蓧丈人）的遭遇中，子路直接批评隐者说：“不仕无义。长幼之节不可废之，君臣之义，如之何其废之？欲洁其身，而乱大伦。”儒者的人生境界是伦理的，他要在方内安顿自己的一生，他看中的是意义，他感受到的是责任。

然而在庄子眼里，人间社会是个荆棘遍地的名利场。奔走在这人间世不仅累，而且危险，一不小心就招嫌致嫉，引来杀身之祸——比如孔子奔来奔去，那困顿的样子“累累若丧家之犬”，适陈过匡，匡人误以为他是恶人阳虎，关了他五天；到宋，宋的司马想杀他……总之，在人世间你不得不时时面对着是非得失，不得不时时遭受着内忧外患，你落在各种关系交织成的罗网中，被羁绊着不得自由。于是庄子要逃往山林（自然），做一个隐士，以全其天年。《庄子》中描述的得道之人，大多是隐者，生活在远离人世的山林，如藐姑射之山，无何有之乡，冥伯之丘，昆仑之虚。在自然中，庄子发现了一个完全不同于人间世的景象：他在濠梁上散步，看到“鯈鱼出游从容”，十分快乐；他看到野马吃草喝水，交颈相摩。这是个生趣昂然的自由世界，鸟自在飞，马自在跑，鱼从容出游，人逍遥游观……一切自在流行，无对待，无是非，亦无牵挂。在这个特殊的境界里，人面对的不是由人组成的纠缠着各种关系的社会群体，而是自由自在的自然之物，于是他自己也从社会关系中解脱出来，成为一个自由自在的自然之人。这个超越了善恶是非的自然界，启示着一种新的存在方式——人在其间作为万物之一而存在，他与身外之物是物与物的关系。这种存在方式可以概括为《庄子·天下》篇中的一句话：“与天地精神相往来而不敖倪于万物。”天地的精神是生生，是各各自在的大流行。人在天地间，与物混然同处，不相为役，是为“不敖倪于万物”；与大化同其衍流，不惊得失，是为“与天地精神相往来”。《庄子·马蹄》中的有一段话，描述人在自然中与万物欣乐同处的场景：

万物群生，连属其乡；禽兽成群，草木遂长。是故禽兽可系羁

> 而游，鸟鹊之巢可攀援而窥……同与禽兽居，族与万物并，恶乎知君子小人哉！

万物群生，人是其中之一，他与禽兽、草木及他人是平等、亲切的，没有主宰与被主宰的关系，也没有是非得失的纠葛，因而也就无所谓“君子、小人”之分了。这景象与人间世完全不同。人间世里的人，是个系着在是非人我之分的有心的“我”，他与身外之物的关系，是“我”与物的关系。如果说在人世间我们看到的是生机的窒息，我们感受到的是羁绊，那么在自然界中，我们看到的则是生机的畅发，我们感受到的是自由。

方内、方外的区分，是《庄子》中的一个基本区分。我们可以借庄子的眼光，概括方内、方外的特点：

方内是个有善恶是非的人伦社会。这是个喧嚣忙碌的人间世，人们纠缠在是非得失的网里，为了外在的名利营营奔竞。在庄子看来，这种生存状态下的人，尽管是“道德”的，其实已背离了人的天性，是悖于天的“伪”，就像被穿了鼻子的牛或套上笼头的马一样。这个社会图景的大倾向是冲突，生活在这个社会里的人，遭受着内忧外患，忧烦而焦虑，其感受的大倾向是苦。当然也有温暖友爱，可是就连温暖友爱也像陆处的鱼，“相濡以沫，相呴以湿”，充满悲情。

方外是超道德的自然境界。陶渊明诗：“纵浪大化中，不喜亦不惧。”这里花开花落，云行雨施，一切自然而然地发生，无所谓善恶，亦无所谓是非，无所谓得失，亦无所谓悲喜[①]。这里没有伪，只有天：牛马四足，鱼相忘于江湖，人相忘于道术。这里没有苦，只有乐，万物各遂其性。

方内、方外，庙堂、山林，一是人世的，社会的，与人的，一是天际的，自然的，与物的。这是两个相对隔离、相对独立的境域，借庄子的话说是“内外不相及也”。从这两种不同的境域中，发展出两种不同的生存样态。若以乘舟为喻，游于方内者乘舟，必定有个方向。这个方向是乘

---

① 喜是与欲望的满足相联系的情感。自然中自由自在的心灵状态是和、乐，与喜有区别。

舟者这个“人”选择的,在整个的航行中,他以自己的意愿控制着航向。他充满热情,但不得不与风浪搏斗,所以是悲壮的。游方之外者乘舟,则放乎中流,任其东西。他不把自己当着驾御舟的“人”,只当自己是放在舟上的一个物。他恬然自适,虽然没有追求,却是快乐的。

在相对狭隘的意义上,方内、方外的分途,可以看作儒家与道家的分野。儒家奔走于方内,循世俗之礼,其立足点是人的伦理;道家优游于林下,奉自然之道,其立足点是天之自由。当然,这并不意味着儒家不接触自然,也不意味着道家不接触人事。儒家也有面对自然的时候,但儒家看自然,总是从人的角度去看,把伦理的色彩涂到自然身上去,这就是大家熟悉的“比德”。换句话说,儒家之看自然,是以“我”观物,所以儒家描述自然的语言中,常常是以人喻物,从物中看出本为社会中人所有的伦理。道家亦有面对人或社会的时候,但道家于人,要他们象鱼之在渊、鸟之在林一样,各得其自性。换句话说,道家把人亦当物看,是以物观人,所以道家描述人的语言中,常常以物喻人,希望在人世间实现他在自然中发现的自由。这里我们看到两个有趣的相反运动:儒家站在人间世,把伦理化了的人性往自然界推广;道家站在自然中,把自由的物性往人类社会推广。于是通过儒家的眼睛,我们不仅看到一个伦理化的人类社会,而且也看到一个伦理性的,甚至情感性的自然——连花开花落都交织着悲喜情愫的自然。通过道家的眼睛,我们不仅看到一个自在的自然,而且也看到一个自在的人类——返于自然的桃花源式的人间。所以方内、方外的区分,其根本还不在于你是处在人群里还是山林里,不在于你是与人打交道还是与物打交道;其根本在于你以什么态度与人或物打交道,你是以人伦道德的态度与物,还是以自然的态度与物,你是以我观物,还是以物观物。

二、世情、高情:方内方外之区分的发展

《庄子》中所启示的自然境界,在先秦两汉并没有得到大力的开发。

这一方面由于《庄子》本身在方内、方外问题上没有坚持各是其所是的原则，他着力较多的是对方内生活的批评，而对方外生活的正面阐发较少。所以在《庄子》中，我们几乎看不到自然境界的直接展现，我们只能从其对人伦境界的抨击中捕捉到一点折射出来的自然境界的光芒——它还只是一颗暗结的珠胎。另一方面也由于自然境界本身具有超越的性质（是对人伦境界的超越），不容易领会。人的现实存在首先是个伦理的存在，世俗是个根深蒂固的"成心"，先须冲破伦理的网幕，打掉世俗的"成心"，才能了望到自然境界而达于自由。就历史的实情看，先秦两汉的士人绝大多数还只知道围着庙堂打转，在世事上沉浮。

自然境界的开发，要等到晋宋时期，其时《庄子》流行，优游林下成为士人的时尚。从嵇、阮到王、谢，自然境界的生活一步步丰富起来，具体起来，方内生活与方外生活的区分也一步步清晰起来，当时的两个习语——"世情"和"高情"——可以帮助我们了解晋宋人如何发展了自然境界，从而深化了方内、方外的区分。

东晋时有个名臣庾亮，有个名士谢鲲，晋明帝曾问谢鲲："论者以君方庾亮，自谓何如？"谢鲲答曰："端委庙堂，使百僚准则，鲲不如亮，一丘一壑，自谓过之。"端委庙堂，是方内的生活，一丘一壑是方外的生活。庙堂情怀属于所谓世情，丘壑情怀属于所谓高情。晋宋人尚通脱，每以沉溺世情为鄙俗，以超脱世情为高致——从谢鲲"一丘一壑，自谓过之"的洋洋自得中，可以想见当时名士们崇尚丘壑高情而鄙弃世情的风尚。据《世说新语》：

> 戴安道中年画行像甚精妙。庾道季看之，语戴云："神明太俗，由卿世情未尽。"

世情必须尽除，若世情不能除尽，不仅自己不能脱俗气，连笔下的画也脱不了俗气！

但是除尽世情，谈何容易？不仅庙堂情怀，举凡人间的世俗情感，功名事业之心，以及所有与伦理相关的情感，如乐善恶恶，如婚喜丧悲、哀别欣会，所有联系于愿望的情感，如得失成败之喜怒哀乐等，都是世情，若把鄙弃世情的思想推向极端，就可能落于一种病态——比如，当谢安人到中年，面对太多的生死离别而“伤于哀乐”时，甚至当他因幼子夭折而伤心不已时，他没有得到同情，反而受到嘲笑！然而也正是在对世情的鄙弃中，逼现出高情的光芒来。

史书评嵇康：“其高情远趣，率然玄远。”所谓“高”、“远”与“率”，是相对于尘近虚伪的世俗的人生而言的，它表现出一种超越的精神，指向人伦社会之外而联系于自然。嵇康是竹林七贤的领袖，少好庄老，栖迟山林，弹琴啸咏。他也许是第一个把庄子的自然境界表现在诗里的诗人。他的诗后面还要详论，这里举其最负盛名的两句，以见他优游于自然的风神：

目送归鸿，手挥五弦。

嵇康对自然之趣有极深的领会，魏晋人对自然境界的探讨与开拓，皆导源于他。

晋宋之时，高卧林泉不问人事成为名士风雅的标识。《世说新语》说：“何骠骑弟以高情避世，而骠骑劝之令仕。答曰：‘予第五之名，何必减骠骑？’”[①]何准高自标许，以“高情”对抗其兄煊赫的功名爵位，气度不减于谢鲲以“一丘一壑”之情对抗庾亮“端委庙堂”之能。王、谢风流是大家熟悉的，王、谢诸人所以风流，就因为他们具有丘壑高情[②]。孙绰

① 刘义庆：《世说新语·栖逸第十八》，余嘉锡《世说新语笺疏》，中华书局，2009年，第768页。

② 私意以为中国人的山林情怀，要到王、谢才真正成熟。嵇康之游于山林，有其不得已的外因，所以他的心境并不平和。刘勰曾说：“嵇志清峻。”清峻之志使得嵇康与自然之间拉开了一定的距离，他眼里笔下的山水因此也显得清峻，甚至有些“冷”。王、谢诸人与嵇康不同，他们走进自然不是时势所逼，所以心境比较平和，能够比较充分地融入自然，专心地品味、欣赏自然。

是王、谢的朋友，也是兰亭雅集的参与者。他有两句很有味的话，可以传达王、谢的风流："释域中之常态，畅超然之高情。"他又有两句诗可以具体说明这高情："浑万象以冥观，巫同体于自然。"即到自然中去感受万象之生机、大化之流行。

世情与高情的区分，是《庄子》中方内、方外之区分在晋宋时的特殊表现形态。显然，世情属于方内之情，高情属于方外之情。但是在晋宋人，世情与高情，方内与方外，已经由非此即彼的排斥关系，逐渐发展成一种可以并行的关系。其时大多数的名士（包括谢安、谢鲲等），既有奔走于人间的生活，也有优游于林下的生活。以我们现在的眼光看，这是一大进步。人生本来就是多方面的，此一时此一地他可以是个世俗的人，彼一时彼一地他又可以是个融于自然的人。即是说，同一个人可以既有人伦境界，又有自然境界。中国后世的士人，对这两种境界大多采取兼收并蓄的态度，以养成他们可爱的灵魂：人伦境界的熏陶，使他们的心灵博大深沉，自然境界的滋润，使他们的心灵冲和优美。①

三、方内之诗与方外之诗

相应于方内、方外这两种不同的境域，我国的艺术亦可以分成两类：反映方内之生活与景象的艺术，反映方外之生活与景象的艺术；前者的境界是人伦境界，后者的境界是自然境界。

我们以诗为例来分析。

---

① 严格来说，虽然晋宋人试图解决内、外之间的纠纷，但解决得并不彻底。他们要把二者的对立关系转化成有联系的统一关系，如郭象所谓"夫理有至极，外内相冥，未有极游外之致而不冥于内者也，未有能冥于内而不游于外者也。"（郭象注《庄子·大宗师》语）这种不彻底使得晋宋人的山水诗常常不能有醇和的自然境界，关于这一点下文论方外之诗部分另有论述。唐朝人的解决方式似较为彻底，不强调方内、方外的"统一"，而强调其"两行"。从成玄英对郭象的注疏中可以见出这种变化。成玄英的疏剔除了郭象游外弘内的思想，突出了"内外不相及"。

（一）方内之诗

汉以前的诗，几乎都是写方内生活的。《诗经》的主题，有关于个人的，如写家庭朋友的矛盾，爱情的快乐痛苦，征戍离别等；有关于社会的，如写战争、赋役，社会的动乱，人民生活，政治的得失等。这些诗都涉及人的愿望以及与愿望之违顺相应的悲和喜——关于个人的自不必说；即使关于社会的，也是依据作者的道德倾向而作出的判断。所以《诗经》的内容是社会人事的，其情感是世俗的。《诗经》中没有以表现自然之趣为主旨的篇章，只有零星的描写自然景物的句子。这些写景的句子，没有自己的意义，它们的目的和作用是“兴”，即引发或譬喻人事和情感。《楚辞》也是方内的诗。《楚辞》中有许多神话性质的故事，然而这些神话却是在人世的场景中上演，是人间故事在另一个想象中的世界的投射，比如湘君、湘夫人在洞庭湖上演绎男女相思。《楚辞》中涉及许多草木，但它们是道德的象征，香草佳木以喻君子，艾草恶木以喻小人。《楚辞》中颇多写景的句子，但这是一个伤感的被流放的人在荒野中的跋涉，他眼中的自然景物无不染着他伤心的泪水，如《抽思》之“望北山而流涕兮，临流水而太息”；“长濑湍流，泝江潭兮……轸石崴嵬，蹇吾愿兮”。更不用说《九辩》之“悲哉秋之为气也，萧瑟兮草木摇落而变衰”了。所以《楚辞》中的自然，不是自然境界意义上、体现着自由的自然，而是一个被人类世俗的情感异化了的自然。

汉代，在儒家面向社会、面向人生的现实精神导引下，诗沿着《诗》《骚》传统发展。汉魏之际，方内之诗达到第一个高峰。这是个“白骨乱于野”的乱世，也是个抒情诗人成批出现的时代。诗人们描写乱世的悲惨景象，抒发自己的哀伤愤怒与离愁别恨，诗风慷慨悲凉，这就是所谓的“建安风骨”。其后经唐历宋，方内之诗的题材不断扩展，如艳体的出现，宫体诗的出现，边塞诗的出现等；方内之诗的风格也不断变化，如唐代先后有杜甫之沉郁顿挫，元稹、白居易之直白俚俗，韩愈之硬朗，义山之凄丽等等。这些方内之诗，尽管有许多并不符合儒家的标准，但它们描写的对象都是世俗人生，其抒发的情感都是世俗的情感——都是用他的“成心”评判世界：满足他愿望的就高兴，违背他愿望的就伤心；符合他道德取向的就赞美，违背他道德取向的则愤懑。因为它们都关系到一个欲望的“我”、意愿的“我”，所以从方外的眼光看，昂扬奋发的杜诗与“与歌儿舞女生污惑之声于私室”的恻艳之辞，其实是一丘之内，差异只在丘之东西、貉之牝牡而已。

关于方内之诗，另有两个问题与后面的讨论有关，需要特别的注意：

其一，方内之诗有较强的情绪色彩，而其情绪又以悲哀之情为多。庄子曾说，方内的人生总是处于得与失的乍惊乍喜中。方内之诗人是热血的人，他的情绪被忧喜搅动着，他带着这或忧或喜的情绪看待身边的一切，写出情绪性较强的诗。对这种情况，韩愈有个说法，曰“不平则鸣”。“不平”当然不专指冤屈，如杜甫听到官军收复河南河北的消息，心中狂喜，写下“却看妻子愁何在，漫卷诗书喜欲狂”的诗，这也是“中有不平，发而为诗”。不过，或者因为人世的实情本就是苦多乐少①，或者因为诗人大多多愁善感，也或许因为诗人们自己的一点私心——所谓“欢娱之辞难好，愁苦之言易工”——方内之诗绝大部分是描写人生的艰难，发文人不遇的牢骚。所以方内之诗确实是以悲取胜的，而后代诗论家也确实主要地从“不遇”的意义发挥韩愈“不平则鸣”的理论。

其二，方内之诗中，景以人伦化、情绪化的特殊方式存在着，而且越到后来，情绪化的程度越深。

在中国的诗歌中，景很早就成为诗的一大要素，这个要素在唐代诗歌格式化过程中得到确认。比如绝句中，一般的格式是一联情一联景；律诗中，一般中间两联写景。从方内的眼光看，景语在诗中没有独立的价值，景语的意义只存在于它与人情的联系中。早期的方内之诗，景与情之间相互独立，呈松散的象征关系，比如《诗经》之兴。所谓兴，一般

---

① 世俗的人生，本就是个欲望的陷阱。所谓“欲壑难填”，人于是常处于不满的状态，而得尝所愿之时甚少，自然是苦多乐少了。

指以写景开篇兴起下文。《蒹葭》诗三章的开头“蒹葭苍苍，白露为霜”、“蒹葭萋萋，白露未晞”、“蒹葭采采，白露未已”是景是兴，可是这景与下文“遡洄从之”、“遡游从之”的情事没有内在的联系，若脱离了上下文，这景与情的关系立即瓦解。方内的诗人们自己对这种生硬的景情关系也甚不满意，他们不断探索改进诗中情景关系的途径，后来终于能够融情入景，实现了情、景的融合①。我们在杜甫的诗中随处可见亦情亦景的成功例子。如：

感时花溅泪，恨别鸟惊心。——《春望》
一片花飞减却春，风飘万点正愁人。——《曲江二首》
花近高楼伤客心，万方多难此登临。——《登楼》
清秋幕府井梧寒，独宿江城蜡炬残。——《宿府》
风悲浮云去，黄叶堕我前。——《遣兴·下马古战场》

花联系着泪，鸟联系着别情，井梧联系着寒。再如《秋兴八首》之一、之二：

一

玉露凋伤枫树林，巫山巫峡气萧森。
江间波浪兼天涌，塞上风云接地阴。
丛菊两开他日泪，孤舟一系故园心。
寒衣处处催刀尺，白帝城高急暮砧。

二

夔府孤城落日斜，每倚南斗望京华。

---

① 严格来说，只有方内之诗才有情、景融合的问题。因为在方内的境界，人是作为“人”存在，“人”之情与物之景是个二，人把自己的情幻化到景物上，这是融合。而在自然的境界上，人是作为与物混同的一个“物”存在，没有把己情加于物的问题，所以也无所谓情景交融的问题。

听猿实下三声泪，奉使虚随八月槎。
画省香炉违伏枕，山楼粉堞隐悲笳。
请看石上藤萝月，已映洲前芦荻花。

这两首诗可以看作情景交融的典范，他所有的情都寄托于景，所有的景也都染上了他的情。自然之景在他的诗中发生了异化，被人为地浸染上人情的色彩。

（二）方外之诗

如果硬要从上古的诗歌中寻找方外之诗的影子，似乎只有《击壤歌》。沈德潜的《古诗源》第一首就是《击壤歌》。据说唐尧之世，天下太平，百姓无事，有老人击壤而歌。其辞曰：

> 日出而作，日入而息。凿井而饮，耕田而食。帝力于我何有哉。①

这个击壤老人怡然自得、自由自在的生活，是在帝力之外、社会组织之外的，换句话说，他的生活是属于天的。《庄子》中把这样的生活状态称为"天放"，把这样的人称为"天民"②。

"日出而作，日入而息"是一种特殊的方外生活（原始的朴），《击壤歌》是一种特殊形态的方外之歌。可是，中国很快就进入高度伦理化的社会。"普天之下，莫非王土，率土之滨，莫非王臣"，在帝力的罗网下，人的原始的自由逐渐丧失。《古诗源》中紧接《击壤歌》之后，又有《康衢谣》：

---

① 沈德潜：《古诗源》，中华书局，1980年，第1页。
② "天放"语见《庄子·马蹄》，"天民"语见《庄子·庚桑楚》。

立我蒸民，莫非尔极。不识不知，顺帝之则。①

民要帝来“立”，活动要“顺帝之则”，则其已非天民，而是属于社会的王民了。

从《击壤歌》到《康衢谣》，是一个天民因就帝力之网而沦为王民的过程，是一个从原始的方外坠落而纠缠于方内的过程。人民从此在世俗的政权下生活，天放之歌亦从此绝响，直到超越人世、面向自然的另一种方外生活出现，才有另一种方外之诗出现。

有意识的方外之诗，是从魏晋时期开始发展起来的。魏晋时期，一方面是庄学的流行，一方面是诗的兴盛，这两个因素相凑合，遂有了表现自然境界的方外之诗。

作为魏晋庄学的开启者和当时重要的诗人，嵇康开始自觉地把庄子的方外境界和自己的山林生活表现在诗里，诗从此有了自然境界这片新天地。这是嵇康的对于诗歌发展的一个绝大的贡献。如同庄子总是从与社会境界的对比中逼现出自然境界一样，嵇康诗中的山林生活，也常常处于与艰难的现实生活的对比中。他的诗向我们展现了他从社会退向山林的过程。我们看他的《述志诗》之一：

潜龙育神躯，跃鳞戏兰池。延颈慕大庭，寝足俟皇羲。
庆云未垂景，盘桓朝阳陂。悠悠非吾匹，畴肯应俗宜。
殊类难遍周，鄙议纷流离。轗轲丁悔吝，雅志不得施。
耕耨感宁越，马席激张仪。逝将离群侣，杖策追洪崖。
焦朋振六翮，罗者安所羁。浮游太清中，更求新相知。
比翼翔云汉，饮露餐琼枝。多念世间人，夙驾咸驱驰。
冲静得自然，荣华安足为。

他把自己比喻为高贵的“潜龙”、“跃鳞”，不屑与尘俗同其污流。他的

① 沈德潜：《古诗源》，第1页。

雅志既然不能在乌烟瘴气的人间社会得到实现，索性绝世而去，追随传说中的隐士同时也是仙人的洪崖。这意味着他要走进山林，过不同于人世间的生活。对他来说，走进山林就像鸟浮游于太清，再也不受罗网的羁绊。嵇康喜欢用鸟作比喻。他有个兄长名喜字公穆，本来与嵇康一起过着隐居生活，后来出山从军。嵇康写了《兄秀才公穆入军赠诗十九首》送他，第一首是五言：

双鸾匿景曜，戢翼太山崖。抗首漱朝露，晞阳振羽仪。
长鸣戏云中，时下息兰池。自谓绝尘埃，终始永不亏。
何意世多艰，虞人来我维。云网塞四区，高罗正参差。
奋迅势不便，六翮无所施。隐姿就长缨，卒为时所羁。
单雄翩独逝，哀吟伤生离。徘徊恋俦侣，慷慨高山陂。
鸟尽良弓藏，谋极身必危。吉凶虽在己，世路多崄巇。
安得反初服，抱玉宝六奇。逍遥游太清，携手长相随。

“双鸾”游戏于太山之崖，喻二人隐于世外的自由生活。后来一就罗网，一翩然独逝。就罗网者，喻公穆之出山；独逝者，喻自己之高蹈。

接下来，嵇康用两组四言诗，进一步勾勒出两种性质迥异的生活图景。一是属于天的生活：

鸳鸯于飞，肃肃其羽。朝游高原，夕宿兰渚。
邕邕和鸣，顾眄俦侣。俛仰慷慨，优游容与。
鸳鸯于飞，啸侣命俦。朝游高原，夕宿中洲。
交颈振翼，容与清流。咀嚼兰蕙，俛仰优游。

首先出现的仍是个以鸟为喻的自然境界的生活图景。鸳鸯“朝游高原，夕宿兰渚”，“啸吕命俦”、“优游容与”，让我们想起《庄子》中的鱼从容出游、马龁草饮水翘足而陆。

这自然境界的生活对面，是落于尘网的人的生活：

泳彼长川，言息其浒。陟彼高冈，言刈其楚。
嗟我征迈，独行踽踽。仰彼凯风，涕泣如雨。
泳彼长川，言息其沚。陟彼高冈，言刈其杞。
嗟我独征，靡瞻靡恃。仰彼凯风，载坐载起。

军旅征伐之人在山水间跋涉，艰难的行程使他们想起春天的熏风，心中不平，至于泣下。这是嵇康不能接受的生活状态。

在另一组诗里，嵇康得意地描写起自己优游林下的自在生活：

淡淡流水，沦胥而逝。泛泛柏舟，载浮载滞。
微啸清风，击檝容与。放棹投竿，优游卒岁。

这是一幅令人心醉的图景。人融在自然里，万虑销沉，没有一点人世的聒噪，也没有一丝人间的忧伤。这时他又忍不住把这种生活直接联系到“鸳鸯”：

婉彼鸳鸯，戢翼而游。俯唼绿藻，托身洪流。
朝翔素濑，夕栖灵洲。摇荡清波，与之沉浮。[①]

我们把这两幅图景汇合起来，立即可以得到一个“天人合一”的典型样态。这里只有和谐，没有冲突，人回归到自然而重获其自由，成为与鸳鸯一样的自在之物。

不过，如前文已论及的，嵇康之入于山林有其不得而已，多数情况下他似乎并未能平和地面对自然、欣赏自然。在他的诗里，常常可以感受到愤世疾俗的情绪。这种情绪上的张力，削弱了他与自然之间的亲

① 所引二诗依次为《酒会诗》之二、《酒会诗》之三。

和力，所以他对自然境界的描写多是程式性的甚至概念性的，较为空泛。

无论如何，嵇康已经打开了一个局面，越来越多的人追随着嵇康走向山林，越来越多的诗人开始单纯地描写自然，至于谢灵运，终于能够超越概念性的描述而走向具体的描写。谢灵运名家子，性爱山水，每至一处即恣意游赏，又常以诗记之，凡泉林幽壑，朝岚夕霏，尽在笔底。举《石壁精舍还湖中作》为例：

昏旦变气候，山水含清晖。清晖能娱人，游子憺忘归。
出谷日尚早，入舟阳已微。林壑敛暝色，云霞收夕霏。
芰荷迭映蔚，蒲稗相因依。披拂趋南径，愉悦偃东扉。
虑澹物自轻，意惬理无违。寄言摄生客，试用此道推。

他记述了一次出游，描写途中所见的景，从中我们可以看出他对自然的极其细致的体察，这与嵇康诗中概念式的描写颇为不同。时人以"清新"二字许谢灵运诗，这与以"清峻"二字评嵇康诗虽只一字之差，其中透露出的与自然的关系却有极深刻的不同。"清峻"是冷的，"清新"是亲切的。谢灵运的山林之游不为避世，不为寻仙，他对自然之景真的是赏，所以能看出自然的许多美与趣来。如《登江中孤屿》：

乱流趋正绝，孤屿媚中川。云日相晖映，空水共澄鲜。

《过始宁墅》：

白云抱幽石，绿篠媚清涟。

《七里濑》：

石浅水潺湲，日落山照耀。

与嵇康比较起来，谢灵运的山水诗向着自然境界迈进了一大步。然而其人终究世情未尽，身盘桓于林泉园素，心的那一端却系念着名位、功业，因为不得志而“意常不平”①，所以他的山水诗也终究不能纯和明净。前人已经指出，谢诗有太多的理语②，如上引《石壁精舍还湖中作》一诗的末四句就是个理语尾巴。谢诗中的理语，是玄言诗的遗迹，但由此也可见他从人伦境界向自然境界的超越，相当程度上还处在“理入”的阶段。他的身心还未能彻底、自在地融入自然境界，或者说自然境界还没有内化为他的心性，所以他向自然的融入总显得有几分勉强。这勉强我们很容易从他诗中读出来。一方面，他诗中的景句有时让你觉得是雕琢出来的，而且太“客观”——准确地说是矜持——矜持得有点儿冷，说明他与眼前的景还是断成两截，不能打成一片。另一方面，我们把谢诗中写景的句子单摘出来看，有时确实是毫无烟火气的。但是整首诗的境界往往不是如此，他在写完这些无烟火气的景句后，往往笔锋一转，又跌入到人间的哀怨中去。看下面这首著名的《游南亭》：

时竟夕澄霁，云归日西驰。密林含余清，远峰隐半规。
久痗昏垫苦，旅馆眺郊岐。泽兰渐被径，芙蓉始发池。
未厌青春好，已睹朱明移。戚戚感物叹，星星白发垂。
药饵情所止，衰疾忽在斯。逝将候秋水，息景偃旧崖。
我志谁与亮，赏心惟良知。

---

① 谢灵运颇以功业自期，及不为用，意常不平。《宋书·谢灵运传》云：“既自以名辈才能应参时政，初被招，便以此自许。既至，文帝唯以文义见接，每侍上宴，谈赏而已。王昙首、王华、殷景仁，名位素不逾之，并见任遇，灵运意不平，多称疾不朝直。穿池植园，种竹树堇，驱课公役，无复期度。出郭游行，或一日百六七十里，经旬不还，既无表闻，又不请急。上不欲伤大臣，讽旨令自解。”时人于其名心不解颇有疵议。谢灵运欲入白莲社而慧远拒之，此或为小说家言，亦可见当时物论之一斑。

② 指谢灵运喜欢化用老、庄、易之语入诗。

这首诗中,上面三个问题——理语、我与景的断裂、人间的哀叹——都或多或少存在。由于这些渣滓的存在,所以大体上来说谢诗与自然境界也还有一间未达。[1]

魏晋六朝人与自然境界似乎总有一间之隔。他们像是走在由人世向山林的路上,心中有割不断的眷念,忍不住要不时回头看看。回顾的结果,或者是伤感,或者是鄙弃,但是因为有这一“回顾”,他与人世就“藕断丝连”。相应地,魏晋六朝人的诗中,虽然常常有自然境界的灵动显现,但人世的幽灵总如影相随,使之陷入或浓或淡而又无法摆脱的阴暗。魏晋六朝人不能彻底地完成从人伦境界向自然境界的超越,也许是因为他们所借助的思想资源——老庄哲学——本身的局限。庄子哲学的产生背景是乱世,他的反抗意识的起点,是人世间的不合理,或者说是无道。这注定了他与人世间的割不断的牵连[2],也注定了他心中山林与人间的张力,所以历来信奉庄子的人都有些孤傲狷狂。这点不平之气须待佛教来化解。佛教不思考人世之治乱或有道无道的问题,而思考人生之幻象与真实的问题。就其超越“有道无道”这一点来说,佛教确实比道家高出一筹。所以礼佛者心境比较平和。唐朝禅宗兴盛,禅宗——特别是南宗——除了强调去人、我之执,更突出发明超越善恶的本心本性,这就为主体进入自然境界提供了心灵的基础,而其寂照思想又为自然境界的朗现提供了心灵的空间和途径。唐朝有许多礼佛参禅的诗人,佛家之平和心态,禅家之本性思想,道家之林壑生活,三者结合起来,于是有趣味澄琼的唐代山水田园诗。王维是其中杰出的代表,他礼佛参禅,又流连林壑,他的一些写自然境界的诗把世俗的情味吐弃尽净,真可谓一尘不染:

> 空山不见人,但闻人语响。返景入深林,复照青苔上。
>
> ——《鹿柴》

---

① 像《石壁精舍还湖中作》那样整首诗无烟火气,在谢灵运集是绝无仅有的。

② 由老庄哲学引发出来的有情无情的争论,或许暗示着这种局限。

飒飒秋雨中，浅浅石溜泻。跳波自相溅，白鹭惊复下。
——《栾家濑》
人闲桂花落，夜静春山空。月出惊山鸟，时鸣春涧中。
——《鸟鸣涧》
独坐幽篁里，弹琴复常啸。深林人不知，明月来相照。
——《竹里馆》
井邑傅岩上，客亭云雾间。高城眺落日，极浦映苍山。
岸火孤舟宿，渔家夕鸟还。寂寥天地暮，心与广川闲。
——《登河北城楼作》
中岁颇好道，晚家南山陲。兴来每独往，胜事只自知。
行到水穷处，坐看云起时。偶然值林叟，谈笑无还期。
——《终南别业》

方外之诗在唐代有很大发展，成为诗中很有影响的一类，所谓“王、孟、韦、柳”风味，与他们诗中的自然境界有密切的关系。总体上来看，完满的自然境界到唐诗才得到充分的体现①，这个进步主要表现在两个方面。其一，自然境界的意趣化(或称情趣化)。相较于六朝诗人来说，唐诗人更注重发掘自然的生动情趣，所以唐诗中的自然显得更加空灵活泼，上引王维的《鸟鸣涧》可以为例。

其二，从山林向田园的转移。谢灵运山水诗，只写与人无关的自然；而王维则努力把自然境界生活化，写人的自然境界意义上的生活。上引《终南别业》就不是以纯写景来表现自然境界，而是从人的活动来表现自然境界的人生。再如《白石滩》：

清浅白石滩，绿蒲向堪把。家住水东西，浣纱明月下。

---

① 晋宋六朝亦有完满的自然境界的诗，然而不过是零星的、偶然的出现。唐则不然，唐诗人已经在自觉地追求自然境界。唐代自然境界之诗的成熟，一方面固然因为山林与人世间的张力得到解决，一方面当然也是诗歌自身逐步发展的结果。

他故意让人的活动参入，与自然构成一个和谐的画面。又如《山居秋暝》中：

明月松间照，清泉石上流。竹喧归浣女，莲动下渔舟。

《山居即事》中：

绿竹含新粉，红莲落故衣。渡头烟火起，处处采菱归。

这是个生活的画面。但这个生活不同于方内之诗中的功利生活，它是经过自然境界之眼光美化过的生活，是人的返于天真的生活。“田园”两个字或许可以概括这种生活的性质。田园处于社会与山林之间，是实现自然境界之生活的一个理想场所。将自然境界投射为超越了忧患的牧歌式的田园生活，是人们对自然境界的理解上的一次飞跃。这种即世间的超越，才是真正的超越；只有在这种即世间的自然境界中，内心的张力才真正得以消解。

方外之诗的大致情况即如上言，关于方外之诗亦有一点需要特别注意，即方外的境界是没有冲突的自然境界，反映这种境界的方外之诗的情绪总是和谐欣乐的。

四、“有我之境”与“无我之境”

诗就其内容而言，有方内方外之分，古人对此亦有觉察。宋人论诗，以为诗有两个传统，不入于骚，即入于庄。《离骚》可以代表方内，《庄子》可以代表方外，所谓庄、骚传统，即方外、方内之分。相应于内容上的方内、方外之分和境界上的人伦境界、自然境界之分，古代诗歌在审美风格上也呈现出明显的分化。古人于此亦有敏锐觉察，严羽论诗，曰:“其(品)大概有二:曰优游不迫,曰沉著痛快。”①由前面的分析,优游不迫正是方外诗应有的风格,沉著痛快正是方内诗应有的风格。

风格上之大概有二,与源出上之或庄或骚,都可以追溯到方内方外之分。但严羽之论,言其表而未及其里;或庄或骚之说,于表里虽都隐约涉及,而语焉不详,如隔靴搔痒。把这问题说得比较清楚的,是王国维的“有我之境”与“无我之境”理论。

《人间词话》论诗词之境界,曰:

> 有有我之境,有无我之境。“泪眼问花花不语,乱红飞过秋千去。”“可堪孤馆闭春寒,杜鹃声里斜阳暮。”有我之境也。“采菊东篱下,悠然见南山。”“寒波澹澹起,白鸟悠悠下。”无我之境也。

从他所举的例子看,所谓有我之境,是体现着人的现实情感的人伦境界,其情悲苦;所谓无我之境,是体现着自然的生机情趣的自然境界,其心欣乐。“有我之境”、“无我之境”的区分,首先触发于诗词作品原本就有两种截然不同的审美风格这一普遍现象,这一点上,王国维与严羽是一样的。王国维名前者的审美风格为“壮美”,大略相当于严羽所谓“沉著痛快”;名后者的审美风格为“优美”,大略相当于严羽所谓“优游不迫”。但王国维更进一步以“有我”、“无我”揭示审美风格背后的境界特征,这是他比严羽深刻的地方。

对于“有我”、“无我”,王国维有进一步的解释:

> 有我之境,以我观物,故物皆著我之色彩;无我之境,以物观物,故不知何者为我、何者为物。

由此可见,“有我之境”、“无我之境”的实质,是两种不同的与物态度。前者以己度物,把自己的情感意志加于物之上,物于是成为他感情的载

① 严羽(著)、郭绍虞(校释):《沧浪诗话》,“诗辨之三”,人民文学出版社,1962年,第6页。

体或象征。这时物完全被他的情感遮蔽了,他看到的其实不是物的本然情态,而是他自己。这种以人度物的与物态度,正是方内之人的态度,王国维名之为“以我观物”。后者则与物优游,放弃了作为社会之人、伦理之人的身份而回到天真状态,成为自然的人,也放弃了欲望、追求而与周围之物打成一片,成为其中的一分子。这时人与物融洽无间,他是无忧无虑的他,物是自由自在的物,各归其本然,各得其自然,呈现一个生趣活泼的和谐图景。这种与物优游的与物态度,正是方外之人的态度,王国维名之为“以物观物”。

“以我观物”、“以物观物”的说法,出于邵雍[①]。《观物内篇》之十二曰:

> 圣人所以能一万物之情者,谓其能反观也。所以谓之反观者,不以我观物也。不以我观物者,以物观物之谓也。既能以物观物,又安能有我于其间哉。[②]

又《观物外篇》之十曰:

> 以物观物,性也;以我观物,情也。性公而明,情偏而暗。[③]

关于这一段,黄畿之注有言曰:

> 观乎本物,则观者非我,物之性也。若由我之意,观乎是物,则观者非物,我之情也。[④]

---

① 邵雍传世著作主要为《皇极经世书》,明儒黄畿有注。《皇极经世书》中有《观物内篇》十二篇、《观物外篇》十二篇。王国维诗文中喜用“观”、“观物”字眼,其号“观堂”亦尔。

② 邵雍:《皇极经世书》(黄畿注,卫绍生校理),中州古籍出版社,1990 年,第 304 页。

③ 同上书,第 427 页。

④ 同上。

以物观物，所见是物之本然（性），是真；以我观物，所见是我之情感，是伪。

在“以我观物”和“以物观物”之间，邵雍是有所取舍的，他反对以我观物，而主张以物观物，因为只有以物观物，才能得物之真，才能达于天道。这一思路，是从道家继承来的①。前面说过，道家开发出了不同于人伦境界的自然境界。自然境界与人伦境界，也可以从是否有“我”的角度来区分：人伦境界是有我的境界，自然境界是无我的境界。在道家看来，人伦境界所以伪，就因为有“我”的遮蔽，自然境界所以真，正由于去除了“我”的遮蔽。真际本是无对无待的自在世界，物各自然、自是、自现，其意义在其自身的存在与显现，而不依赖于其他。可是“我”②使世界落于关系的存在中，灿烂的自在隐退了，事物的意义变成依他的价值，于是有鸿鹄、燕雀的轩轾。是“我”扭曲了世界，“我”之于心，如同有色眼镜之于眼。要还世界的本色，需要除掉心中之“我”，所以庄子要讲“心斋”、“坐忘”、“丧我”。“我”执既去，世界就从是非的网中解脱出来，由有待的价值存在复归于无待的自在存在——这就是“天”。所以，从人伦境界走向自然境界，就是从“以我观物”走向“以物观物”，从“有我”走向“无我”。

邵雍区别“以我观物”、“以物观物”，是对道家“无我任物”命题的发展。王国维借之解释诗歌中“有我之境”、“无我之境”，揭示出这一诗歌现象背后深刻的哲学根源，极有见地。古人说，有此一等心胸，乃有此一等文字。你若以我观物，写出的自然是“有我之境”的诗，你若“以物观物”，写出的自然是“无我之境”的诗。“无我之境”的诗与“有我之境”的诗，未必有高下之分，但确实有难易之别。人无可选择地被

---

① 参见冯友兰：《中国哲学史（下册）》论邵雍（康节）部分。又，邵雍乐于隐，颇有超越于人事的意趣，这也是他不同于一般儒者之处。《宋元学案》引叶水心《困学记》批评邵雍的话：“邵子以玩物为道，非是。孔子之门为曾皙，此亦山人隐士所以自乐，而儒者信之，故有‘云淡风轻，傍花依柳’之趣。”玩物本是道家之人的得意处，亦是自然境界之人生的特征，王国维有诗曰：“病起初能玩物华”。

② 依庄子之说，“我”是有是非、善恶的成心。

抛掷于现实的生活环境中，人伦境界是人的常态。而自然境界是超越状态，要费一番去“我”的工夫才能达到，换句话说，必须克服“以我观物”，才能“以物观物”。常人落在尘网，只能“以我观物”，只有少数摆脱“我执”，成为透网鳞的人，才能“以物观物”。这等心胸难得，这等诗词自然也难得，所以王国维说“古人为词，写有我之境者为多，然未始不能写无我之境，此在豪杰之士能自树立耳”。只有豪杰之士能超入自然境界[①]，写出无我之境的诗。古今之人以亿兆计，豪杰之士得有其几？难怪古今之诗写无我之境者，十不一二！

① 魏鹤山曰：“邵子真所谓风流人豪者。”这是就邵雍的超越精神而言的。

《人间词话》散论

《人间词话》(64 则),皆深造自得之言,融哲人、诗人情怀于一体,文辞隽永,赏会特深。

1.《人间词话》之撰述

1904 年下半年,静安先生由通州师范(南通)转任江苏师范(苏州),授文学。静安先生肆力于填词,或即始于此时;其治学的兴趣,亦渐由哲学向文学转移。静安先生填词颇获成功,1906 年(光绪丙午)4 月,在《教育世界》刊行《人间词甲稿(并序)》,收词 61 阕;次年 11 月,刊行《人间词乙稿(并序)》,收词 43 阕。静安先生又是喜欢研究的人,于创作的同时,遂也做起词的校辑与整理,经他手批校阅的前人词集达数十百种,范围从五代直到晚清。在此基础上,静安先生于 1907—1908 年间撰写词话百余则,题为《人间词话》,稿本今藏国家图书馆。

2.《人间词话》之发表(一)

1908 年(光绪三十四年),静安先生从《人间词话》稿本中选出 63 则,另加新撰的一则①,共得 64 则,写定交《国粹学报》发表。《国粹学报》将此 64 则词话分三期刊出,第 47 期(光绪三十四年十月)刊出 1—21 则,第 49 期(光绪三十四年十二月)刊出 22—39 则,第 50 期(宣统元年正月)刊出 40—64 则。1926 年的标点本《人间词话》(俞平伯标点),

① 第 63 则论马致远《天净沙》令,此则未见于《人间词话》稿本。

即以此64则为准。

3.《人间词话》之发表(二)

辛亥革命后(1911),静安先生随罗振玉(叔言)流寓日本。寓日期间曾为日人所办的《盛京时报》撰写学术札记,在该报1914年9月9日至1915年7月16日连载的《二酉轩随录》中,有“词话”三十一则,前有按语曰:“余于七八年前,偶书词话数十则,今捡旧稿,颇有可采者,摘录如下。”这三十一则词话,除最后一则(论马东篱套曲《双调夜行船》)之外,均见于《人间词话》稿本,其中二十五则出自已刊部分,五则出自未刊部分,大体照录旧稿,仅个别的地方略有改动而已。静安先生身前手定发表的词话,止于此矣。

4.《人间词话》之编辑

静安先生既自沉(1927),门人杨万里董理先生遗稿,选取《人间词话》稿本中未曾发表的部分词话,以“人间词话未刊稿”之名发表,并着手收集静安先生其他论词的文字。此后罗振玉编《海宁王忠悫公遗书》,即以《国粹学报》发表的64则词话为《人间词话》上卷,以稿本中未发表的部分,并杨万里辑自其他方面的论词文字,合为《人间词话》下卷。《人间词话》之分上下卷始于此。此后的变化,是将下卷中辑自《人间词话》稿本之外的部分析出,作为补遗缀于后,形成上卷、下卷、补遗的体例,如徐调孚《校注人间词话》、许文雨《人间词话讲疏》。现今通行的《人间词话》即是如此,较之仅分上、下卷,自然是更为恰当了。[①]

5.编辑体例之争论

有学者说,《人间词话》的内容只该64则。此说认为,《国粹学报》上发表的64则词话,是静安先生从稿本中选出并写定发表的,应视为《人间词话》的定本;稿本中未被选出发表的,只能称《删稿》,不能称

---

① 参见徐调孚《校注人间词话》“重印后记”,中华书局,2003年。

《未刊稿》，更不能作为“下卷”。换句话说，只有那64则词话能够准确地代表静安先生的词学思想，其他的仅可备参考——与64则词话的思想相支持（至少不抵牾）者，可引为资助，与64则词话的思想有矛盾者，当弃而不取。以稿本中未发表的部分为《删稿》，这意见靠不住。如前所说，静安先生寓日本期间发表在《盛京时报》上的“词话选”（31则）中，即有一些来自稿本未刊的部分，可见1908年未被选出发表，并不意味着删弃。如此来看，称《未刊稿》较合适，称《删稿》反似不妥[①]。然而当初发表时选与不选之间，应该反映了重要性的不同，上、下卷的体例，有平行视之的嫌疑，也确有不妥。余意以为，“人间词话”应有《人间词话稿本》、《人间词话刊本》（64则）、《人间词话摘录》三个不同的指称；惟《人间词话刊本》可简称《人间词话》，余两种只能简称《稿本》、《摘录》。至于其他来源的论词文字，当称《辑遗》，不必冠以“人间词话”之名。

6.《人间词话》的特别之处

64则词话是从稿本中精心挑选出来的，顺序也重新作了安排，形成了一个相对有逻辑的论说系统。这是一部精心结构的“著作”，非一般谈掌故或记本事的“诗话/词话”可比——《人间词话》不是灯下漫谈，它有浓厚的理论意味，明显的理论建构意图，清晰的理论构架。这是它的特别之处。

7. 以西方近代文化为思想基础

《人间词话》虽然采用了传统的“诗话/词话”体，其思想基础却是西方的近代文化，这是我们读《人间词话》不可不知晓的。静安先生早年致力于西方哲学的研究，对西方近代文化的启蒙性质，反思和批判精神，深有所会。他接受了西方近代心理学和哲学上知、情、意三分的学说，认识到艺术慰藉和培养情感的特殊价值，于是反思艺术在传统文化

① 稿本中有数处作者本人用墨笔涂去，有人称之为“删稿”，这是可以的。

中的价值错位，并尝试建立一种新的欣赏艺术的眼光，一个新的艺术批判的系统。这探索的过程，从《红楼梦评论》开始，经《论哲学家与美术家之天职》《文学小言》《古雅之在美学上之价值》，而结穴于《人间词话》。开卷读《人间词话》的人，莫不眼前一亮，心为之动，主要的原因即在它新鲜、深刻的思想魅力——其瓶虽旧，酒则新矣。

8．《人间词话》之结构

《人间词话》的结构，前辈学人如叶嘉莹、刘烜等多有揭示。大致来说，64 则词话由三部分构成：第 1—9 为第一部分，提出并说明"境界"理论；第 10—52 为第二部分，以境界论为依据，尚论历代词人；第 52—64 为第三部分，是一些总论性质的话。[①]

9．两个基本倾向

"词以境界为最上，有境界则自成高格，自有名句，五代、北宋之词所以独绝者在此。"这开宗明义的第一则，表明了《人间词话》的两个基本倾向：一曰标境界，一曰尊五代北宋。这两个倾向，也可以说是一个，因为他尊五代北宋而黜南宋的理由，即是五代北宋词有境界，南宋词乏境界。一部《人间词话》，主要是以境界的有无深浅为依据，尊五代北宋而抑南宋的作家、作品评论。

10．标境界

《人间词话》所说的境界，简称境，是专就审美而言的，是观照的对象。作为观照的对象，境界独立自足，吾人对此境界，绝去利害与攀缘之心而玩赏其色相，是为审美。静安先生曾特别区分了政治与文学，政治家之眼与诗人之眼。政治家之眼见出利害得失，生是非之心。诗人

---

① 对此三部分的性质，各家的说明不同。叶嘉莹之说见叶氏：《王国维及其文学批评》，河北教育出版社，1997 年，第 186—188 页；刘烜之说见刘氏：《王国维评传》，百花洲文艺出版社，2010 年，第 72—74 页。

之眼见出“境界”，用文字表出之而为诗为词，成一件艺术品。标境界，从正面说即意味着取审美的态度，从反面说即意味着摈弃了政治/道德的态度。《人间词话》无一句陈腐的说教之辞，也无一语言及“寄托”，就是这道理。

11. 说境界

第二则至第九则，从境界的产生方式、境界的类型、境界的构成元素三个不同角度，对“境界”概念加以说明。境界的生成方式有两种，曰写，曰造；境界的类型有两种，曰有我之境，曰无我之境，前者壮美/宏壮，后者优美；境界的构成元素（原质）有二，曰景，曰情。

12. 写境与造境

第三则论造境、写境，其目的是要说明他所用“境界”一词的意义与通常所谓“境界”一词的意义不同，亦即艺术（诗词）中之境界与现实/自然中之实境的区别。艺术中之境界，无论是写是造，皆理想之境而非现实之境。第五则补足此义，谓“自然中之物（实境）”必定互相关系、互相制约，但是写之于艺术之中，必定遗落其关系制约之处，而成其为独立自足的观照对象，即艺术之境。

13. 理想与写实

第五则谓“写实家亦理想家”、“理想家亦写实家”，其实是说，艺术之境必兼具虚构与自然两方面性质。此话看似平常，背后却有甚深的康德、叔本华哲学的影子。据叔本华的理论，现象界（自然）皆服从充足理由律，常人的思维见识，也脱不出充足理由律的制约，惟天才/艺术家能挣脱充足理由律，直观到真实的理念。因此，艺术之所以为艺术，在于它摆脱了充足理由律的制约，突破现象，直达理念。故依叔氏之说，离自然愈远则愈艺术。然而康德却从欣赏的角度说，艺术作品须似于自然才美。故依康氏之说，艺术品须在虚构与自然之间达成某种平衡。

叔氏、康氏之说，是静安先生论写实与理想之关系的理论渊源。[①]

14. 境界与观照

第六则“境，非独景物之谓也，喜怒哀乐亦人心中之一境界”，即是说，非独景物可以作为观照的对象，人心中的喜怒哀乐亦可以作为观照的对象。《文学小言》亦曾说：“激烈之情感，亦得为观照之对象、文学之材料，而观物与其描写之也，亦有无限之快乐伴之。”静安先生的境界说，始终联系着审美观照理论。艺术创作有观和写两个方面，观，见出一境界，写，表出这境界，能“观”是首要的。第四则，“有我之境，于由动之静时得之”，所以要“由动之静”时得之，也须从“观照”的方面去理解。

15. 景与情

第六则又说，“能写真景物真感情者，谓之有境界”。以景物、感情为境界的两种元素，这与《文学小言》以“景”与“情”为文学的二原质，一脉相承。情景关系，是传统诗学上的老话题。在诗人，景兴发情感，情塑造景物，二者互相生发。所以诗人眼中的景，绝不是物理意义上的景物，而是经过了情的塑造的景，情景。在这个意义上说，艺术中的景与情不是平行的关系，而是情“统/率”景。《人间词话稿本》有“昔人论诗词，有景语情语之别，不知一切景语皆情语也”一则，盖即此意。但是这态度鲜明的一则词话，1908 年发表时未选，1914 年也没有选。静安先生的回避，令人费解，亦发人深思。再细看他的表述，无论《文学小言》还是《人间词话》，二原质（元素）并见时，都是“景（物）”在前“情（感）”居后。静安先生似乎有平行对待二者的意思，究其原因，大概是

---

① 参见王国维：《叔本华与尼采》《叔本华之哲学及其教育学说》。《叔本华与尼采》引叔氏之说曰：“一切科学，无不从充足理由原则之某形式者。科学之题目，但现象耳，现象之变化及关系耳。今有一物焉，超乎一切变化关系之外，而为现象之内容，无以名之，名之曰‘实念’。问此实念之知识为何？曰：美术是已。”

信奉“审美观照”说留下的痕迹：自一方面说，“情”可以独立地成为审美/艺术观照的对象，不必待景而后立，《未刊稿》“词家多以景寓情，其专作情语而绝妙者”一则，说的就是这层意思；另一方面，景亦有独立的审美价值，不必待情而后成，如描写自然的诗，《论哲学家与美术家之天职》一文中甚至说“（我国）诗歌之方面……其有纯粹美术上之价值者，仅其写自然之美之一方面也”，这大概也是静安先生不能放弃的。

16. 真

景物、感情之“真”，《文学小言》亦曾论及，其言曰：

> “燕燕于飞，差池其羽”，“燕燕于飞，颉之颃之”，“睍睆黄鸟，载其好音”，“昔我往矣，杨柳依依”，诗人体物之妙，侔于造化，然皆出于离人孽子征夫之口，故知感情真者，其观物亦真。

“感情真者，其观物亦真”，即是说有真感情者，能得真景。可知“真感情”之真，是真挚、深挚义，真情即是深情；“真景物”之真，是真切义，指景物的情态之真，而非其物理之真。

17. “闹”字与“弄”字

第八则“红杏枝头春意闹，著一闹字而境界全出矣；云破月来花弄影，著一弄字而境界全出矣”，境界之义，可由闹字、弄字索解。红杏枝头、云破月来，都是物态；“闹”与“弄”却关乎人情，因为人的情趣的掺入，物态遂变成情态了。由此可知，境界非物理之境，而是情境；景物亦不取其物理之态，而取其情态。

18. 本末之辨（一）

第九则“沧浪所谓兴趣，阮亭所谓神韵，犹不过道其面目，不若鄙人拈出境界二字为探其本也”，是对第一则“词以境界为最上”的回护。盖为“本”，始可以为最上。《稿本》另有本末之辨的一则（未刊），可为此注脚，曰：

> 言气格，言神韵，不如言境界。境界，本也；气格、神韵，末也。

这一则见录于 1914 年的词话选。本末之辨的含义，可以借《古雅之在美学上之位置》中第一形式与第二形式的区分来了解。艺术家观照到的某个境界，是第一形式；以某种手段某种方式将那境界表达出来，这表达所具有的形式是第二形式，在诗词是文辞及其风格，在书画是笔墨及其风格。境界属第一形式，是为本；气格、神韵属第二形式，是为末。不了解第一形式、第二形式的区分，则我们看《人间词话》总有些雾里看花的感觉；一旦了解到这个区分，即如云开雾散，晴川历历了。

19. 本末之辨（二）

气格、神韵为第二形式，为末，可以无疑；兴趣却不能说是第二形式，也不能说是“末”。与神韵说相比，兴趣说离静安先生境界说的距离似乎近得多了，然而其间的差别仍可以辨别。境界作为审美观照的对象，是诗人呈现于心而表现于作品者，境界的营造既是艺术的目的，营造成的境界也就是作品的基本构成与存在，所以能够谓之“本”。兴趣只是艺术家创作前或创作时的心理状态，对作品的性质固然有影响，然而终究不是作品本身，所以不能谓之“本”。

20. 尚论部分总评（一）

第十则至第五十三则，尚论历代词人，大抵以时间先后为次，自李白始，迄于清代纳兰容若，与诸词人词作相关的理论问题，则随时间入。然而亦有错综，如东坡与清真的两度间出，那是因为理论的牵涉较广，在以人带论不足应付的时候，辅之以以论带人，遂至波澜相生，错综成文，亦如行文之有倒叙、逸荡之笔。

21. 尚论部分总评(二)

尊五代北宋而抑南宋,是静安先生论词的一贯倾向,这是大略而言。细究起来,在五代、北宋、南宋各个时代的内部,静安先生也是有所区别的,前后的态度亦有变化。静安先生曾在两处明确表示过自己的好恶,其一见于《〈词辨〉眉批》,其一见于《人间词乙稿序》。《〈词辨〉眉批》(1905)曰:

> 予于词,五代喜李后主、冯正中而不喜《花间》;宋喜同叔、永叔、子瞻、少游而不喜美成;南宋只爱稼轩一人,而最恶梦窗、玉田。

《人间词乙稿序》(1907)曰:

> 余之于词,于五代喜李后主、冯正中,于北宋喜永叔、子瞻、少游、美成,于南宋除稼轩、白石外,所嗜盖鲜矣。尤痛诋梦窗、玉田,谓梦窗砌字,玉田垒句,一雕琢,一敷衍,其病不同,而同归于浅薄,六百年来词之不振,实自此始。

从《眉批》到《乙稿序》,其间的变化是:五代部分,未再表明"不喜《花间》";北宋部分,对美成(周邦彦)的态度发生翻覆,由"不喜"变成"喜",而所喜者之列去掉了同叔(晏殊);南宋所爱者之中增加了白石(姜夔)。《人间词话》的看法,看似近于《眉批》,而实际上继承了从《眉批》到《乙稿序》的变化趋势。

22. 五代(一):温不及韦,温、韦不及冯、李

第十则至第二十则,论五代温、韦、冯、李四家,以为温、韦远不及冯、李,即《眉批》"喜李后主、冯正中而不喜《花间》"之意。第十四则温词句秀、韦词骨秀、后主词神秀之论,固然是为了驳周济(介存)置后主于温、韦之下的谬见(第十五则),而温、韦之间句秀、骨秀之分,亦寓温

不如韦之意。又，静安先生《唐五代二十一家词辑》跋谓："端已词情深语秀，虽规模不及后主、正中，要在飞卿之上，观昔人颜、谢优劣论可知矣。"此数者可以互参。

23. 五代(二)：冯与李

第十五则"词至后主而眼界始大，感慨遂深"，第十六至第十八则为之作理论的分析，明后主所以为后主。第十九则"冯正中词……堂庑特大，开北宋一代风气"，第二十则至第二十三则，足成此义，同时亦因欧阳修词与冯正中词之关系而过渡到论北宋人词。静安先生重视冯正中，不下于重视李后主，甚或过之，最可注意。

24. 宋代词人部分总评

第二十四则至第五十则，论其所欣赏的宋代词人同叔(晏殊)、永叔(欧阳修)、东坡(苏轼)、少游(秦观)、稼轩(辛弃疾)，让他在喜欢不喜欢之间徘徊的美成(周邦彦)、白石(姜夔)，以及他所厌恶的南宋词人梦窗(吴文英)、玉田(张炎)。其间普遍地涉及了一个理论问题，即隔与不隔，是我们理解静安先生轩轾北宋、南宋的关键。

25. 周美成的出场

第二十四至第三十一则，沿着论正中(冯延巳)之势，次第论及同叔、永叔、少游(偶及于小山)、东坡(偶及于白石)，顺流而下，波澜不惊。至第三十二则转入论美成(周邦彦)，突然起一个大转折：

> 词之雅、郑，在神不在貌，永叔、少游虽作艳语，终有品格，方之美成，便有淑女与倡伎之别。

对于周邦彦来说，这样的出场方式，实在有些难堪了——虽然紧接着的第三十三则，有"(美成)不失为第一流之作者"一句，可以稍为缓颊。

对周邦彦的批评，一石激起千层浪，引起了《人间词话》后半部分论隔与不隔的一段大波澜。

26. 论艳语

静安先生论词，不避艳语，然而深辨情的真与不真。他说，情若真，即便是淫词、鄙词，读来亦觉亲切有味。此处论"艳语"的一则（第三十四则），当与下第六十二则"淫词鄙词之病，非淫与鄙之病，而游词之病也"，《稿本》之"艳词可作，惟不可作儇薄语"（通行本下卷第三十九则），及"词人之忠实，不独对人事宜然，即对一草一木亦须有忠实之意，否则所谓游词也"（通行本下卷第四十则）合看，又当与《文学小言》之十七"宁闻征夫思妇之声，而不屑使此等（伪）文学嚣然污吾耳也"合看。

27. 美成、白石的位置

在静安先生尊北宋抑南宋的批评系统里，美成、白石的位置最为微妙。美成是北宋词的最后一个大家，而又是南宋词的开路人①，白石是南宋词的第一个大家，却还有些北宋的余响，因此《人间词话》对美成不免褒中有贬，对白石不免贬中有褒。

28. 对美成态度的犹豫

第三十二则"美成深远之致不及欧、秦，惟言情体物，穷极工巧"，是事实判断；"不失为第一流之作者"，是价值判断。事实判断的部分，静安先生没有犹豫，"言情体物，穷极工巧"，可以索解于第三十六则评美成《青玉案》词，及第六十则谓美成"能入"，有生气；"深远之致不及欧秦"，可以索解于第六十则谓美成"不能出"，无高致。至于价值判断的部分，即"言情体物，穷极工巧"是否就可以称为第一流作者，静安先生是有犹豫的，《词辨》眉批即曾谓"美成词多作态，固不是大家气象"。

---

① 参见叶嘉莹：《论周邦彦词》，《唐宋词名家论稿》，河北教育出版社，1997 年，第 179—213 页。

但是到1910年年底写《清真先生遗事》时，静安先生却对美成作了高度的肯定，喻之于“诗中老杜”。

29. 隔与不隔

第三十四、三十五则论“代字”，引出隔与不隔的问题。自第三十六则起，连续五六则论隔与不隔，可见这问题在静安先生词学中的位置，是何等地重要。若不看字面而看内容，涉及隔与不隔问题的地方还可以举出许多，如第五十六、五十七、五十八则，虽未见“隔”字，而显然是论“隔”。因此，说《人间词话》的后半部分围绕着“隔”与“不隔”的问题而展开，似乎也不为过。

30. 对隔与不隔的一种解读

静安先生为何如此著意于“隔”与“不隔”的问题，亦需要从第一形式与第二形式的区分来了解。艺术既以第一形式之美为第一义，以第二形式之美为第二义，而第一形式又必须由第二形式呈现，于是第二形式与第一形式相得与否，即第二形式能否充分呈现第一形式，也就成为作品能否成功的又一个关键（第一个关键是有无第一形式之美）。在诗词，便是境界与文辞相得与否，相得则文辞对境界的呈现不构成障碍，此即是不隔；不相得则文辞对境界形成遮蔽，此即是隔。隔与不隔，关系到境界能否顺利地呈现，词话第三十四则“美成《解语花》‘桂华流瓦’，境界极妙，惜以桂华代月耳”即说此义。更有甚者，忘记了境界是诗词的第一义而醉心于格调、文辞，以至于“格韵虽高，然如雾里看花，终隔一层”，这就是姜白石的毛病了。词话第三十六、三十八、三十九对姜白石的批评即是此义。因此，静安先生对隔的批评，与他的独标境界，一正一反，相为表里。

31. 深诋白石

《人间词话》对白石的批评，着笔独多，究其原因，约有二端：一、白石是南宋词风的开路人,吴文英诸人皆从白石出,南宋词之失亦自白石始;二、静安先生对白石的态度,是一个"惜"字,惋惜不已,故而时时提及。静安先生中心的意思是:"古今词人格调之高无如白石,惜不于意境上用力。"(第四十二则)白石致隔的原因,亦是因为只顾求格调高,疏忽了意境。按:《人间词话稿本》中另有论白石数则,《论古雅之在美学上之位置》亦特别论及白石,可以参看。

32. 戏谑梦窗、玉田

静安先生说,周介存谓"梅溪词中喜用'偷'字,足以定其品格",刘融斋谓"周旨荡而史意贪",二语令人解颐(第四十七则)。鄙意以为,静安先生以"映梦窗,凌乱碧"评梦窗,以"玉老田荒"评玉田(第四十九则),更足令人绝倒,然而不免谑而近虐了。按:"映梦窗,凌乱碧",即《人间词甲稿序》"梦窗砌字"之意;"玉老田荒",即《人间词话稿本》"(玉田)不是平淡,乃是枯槁"之意。

33. 一反清人之论

静安先生对南宋词的态度,在清末可谓特立独行。盖词学一道,清代号称中兴,然而清词无论创作与议论,皆以南宋词为楷模。清初朱彝尊(竹垞)尊南宋,开浙西词派,影响之大,造成了"家白石而户玉田"的现象。清中叶以张惠言为首的常州词派兴起,虽然主张不废苏(轼)、辛(弃疾),兼取两宋,稍稍纠正了浙西词派独尊南宋的偏狭,但是尊南宋仍是其主要倾向,只不过所尊的对象由姜夔(白石)转向了王沂孙(碧山)。至晚清,四大词宗王鹏运(1849—1904)、郑文焯(1856—1918)、朱祖谋(1857—1931)、况周颐(1859—1926)又专崇吴文英(梦窗)。朱氏、况氏长静安先生二十岁左右,静安先生涉足词学时,正是朱况二氏主盟词坛之时。三十岁前后的静安先生,年轻气盛,以其独特的眼光,依其新颖的文学观,发表自己的词学思想,锋芒毕露,旁若无人。清人所推崇的姜、张、吴、王,都遭他嘲笑,被他唾弃;他之痛批南宋词,其实也是痛批清词吧。

34. 对清代词学的批判

静安先生对清人的持论颇为不满。《人间词话手稿》曰：

> 明季国初诸老之论词，大似袁简斋之论诗，其失也纤小而轻薄。竹垞以降之论词者，大似沈归愚，其失也枯槁而庸陋。

沈归愚（德潜）论诗，倡风教之旨，力图恢复诗歌的政教功能，朱彝尊辈论词主雅正，与沈氏同一鼻孔出气。静安先生论词，独标境界，与朱彝尊辈可谓针锋相对。

35. 别苏、辛（一）

《人间词话》对苏、辛的议论也颇值得注意。苏、辛并称为别派，世之通论，当时已然。静安先生大概也是承认这事实的——他曾说，“词之最工者，实推后主、正中、永叔、少游、美成”[①]，其中没有子瞻、幼安，虽然二人都在他素所喜爱的词人之列，而且都是他认可的大家或第一流之作者，尤其是子瞻。不过，静安先生的用力之处，是对苏、辛词品的区别：苏旷辛豪（第四十四则）。清人论苏、辛不同的很多，陈廷焯《白雨斋词话》辨之尤力，“苏辛两家不同”一则，谓东坡词极超旷，稼轩词极豪雄，实为静安先生论苏辛之嚆矢。

36. 别苏、辛（二）

从《人间词话稿本》来看，静安先生以“旷”字论苏轼，经过了深思熟虑。《稿本》第六十二则（《刊本》第三十一则），以为词中惟东坡有渊明诗“跌宕昭彰，独超众类，抑扬爽朗，莫之与京”的气象，这已经有以

---

① 王国维：《人间词话手稿》，《全集》第一卷，第 524—525 页。按，此则后用墨笔涂去，故亦称删稿。

“旷”归苏的意思。《稿本》第九十九则(《刊本》第四十五则)“读东坡、稼轩词,须观其雅量高致”,第一百则(《刊本》第四十六则)“苏、辛词中之狂,白石犹不失为狷”,皆以苏、辛并称,而未区别二人词品。至《稿本》第一一四则(《刊本》第四十四则)“东坡之词旷,稼轩之词豪”,始区别二人词品,而紧接着的第一一五则(《刊本》无)“东坡之旷在神,白石之旷在貌”,分明是“东坡之词旷”的进一步的申发。①

37. 论稼轩

“稼轩之词豪”一则(第四十四则),须与第四十三则中论“幼安之佳处”一段合看。“有性情”三字最要留意,缪钺先生论东坡词,有“须识东坡韶秀处,莫将豪放作粗疏”之句,可以借用于论稼轩词,不过“韶秀”二字须换作“酣畅”或“痛快”——“须识稼轩酣畅/痛快处,莫将豪放作粗疏。”

38. 纳兰词

第五十一、五十二两则论纳兰词。《人间词话》中,南宋而后的词人,得到静安先生全面肯定的,稼轩之外,就数清初的纳兰容若了。纳兰词以哀婉顽艳著称,静安先生却从他的塞上之作说起(第五十一则),着实有点让人意外,然而这也让我们知道,纳兰之为大词人,乃在于他咏物言情的“真切”,而其所以“真切”,乃由于他能够“以自然之眼观物,以自然之舌言情”(第五十二则)。纳兰的“自然”,让人联想到李后主的“赤子之心”,两者都是静安先生推崇的。

---

① 王国维“苏旷辛豪”之论,亦有其思想渊源,盖清人论词一向留意于较量苏、辛。孙维城认为王氏之说源自刘熙载,刘氏以豪、旷评诗,曾谓“东坡、放翁两家诗,皆有豪有旷”,又谓“退之诗豪多于旷,东坡诗旷多于豪”(孙维城:《千年词史待平章》,北京师范大学出版集团/安徽大学出版社,2010 年,第 215 页)。陈廷焯的影响似乎更不能忽视。陈氏《白雨斋词话》论苏、辛:“苏、辛并称,然两人绝不相似。魄力之大,苏不如辛,气体之高,辛不逮苏远矣。”辛词魄力之大,即辛之豪雄;苏词气体之高,即苏之超旷。(同上书,第 310 页)

39. 尚论部分的总结

《人间词话》对历代词人的甲乙,可以用《人间词话乙稿序》中的一段话简括:

> 文学之工不工,亦视其意境之有无与其深浅而已。自夫人不能观古人之所观而徒学古人之所作,于是始有伪文学。学者便之,相尚以辞,相习以模拟,遂不复知意境之为何物,岂不悲哉!苟持此以观古今人之词,则其得失可得而言焉。温、韦之精艳,所以不如正中者,意境有深浅也。珠玉所以逊六一,小山所以愧淮海者,意境异也。美成晚出,始以辞采擅长,然终不失为北宋人之词者,有意境也。南宋词人之有意境者,唯一稼轩,然亦若不欲以意境胜。白石之词,气体雅健耳,至于意境,则去北宋人远甚。及梦窗、玉田出,并不求诸气体,而惟文字之是务,于是词之道熄矣。自元迄明,益以不振。至于国朝,而纳兰侍卫以天赋之才,崛起于方兴之族,其所为词悲凉顽艳,独有得于意境之深,可谓豪杰之士奋乎百世之下者矣。

《人间词话》确乎是这一段议论的展开,不过在理论论述的方面,"意境"一词换成了"境界"。

40. 第三部分之性质

自第五十三则起,是《人间词话》的第三部分。此部分多是些总论性质的话,大概静安先生既在第一部分阐述"境界"论,第二部分尚论历代词人,乃将总论性质的话择其意深味厚者次之于后,而成第三部分。

41. 文体时代升降

第三部分有一个新出现的理论问题,即文体(文学体裁)的时代升降。所谓时代升降,即"凡一代有一代之文学,楚之骚,汉之赋,六代之骈语,唐之诗,宋之词,元之曲,皆所谓一代之文学,而后世莫能继焉者也”[①]。这现象早为人们关注,静安先生对此似乎尤有兴趣,不仅《人间词话》里多处论及[②],之前的《文学小言》,之后的《宋元戏曲考》也都论到了。此问题对于静安先生极重要,盖境界的有无深浅,固然是判分五代北宋词与南宋词高下的依据;至于什么原因造成了五代北宋词与南宋词之境界的有无深浅的差别,或者说何以五代北宋人能写出有境界的词,南宋人写不出有境界的词,则须由文体时代升降的理论来说明。第五十三、五十四则,即是探讨造成文体时代升降的原因,第五十三则是具论,第五十四则是通论。由此我们可以得到词之造极于五代北宋而衰敝于南宋的一个解释:词在五代北宋是新兴文体,五代北宋人的欢愉愁苦之致,动于中而不能抑者,类发于词,故其所造独工;词至南宋已成习套,南宋人可谓“不知词而强作词”(如五代北宋人之“不知诗而强作诗”),则其衰敝也就是必然之势了。

42. 隔与不隔问题再次出场

第五十六、五十七、五十八三则,所论皆与“隔”与“不隔”的问题相关。第五十六“大家之作,其言情也必沁人心脾,其写景也必豁人耳目,其词脱口而出,无矫揉妆束之态”,斯所谓不隔矣。五十七、五十八涉及造成“隔”的两种原因:意不足,语不妙(参见第三十四则)。“美刺投赠”之篇,意本不足,境固难佳;隶事之句、粉饰之字,语乃不妙,即有佳境亦不能表出。白、吴优劣之论,亦见于静安先生寓日期间至铃木虎雄的信中,是静安先生较为得意的见解[③]。按:静安先生寓日期间作歌行体长诗的兴味甚浓,有《颐和园词》、《隆裕皇太后挽歌辞九十韵》、《蜀道难》、《送日本狩野博士游欧》、《癸丑三月三日京都兰亭会诗》诸篇,

---

① 王国维:《宋元戏曲史》,“序”,《全集》第三卷,第3页。

② 除此处的第五十三、五十四则之外,未刊部分另有“诗至唐中叶之后,殆为羔羊之具矣”一则专论文体时代升降(通行本《人间词话》,下卷,第四则),与《文学小言》中的一条略同。

③ 刘寅生、袁英光(编):《王国维全集·书信》,第26、27页,“致铃木虎雄”。

自谓“虽不敢上希白(太)傅,庶几追步(吴)梅村”。

43. 能入能出

第六十则论出、入,亦极有意味。所谓入,即沉进去体味;所谓出,即跳出来观察。静安先生显然以能入能出为第一流诗人的条件,而他对美成能入而不能出,白石于出、入二事皆未梦见的评价,亦可以与他对美成、白石词的诸多批评相发覆。尤可注意者,静安先生的重点似在“能出”上,这与他重“观”的思想正相一致。盖惟有跳出来,即超出一时一地一己之利害,始能够通观宇宙人生,由道德的、政治的实际,而入于艺术的、哲学的真际——所谓“高致”,即由此而来。①

44. 淫词/鄙词与游词之辨

第六十二则论淫词、鄙词与游词,陈义极高。此则可以与前第三十二则合看。第三十二则为艳语正名,谓“词之雅郑,在神不在貌”,又说“永叔、少游虽作艳语,终有品格,方之美成,便有淑女倡伎之别”。此则具体分辨淫词/鄙词与游词,可算是对“淑女倡伎”之别的一种申论。静安先生在此问题上一再著言,有他的深意。一方面,词本身有一个由俗而雅的发展过程,以及随之而起的雅、俗之辩,而清人论词,又一味地辟俗崇雅。另一方面,西方近代的浪漫运动,扬起了感情的旗帜,对抗过渡泛滥的理性,于是有研究原始艺术和俗文学的潮流。静安先生受了西方近代文化的洗礼,遂有以俗抗雅的意图。《文学小言》中盛赞“离人孽子”之辞、“征夫思妇”之声,《人间词话》为艳词的辩护,以及他对宋元戏曲的热情,都透露出思想革新的气息——《宋元戏曲史》在我国俗文学研究方面有开拓之功,与鲁迅的《中国小说史略》被郭沫若誉为早

① 出、入之论,是一个传统的话题。静安先生“能入能出”说,受到周济《宋四家词选目录序论》、刘熙载《游艺约言》中相关论说的影响,此事久已为人注意,近来彭玉平又指出其与龚自珍《尊史》中“善入”、“善出”说的联系。参见彭玉平:《龚自珍与王国维文脉承续一见》,《汕头大学学报》(人文社会科学版)2009 年第 5 期。

期俗文学研究的双璧。[①]

45. 词衰曲兴

第六十三、六十四则渐及于元曲，而议论的落脚点还是文体时代升降的问题——宋之后词已经到了末路，元代是曲的时代。第六十三则出现在1914年的《人间词话摘录》（第三十则）时，前面加了“词至元人，皆承南宋馀绪，殆无足观，然曲中小令，却有绝妙者”数句，把此则议论的落脚点进一步醒豁了出来。

46. 余论（一）

晚清词家皆有师承，而且都不出有清一代重南宋的大趋向，唯独静安先生异军突起，作词论词一空依傍。清代词学的总结者是朱祖谋、况周颐诸人，民国新起的词家如吴梅、刘永济、夏承焘、龙榆生等人皆出于朱氏之门，所以近代词学的主流，一定程度上是清代词学的延续。发挥静安词学的，则有胡适、俞平伯、顾随、缪钺、叶嘉莹等人。

47. 余论（二）

静安先生三十岁前后作《人间词话》，年轻气盛，议论英发，盖其时既与词坛前辈无交往，所以能够无所顾忌。后来友人吴昌绶建议他“词话能多作百十条否？当并大稿代为印行”[②]，而他终于没有再作，大概是与朱、况辈有了交往，不便多说了吧。有人以《人间词话》是静安先生的少作而怀疑其价值，是大可不必的。少作敏锐，顾虑少，是好事，不是坏事。年轻时的见解未必浅于年长后的见解，年轻时的著述也未必逊于年长后的著述，这是古今的通识。又有人说静安先生转向经史研究后，

---

① “王国维的《宋元戏曲史》和鲁迅的《中国小说史略》，毫无疑问，是中国文艺史研究上的双璧。不仅是拓荒的工作，前无古人，而且是权威的成就，一直领导着百万的后学。”——郭沫若《王国维与鲁迅》（1946）。

② 吴昌绶致王国维书信手稿，转引自刘烜《王国维评传》，第156页。

"悔其少作",这也是不根之谈。静安早年有《书辜氏汤生英译中庸后》一文,评论辜鸿铭译《中庸》的得失,收在《静安文集》。1925 年应门人所请,转载于《学衡》。他为这篇二十年前的旧作写了个附记,对少作年轻气盛的行文语气略表歉意,对文中的观点却并无任何悔意。他对少作不仅没有悔,还相当自负,哲学方面如此,词学方面也当作如是观吧。

48. 余论(三)

《人间词话》的见识文采,皆有过人之处,隽言妙语,时时间出,颇有些晋人月旦的风神。鄙意以为,一部《人间词话》,且不论其义理如何,即当作小品文字看,也是极好的。醇醇有味,最堪吟咏,我国的才人之辞,此为绝响。

诗与哲学之间的"境界"概念

王国维三十岁前后，曾徘徊于哲学与诗之间："欲为哲学家，则感情苦多而知力苦寡；欲为诗人，则又苦感情寡而理性多。"自一方面说，这徘徊对于王国维是一种苦恼，结果他终于放弃了哲学，最终也放弃了诗。自另一方面说，这徘徊也意味着在他身上哲学与诗的交织与渗透，使得他对于诗的思考，多了哲学的维度与深度，而与一般的诗论家有所不同。"境界"论便是哲学与诗相交织、相渗透的结果。

1. 从意境到境界

1.1

《人间词话》（订本，1908）的开篇，王国维拈出"境界"，作为他词学思想的核心，其言曰："词以境界为上，有境界则自成高格，自有名句。"一部《人间词话》，即是以"境界"之有无为依据，甲乙历代词人的艺术批评。然而在此之前，王国维是以"意境"论艺术的，甚至还在《人间词乙稿序》（1907，以下简称《乙稿序》）中构建了一个以"意境"为核心的批评体系。[1]

1.2

从"意境"到"境界"，显然是一个选择与调整的过程。我们心中有

① 王国维集中阐述自己词学思想的文字有两篇（部），其一为《人间词乙稿序》（1907），其二为《人间词话》（1908）。

了一种思想，总会去寻找合适的词语来表达它。但是我们未必一次就能选对那合适的词，于是有辞不达意的苦恼。这苦恼驱使我们继续寻找，直到找到合适的词为止。[①] “境界”的拈出，即是如此。

1.3

“境界”与“意境”，只一字之差，含义的差别亦在毫芒之间。然而此毫芒之别，恰是作者的用心所在，否则何必若斯翻覆？故此，我们对这毫芒之别，不可不辨；否则不惟对不住作者的良苦用心，亦不能明了作者拈出此“境界”概念的深意。辨别此毫芒之别的途径，固然有多种，而追寻其选择与拈出此概念的过程，是最基本，也是最有效的一种。

1.4

从他使用“意境”概念说起。据现有的文献，王国维第一次使用“意境”一词，是1905年的《论哲学家与美术家之天职》一文。该文中，王国维把艺术家的创作活动描述为“以胸中惝恍不可捉摸之意境……表诸文字、绘画、雕刻之上”。在这个表述中，“意境”居于艺术本体的位置。次年（1906）夏月，王国维刊行《人间词甲稿》；又次年（1907）冬月，刊行《人间词乙稿》。甲、乙两稿均有阐述其词学观点的“序”，而以《乙稿序》尤为重要[②]。《乙稿序》中，王国维以“意境”为核心概念，建构了一个文学批评体系，并以此为依据，第一次集中阐述了自己的词学思想。

1.5

《乙稿序》曰：

---

① 当然，如果我们的想法足够新，以至于没有现成的词可以充分表达它，这时我们就需要新造一个词，或把一个习语重新加以界定，以适应新的内容。

② 两序皆署“山阴樊志厚序”，樊志厚即王国维同社好友樊炳泉。此序实王国维自作，而托名樊志厚。此事曾有争论，今据罗振常的回忆及赵万里所撰年谱，知两序确实出王国维之手。

> 文学之事，其内足以抒己，外足以感人者，意与境二者而已。上焉者意与境浑，其次或以境胜，或以意胜，苟缺其一，不足以言文学。

然后他追问“意境”何以产生：

> 原夫文学之所以有意境者，以其能观也。出于观我者，意余于境，而出于观物者，境多于意……二者常互相错综，能有所偏重而不能有所偏废也。

最后他以“意境之有无与其深浅”衡量历代的词，评其高下得失：

> 文学之工不工，亦视其意境之有无与其深浅而已……苟持此以观古今人之词，则其得失可得而言焉。温、韦之精绝，所以不如正中者，意境有深浅也。珠玉所以逊六一，小山所以愧淮海者，意境异也。美成晚出，始以辞采擅长，然终不失为北宋人词者，有意境也。南宋词人之有意境者，唯一稼轩，然亦若不欲以意境胜。白石之词，气体雅健耳，至于意境，则去北宋人远甚。及梦窗、玉田出，并不求诸气体，而惟文字之是务，于是词之道熄矣。自元迄明，益以不振。至于国朝，而纳兰侍卫以天赋之才，崛起于方兴之族，其所为词悲凉顽艳，独有得于意境之深，可谓豪杰之士奋乎百世之下者矣。同时朱、陈，既非劲敌，后世项、蒋，尤难鼎足。至乾嘉以降，审乎体格韵律之间者愈微，而意味之溢于字句之表者愈浅，岂非拘泥文字，而不求诸意境之失欤？

这是一个相当完整的以“意境”为核心概念的文学理论，包括：A. 意境的构成元素（意-境）；B. 意境的类型（意与境浑，以意胜，以境胜）；C. 意境的产生机制（观）；D. 以意境为标准的批评实践（对历代词的评判）。

1.6

《乙稿序》发表约一年后,王国维定稿并发表《人间词话》(1908)。拿《人间词话》与《乙稿序》作一比较,可以发现:一、"观"的思想,在《人间词话》中依然存在;二、《乙稿序》中"意"与"境"的关系,在《人间词话》中转变成了"情"与"景"的关系;三、对历代词人的评价,完全一致。可见,《人间词话》贯彻或展开了《乙稿序》的思想(就D而言)——当然有所调整和发展(就A和C而言)。但是《人间词话》没有沿用《乙稿序》的核心概念"意境",而换成了"境界"。这是二者最显著的不同。他为何先用"意境",而后又以"境界"取而代之呢?

1.7

据今人的考证,"意境"概念始见于王昌龄(唐)《诗格》,其后主要作为诗学上的一个概念,一直沿用,明清诗论家(包括词论家)已经较多地使用此概念[①]。当王国维的时代,"意境"一词的使用更是普遍,如年辈略早于王氏的词家陈廷焯(1853—1892)在《白雨斋词话》中就频繁地使用它,鼓吹"诗界革命"的梁启超(1877—1929)也在一系列论文学的文章中使用它[②],可见"意境"是当时论艺的习语,王氏以之论词是风气使然,很自然的事。但是考虑到王氏自身的思想背景,即坚持艺术的审美/情感功能,则他在使用此习语时,必然会感受到某种矛盾——此习语的惯常含义与他本人思想的特殊性之间的矛盾。比如,陈廷焯论词主风雅寄托,要求词的意境"沉郁深厚",这种与风雅寄托相联系的"意境",与王氏的词学思想显然是冲突的;梁启超的志趣在政治,论文艺亦多着眼于文艺的社会功能,要求艺术表达新的人生理想与社会思潮,这种"新意境"当然也是王氏不能同意的。王国维既要表达自己特殊的艺术观念,就得有自己的语言系统——不同于他人,尤其是那些与自己的艺术观念相冲突的人所使用的语言。放弃"意境"这个习语,未

① 参见叶朗:《中国美学史大纲》,上海人民出版社,2006年,第609—612页。
② 陈、梁使用"意境"一词的情况,学界讨论很多,不烦称引。

始没有刻意与他人拉开距离的目的。

1.8

再进一步看，当王氏将意境分析成“意”与“境”的关系时，矛盾又从另一个方面放大了。在王氏译述西方近代哲学的语言系统中，“意”联系于伦理，而与联系于艺术的“情”，及联系于科学的“知”相区分。以“意”字谈论艺术，与他自己的术语系统难以协调。如其《论教育之宗旨》（1903）一文，即以“意育”释“德育”，以“情育”释“美育”。我相信，在王国维的话语系统中，以“情境”论艺术亦较以“意境”论艺术来得妥当。因此，无论外部语境还是内部语境，“意境”一词对于王国维都有某种程度的不适。“境界”一词恰可以消解此不适。“境界”没有“意-境”结构所含的难题——从词的构成来说，“境”、“界”同义复指，周振甫曾就此指出，“境界”是浑一的，“意境”是二元的①。由此看来，《人间词话》以“境界”替代“意境”，有其必然性；《人间词话》以“情”、“景”为境界的基本构成元素，也透露出消解《乙稿序》的“意境”论中以“意”、“境”为文学的基本构成元素所造成的思想上的冲突的深意。②

1.9

但是“境界”一词与“意境”一词的差别不仅在此——“境界”是一个具有浓厚哲学意味的词。从词源上来说，“境”与“界”同义复指，都是边界之义。所以境界一词的本意，指一个有边界的区域，区域内的一切事物所构成的一个整体（场景）及其氛围。此意义上的“境界”，是一个具象的有空间结构的实存（现实存在）。后来佛家称心中幻现的场景

① 周振甫：《〈人间词话〉初探》，姚柯夫（辑）：《〈人间词话〉及评论汇编》，书目文献出版社，1983年，第111—113页。

② 王国维《文学小言》（1906）以景与情为文学的二元素，曰：“文学中有二原质焉：曰景，曰情。”这与《乙稿序》（1907）“文学之事……意与境二者而已”的论述径路明显不同。《人间词话》多处论及情、景，而无一处论及“意”，可见是选择了《文学小言》的论述路径，而放弃了《乙稿序》的论述路径。其间的反复取舍，正见其思想上的挣扎。

为境界，诗家称诗中呈现的场景为境界，于是有了境界的一个引申义，即呈现于心中或作品中的场景（形象或画面）及其氛围。此意义上的“境界”，亦是具象的，亦有空间结构，但不是实存，而是虚存。此外，境界还有一个比喻义，喻指人的精神/心灵状态。我们说一个人的“心境”如何（好或坏），一个人的思想/精神境界如何（高或低），就是用境界一词的比喻义。此意义上的境界，是抽象的。这种用法亦起于佛学，后来宋明理学家也常用此义，称人在不同的修为层次或阶段，为不同的境界[①]。这一方面的意义，借冯友兰的话说，与人的觉解程度有关：人因其觉解程度的不同，而有不同的人生境界。于此我们看到“境界”概念与“意境”概念的一个显著差别——“境界”比“意境”多了一重哲学的意蕴，一个哲学的维度。

1.10

因此之故，冯友兰在评论《人间词话》时说，“境界”主要是个哲学范畴，“意境”主要是个诗学范畴，论诗词还是用“意境”一词为好[②]。冯氏之说大致不差，王国维起初也是循惯例，在诗学领域用“意境”一词，而在哲学领域用“境界”一词。不过“境界”的引申义或喻义，明清人已经借用于论诗，指“诗”的程度及相应的风格特征，如袁枚《随园诗话》谓“严沧浪借禅喻诗，所谓‘羚羊挂角，香象渡河，有神韵可味，无迹象可寻’。此说甚是。然不过诗中一格耳。阮亭奉为至论，冯钝吟笑为谬谈，皆非知诗者。诗不必首首如是，亦不可不知此种境界。”[③]然则王氏后来以之论诗，也算不上唐突。况且我们还可以换个角度来思考：《人间词话》取“境界”作为核心概念，而弃用“意境”，或许正是看中了“境界”的哲学维度？这问题要从两个方面去看：一、王国维是否充分意识

① 参见刘任萍：《境界论及其称谓的来源》，《〈人间词话〉及评论汇编》，第 101—107 页；范宁《关于境界说》，《〈人间词话〉及评论汇编》，第 366—368 页。

② 参见冯友兰：《中国哲学史新编（下）》，人民出版社，1999 年，第 547 页。

③ 参见刘任萍：《境界论及其称谓的来源》，《〈人间词话〉及评论汇编》（姚柯夫编），书目文献出版社，1983 年。

到了“境界”一词的哲学意味;二、他如何看待哲学与艺术的关系。

1.11

从时间上看,王国维使用“境界”一词,尚在使用“意境”一词之前。不过他那时是在哲学语境中使用“境界”一词的。据梁展的考察,王国维早年译瑞士人许格(Ruegg, 1824—1898)《教育学》(1901)、译德国人赫尔姆霍茨(Hermann von Helmholtz, 1821—1894)《势力不灭论》(1903)都使用了“境界”一词。《教育学》译文中的“境界”一词对应于德文 stufe,取“阶段”之义,《势力不灭论》译文中的“境界”一词则对应于德文 standpunkte,英译“a point of view”。梁文还联系许格《心理学原理》,探讨了许格《教育学》的心理学基础,以及此基础的形而上学心理学传统(黑格尔——罗森克朗茨——许格),认为“王国维用以批评词学创作的‘境界’一词,正基于上述形而上学的心理学传统之中,把创作者在诗词中是否能够呈现出某种精神高度,视为诗词之高雅与鄙俗的标准。”①

1.12

除梁展提及的两篇译文之外,王氏还在一篇哲学论文中使用了“境界”一词,是我们寻绎其思想发展的重要线索。此即王氏 1904 年所撰《孔子之美育主义》一文。该文中,王氏转述西尔列(席勒)的美育思想,用了“物质境界”、“道德境界”、“审美境界”三个概念:

> 西尔列又谓审美之境界乃不关利害之境界,故气质之欲灭而道德之欲得由以生。故审美之境界,乃物质之境界与道德之境界

---

① 梁展:《王国维“境界”的西学来源》,《中华读书报》2011 年 1 月 26 日(文化周刊),第 13 版。按:梁展这个判断不为无据,因为王国维曾研读西方心理学著作,并翻译了海甫定的《心理学概论》。又据梁文,德语 Stufe“原义为‘台阶’,后衍生出‘立足点’,‘发展阶段’及‘水平’、‘程度’等意义”。

> 之梁津也。于物质之境界中,人受制于天然之势力,于审美之境界则远离之,于道德之境界则统御之。(希氏《论人类美育之书简》)由上所说,则审美之位置犹居于道德之次。然希氏后日更进而说美之无上之价值曰:“如人必以道德之欲克制气质之欲,则人性之两部犹未能调和也,于物质之境界及道德之境界中,人性之一部必克制之以扩充其他部。然人之所以为人,在息此内届之争斗,而使卑劣之感跻于高尚之感觉。如汗德之严肃论中之气质与义务对立,犹非道德上之最高理想也。最高之理想存于美丽之心,其为性质也,高尚纯洁,不知有内界之争斗,而唯乐于守道德之法则,此性质唯可由美育得之。”①

对于我们了解王氏的境界概念,此文的价值似在梁展所举两篇译文之上。盖前此的两篇译文中使用“境界”一词,亦皆取其比喻义,然而还说不上哲学意味。此处使用的“物质境界”、“道德境界”、“审美境界”之语,则与后来冯友兰、唐君毅等人所说境界论哲学的“境界”概念几乎没有差别。至此,在王国维的话语系统中,“境界”一词的哲学意味始有了充分的表现,而王国维于“境界”一词的使用,至此亦趋于成熟。② 不过此时王国维似乎只在哲学译述中使用“境界”概念,而尚未有将之运用于艺术批评的想法——如前所说,《论哲学家与美术家之天职》(1905)论艺术、《人间词甲稿序》(1907 年)论词,皆用“意境”而不用“境界”。直到 1908 年撰写《人间词话》,王国维才将此前译述西方哲学时所用“境界”一词用于文学批评,作为其文学批评的核心概念。值得注意的

① 此段下王氏自注“芬特尔彭《哲学史》第六百页”,是知王氏此段文字是转述芬特尔彭《哲学史》中的相关内容。按:《孔子之美育主义》,载《教育世界》1904 年 2 月,未署名,佛雏考定为王国维作。梁展未讨论此文,盖即因其未署名也。此固谨慎之举。不过退一步说,此文即便非王氏所作,亦必为王氏所熟知,因为当时王氏是《教育世界》实际上的执行主编。

② 参见罗钢:《著一“闹”字而境界全出——王国维境界说探源之三》,《文艺研究》2006 年第 3 期,第 61—62 页。

是，1904年至1908年，正是王国维在哲学与文学之间徘徊，思考着哲学与艺术之关系的时期。

2. 哲学与艺术

2.1

王国维关于艺术与哲学之关系的思考，始见于《红楼梦评论》(1904)。他的《红楼梦评论》，与其说是拿叔本华哲学剖析《红楼梦》，毋宁说是他发现了《红楼梦》所蕴涵的独特的哲学意蕴——当然是类似叔本华哲学的意蕴。他跻《红楼梦》于哲学，给予它极高的评价。

从他对文学艺术的一般规定说起。他说：

> 美术(艺术)中以诗歌、戏曲、小说为其顶点，以其目的在描写人生故。吾人于是得一绝大之著作曰《红楼梦》。①

以“描写人生为目的”的艺术，才能是好的艺术，处于艺术之顶点的艺术。而何所谓“描写人生”，须从他对《红楼梦》与《桃花扇》的比较来寻绎。《红楼梦评论》说：

> 《桃花扇》之作者，但借侯、李之事，写故国之戚，而非以描写人生为事，故《桃花扇》，政治的也，国民的也，历史的也。《红楼梦》，哲学的也，宇宙的也，文学的也。②

在王国维的论述中，描写人生的艺术，总是相对于政治的艺术而言的。政治的艺术，如《桃花扇》之借侯方域、李香君之事写故国(明)之戚，其事限于一时一地，其情系于一朝一姓的是非兴亡，皆不具有普遍的价值。《红楼梦》是以描写人生为目的的，它借大观园内的故事，替全体人

---

① 王国维：《红楼梦评论》，《全集》第一卷，第59页。
② 同上书，第65页。

类发声，展现普遍的人性，人类普遍的困境，所以它是"宇宙的"。它是以文学的形式，"洞观宇宙人生之本质"、"悟宇宙人生之真相"，所以它是"哲学的"。此所谓哲学的，宇宙的，皆就其普遍性而言。王国维认为，文学至此而造其极，达到了艺术的顶点。对于文学的这种要求，也贯彻于后来的《人间词话》。他说：

> "君王枉把平陈业，换得雷塘数亩田"，政治家之言也。"长陵亦是闲丘垄，异日谁知与仲多"，诗人之言也。政治家之眼，域于一人一事；诗人之眼，则通古今而观之。词人观物，须用诗人之眼，不可用政治家之眼。[①]

所谓"通古今而观之"的诗人之眼，亦可以说是哲学家之眼。《人间词话》中其他如谓宋道君（徽宗）《燕山亭》"不过自道身世之戚"，李后主则"俨然有释迦、基督担荷人类罪恶之意"[②]，亦是此意。

2.2

稍后的《论哲学家与美术家之天职》（1905）一文中，我们可以看到王国维对于哲学与艺术之关系的进一步的思考。他说：

> 夫哲学与美术之所志者，真理也。真理者，天下万世之真理，而非一时之真理也。其有发明此真理（哲学家）或以记号表之（美术家）者，天下万世之功绩，而非一时之功绩也。[③]

这一段话，既论及哲学与艺术之同，亦论及哲学与艺术之异。其所同是就其旨趣而说的。王国维认为，哲学与艺术有一个共同的旨趣（所志），

---

① 王国维：《人间词话手稿》，《全集》第一卷，第519—520页。
② 王国维：《人间词话》（一八），同上书，第466页。
③ 王国维：《论论哲学家与美术家之天职》，同上书，第131页。

即真理。此所谓真理，结合《红楼梦评论》来看，指宇宙人生之本质或真相。如此，则无论哲学家或艺术家，对于宇宙人生的本质/真相均须有所领悟，即对于宇宙人生均须有所见。用个比喻的说法，哲学与艺术虽然各自别为一枝，但是这两枝共生于一根，即“宇宙人生之本质”。因为有此共同的根，所以哲学与艺术可以互为滋养，相互启发。这方面的例子并不罕见，尤其是哲学对艺术的滋养与启发。盖任何一种哲学，总代表着人们对于宇宙人生的一种领悟，而哲学上的任何一次进展，也总是带来一种新的人生觉解，一种新的看待世界和人生的眼光——或拓展或纠正了过往人们对于宇宙人生的领悟。此种新的心灵，新的眼光，必能见出宇宙人生的新景象，从而深刻地影响到艺术的内容和形式，开辟出艺术的新境。因此，艺术新潮的出现，往往与哲学思潮联系在一起：有魏晋玄学，然后有陶渊明、谢灵运的诗；有唐代禅学，然后有王维的诗。至于艺术对哲学的滋养与启发，我们则可以在20世纪的哲学发展中找到许多痕迹，比如艺术对于非理性主义哲学的滋养，现象学和存在主义哲学中艺术与哲学的渗透。

2.3

但是哲学与艺术终究是两回事。文学而哲学的，仅仅意味着文学具有了哲学的性质，而文学终究不是哲学。这就涉及哲学与艺术之异了。王国维说，虽然哲学家与艺术家都“志”于真理，但是他们与真理发生关系的方式不同，哲学家“发明此真理”，而艺术家“以记号表之”。即是说，哲学家用概念语言阐发真理，艺术家用艺术形式（符号、形象）表显真理。此文中另有一段话，也涉及了哲学家、艺术家工作方式的不同，可以拿来作一番比较：

> 今夫人积年月之研究，而一旦豁然悟宇宙人生之真理，或以胸中惝恍不可捉摸之意境，一旦表诸文字、绘画、雕刻之上，此固彼天

> 赋之能力之发展，而此时之快乐，有绝非南面王之所能易者也。[①]

前者指哲学家对“宇宙人生之真理”的探索研求，后者指艺术家表达其“胸中惝恍不可捉摸之意境”的艺术创作。这里有两个疑问有待澄清：一、哲学家、艺术家与真理发生关系是否有逻辑的先后，即哲学家发现真理，然后艺术家表出此真理？如果这样的话，艺术家便是从哲学家那里接受真理并用记号表出之，而对于真理的发现并无贡献，对哲学家亦无帮助。二、艺术家“胸中惝恍不可捉摸之意境”与哲学家所悟的宇宙人生之真理，两者有无联系，如何联系？这两个问题在《论哲学家与美术家之天职》一文中未有交代，或者当时未曾虑及，而在次年的《奏定经学科大学文学科大学章程书后》(1906)中则有了较明确的说明。

2.4

《奏定经学科大学文学科大学章程书后》论诗与哲学之关系：

> 特如文学中之诗歌一门，尤与哲学有同一之性质。其所欲解释者，皆宇宙人生上根本之问题，不过其解释之途径，一直观的，一思考的，一顿悟的，一合理的耳。

如此，则哲学(家)、艺术(家)皆直接面向真理，两者之间没有因袭或依赖的关系。艺术家把握真理的方式是直观/顿悟的，是言语道断、目击道存，此其所以为“惝恍不可捉摸之意境”也。但是，哲学一定是思考的、合理的(即逻辑的)么？如果是，则艺术与哲学终究分途，并将处于某种矛盾的状态。王国维认为是，并陷入了“是”的困境。

2.5

这困境还须追溯到《论哲学家与美术家之天职》。该文中王国维把

① 王国维：《论哲学家与美术家之天职》，《全集》第一卷，第133页。

哲学与艺术的意义，分别归结于人类的两种心理需求，以及与之相应的两种心理功能：认知与情感。他说：

> 夫人之所以异于禽兽者，岂不以其有纯粹之知识与微妙之情感哉。其慰藉满足，非求诸哲学及美术不可。①

哲学满足人的知识要求，艺术满足人的情感要求。问题是：知识需依据理性，而理性与情感似乎总在互相抑制。王国维对此想必深有感受，因此才会有“欲为哲学家，则感情苦多而知力苦寡；欲为诗人，则又苦感情寡而理性多”的感慨。

2.6

类似的冲突，亦曾发生在哲学家兼诗人的席勒身上。席勒自言：

> 我像一个混血儿，徘徊于观念与感觉之间，法则与情感之间，匠心与天才之间。就是这种情形使我在哲学思考和诗的领域里都显得有些勉强，特别在早年是如此。因为每逢我应该进行哲学思考时，诗的心情却占了上风；每逢我想做一个诗人时，我的哲学的精神又占了上风。就连现在，我也还时常碰到想象干涉抽象思维，冷静的理智干涉我的诗。②

那么，理性与情感的冲突是普遍的、必然的吗？更进一步，这是否意味着哲学与艺术之间也存在着普遍的、必然的冲突？如果是，则哲学与艺术能否通融就成为问题，而王国维关于哲学与艺术之关系的思考亦将陷入困境。

---

① 王国维：《论哲学家与美术家之天职》，《全集》第一卷，第 131 页。

② 参见佛雏：《王国维诗学研究》，北京大学出版社，1987 年，第 7 页。

2.7

但是细察席勒的话,他强调这种冲突是自己某一阶段碰到的("特别在早年是如此","现在也还时常碰到"),换言之,这冲突将在自己的成熟阶段得到解决。可见在席勒看来,这冲突不是必然的,他只是在某个阶段,某个层面感觉到这冲突,而在一个更成熟的阶段,一个更高的层面上,这冲突将消失——毕竟席勒所设想的完善的人格,是理性和情感都得到高度的发展,并且相互调和。深受席勒影响的王国维如何看待发生在自己身上的这种冲突呢?是视哲学与艺术,理性与情感的冲突为普遍的、必然的冲突,还是将自己感受到的这种冲突归因于自身的局限,比如理性和情感皆未臻高度的发展?王国维的态度似乎模棱两可。

2.8

在一年之后的《文学小言》(1906)中,我们还会看到王国维在这问题上的挣扎和解决此问题的尝试。他说:

> 文学中有二原质焉:曰景,曰情。前者以描写自然及人生之事实为主,后者则吾人对此种事实之精神的态度也。故前者客观的,后者主观的也。前者知识的,后者感情的也。自一方面言之,则必吾人之胸中洞然无物,而后其观物也深,其体物也切,即客观的知识,实与主观的感情为反比例。自他方面言之,则激烈之情感,亦得为直观之对象、文学之材料,而观之与其描写之也,亦有无限之快乐伴之。要之,文学者,不外知识与感情交代之结果而已。苟无锐敏之知识与深邃之感情者,不足与于文学之事。①

他一方面承认知识与情感成反比例(即相冲突),一方面又说"苟无敏锐之知识与深邃之感情者,不足与于文学之事"。"景—客观的—知识

---

① 王国维:《文学小言》,《全集》第十四卷,第93页。

的”,“情—主观的—感情的”,这种分析性的论述思路,使得知识与情感这两种要素,在文学中的关系仅仅是相互“交代(交替)”,而不能相互触发、相互加深。这与他对于艺术与哲学关系的理解,显然不能合拍。问题的关键在于:此处所谓“客观的知识”,与他《论哲学家与美术家之天职》中所说联系于哲学的“纯粹的知识”是否一回事?照我看,前者就自然与人生的具体事实而言,后者就自然与人生的大全而言,这两种知识或真理并不在同一个层面:前者是可名言的知识,后者是不可名言而只可自证的智慧(此处借用冯契的概念)。王国维本人如何看待此问题,我们无从了解。从他所利用的西学资源来看,他摆脱不了这困境。

2.9

王国维关于艺术哲学与艺术之关系的思考启发于西学,其困境也源于西学。盖艺术的真理性问题,原本就是西方哲学中的一个难题。一般的看法是,哲学诉诸理性,艺术诉诸情感。柏拉图贬低诗的理由之一,即是诗不是理性的产物,而是迷狂的产物,因而与“真知识”无关。所以在柏拉图,哲学与艺术,理性和情感处于某种对立的位置,呈一种紧张的关系。但是自从亚里士多德说出“诗比历史更真实”之后,艺术(诗)就有了纳入理性轨道而获得平反的可能。启蒙运动中的大陆理性主义艺术批评家们正是继承了亚里士多德的思想,要求艺术的创造遵从理性的指导,遵守理性的法则。英国经验主义影响下的艺术批评家们则走上了另一条替艺术辩护的路。他们肯定情感和想象的价值,并且认为艺术家具有一种区别于理性的天赋才能,好的艺术依仗天才,而非理性。他们提升艺术的地位,但并不靠向理性攀缘,而恰恰相反,要把理性请出艺术的园地。浪漫主义者走得更远。他们认为想象和理性一样也具有认识的功能,甚至认为在把握事物的本质和领悟人生的妙蒂方面,情感和想象居于比理性更为优越的位置——那是一种近乎神性的洞察真理的能力,在理性之前,也在理性之上。在哲学上,则有非理性主义哲学家叔本华,与文学上的浪漫主义相呼应的,把艺术看作把握理念的特殊途径，甚至是唯一有效的途径。[①] 王国维“艺术志于真理”的思想即源于叔本华。但是，叔本华的艺术思想本身就充满矛盾——叔本华是在认识论的意义上看待艺术的（艺术是摆脱充足理由律看待世界的方式），将置情感于何地呢？

2.10

从康德到叔本华，是西方哲学从传统向现代过渡的阶段，对理性、客观性、绝对真理观的反思已经开始，但尚未成熟，因而认识与情感、客观与主观的矛盾难以得到有效的解决或澄清。王国维所接触的西方哲学既不出此范围，则他关于哲学与艺术之关系的思考，终究会在理性与情感、客观与主观的矛盾上纠缠。这从他对叔本华的批评亦可以看出一点端倪——他批评叔本华的学说“半出于其主观的气质，而无关于客观的知识”（《静安文集自序》）。但是境界论哲学可以为这些矛盾提供一条解决的途径。境界论哲学关注人生智慧而不是知识，更重要的是，这人生智慧可以而且主要靠顿悟。因此，在境界论中，哲学与艺术（诗）可以合一。这问题留待申论部分再论，我们先考察一下《人间词话》中的“境界”概念。

3.《人间词话》中的“境界”及相关问题

3.1

从《人间词话》手稿来看，“境界”是从抽象层面进入《人间词话》的。手稿中，“境界”概念的首次出现，是在第二则。手稿第二则为：

> 古今之成大事业、大学问者，必经过三种之境界。“昨夜西风凋碧树，独上高楼，望尽天涯路”，此第一境也。“衣带渐宽终不悔，为伊消得人憔悴”，此第二境也。“众里寻他千百度，回头蓦见，那

① 参见 Monroe C. Beardsley, *Aesthetics: From Classical Greece To The Present*, The University of Alabama, 1966, pp. 244-279；高建平译本，北京大学出版社，2006 年，第 217—252 页。

人正在灯火阑珊处”，此第三境也。此等语皆非大词人不能道，然遽以此意解释诸词，恐晏、欧诸公所不许也。

这一则词话的内容，曾在此前的《文学小言》(1906)中出现，而表述略有不同。其言曰：

古今之成大事业大学问者，不可不历三种之阶级。“昨夜西风凋碧树，独上西楼，望尽天涯路”（晏同叔《蝶恋花》），此第一阶级也；“衣带渐宽终不悔，为伊消得人憔悴”（欧阳永叔《蝶恋花》），此第二阶级也；“众里寻她千百度，回头蓦见，那人正在，灯火阑珊处”（辛幼安《青玉案》），此第三阶级也。未有不阅第一第二阶级，而能遽跻第三阶级者。文学亦然。此有文学上之天才者，所以又需莫大之修养也。

同一个意思，起初他用“阶级”一词表达，在写作《人间词话》时，换成了“境界”。由此可知，这里的“境界”取抽象层面之义，“指修养造诣之阶段”而言[①]。境界是以抽象层面之义进入《人间词话》的，这意味着它在进入《人间词话》之初即带有哲学的维度。

3.2

《人间词话》(定本)中的“境界”（有时简称“境”），表面看多系具象层面的意义，细究起来，它们亦可以同时兼有抽象层面的意义。实际上，它们是在具象层面与抽象层面变幻。这变幻依赖于一个人的觉解程度与他眼中所见与心中所现的具象境界之间的特殊联系：一种对应的关系，即有如此境界（抽象义），始能见如此境界（具象义）。此义逗漏于《清真先生遗事》(1910)。《清真先生遗事》晚于《人间词话》两年，是王氏另一篇较多论及“境界”的文章，其言曰：

① 参见叶嘉莹：《王国维及其文学批评》，河北教育出版社，1997年，第196页。

> 山谷云"天下清景，不择贤愚而与之，然吾特疑端为我辈设。"诚哉是言！抑岂独清景而已，一切境界，吾不为诗人设。世无诗人，即无此种境界。

又曰：

> 境界有二：有诗人之境界，有常人之境界。诗人之境界，惟诗人能感之而能写之。读其诗者……亦有得有不得，且得之者亦各有深浅焉。

此外，《清真先生遗事》一文中还有"境界之呈于吾心而见于外物者皆须臾之物"的话，可见王氏的"境界"概念，确是贯通抽象层面与具象层面、心灵世界与物质世界的。

3.3

具象义"境界"的心灵化（内化，主观化），并非王国维的创发，而是始于佛学之使用。叶嘉莹曾说明，佛家所说"境界"（彼法，六境），总是联系于主体的感受（此能，六识）的。[①] 更进一步，我们还应当注意到佛家普遍的"境由心造"之说，由此，则具象"境界"的呈现离不开主体之心，甚至可以说是由主体之心决定的。主体之心即主体之觉解，是主体的修养所到，亦即抽象层面的"境界"。因此，王国维贯通抽象层面的境界与具象层面的境界，实即贯通哲学与艺术。

3.4

这贯通的另一个表现，是消解客观性与主观性之间的矛盾。前面曾说到，《文学小言》论景和情，出现了客观性（景）与主观性（情）的矛盾。在"境界"论中，因为"境界"的心灵化，那矛盾遂随着客观性的消

---

① 叶嘉莹：《王国维及其文学批评》，第191—193页。

解而消解了。《人间词话》曰：

> 昔人论诗词，有景语情语之别，不知一切景语皆情语也。

又曰：

> 有造境，有写境，此理想与写实二派之所由分。然二者颇难分别，因大诗人所造之境必合乎自然，所写之境亦必邻于理想故也。

此等语皆有消解客观、主观之紧张关系的意思。又曰：

> “红杏枝头春意闹”，著一“闹”字而境界全出；“云破月来花弄影”著一“弄”字而境界全出矣。

红杏枝头与夫春意，云破月来与夫花影，皆物理，“闹”与“弄”则关乎人情。因此，“境界”必是人情化、意趣化的。

3.5

因此，凡言“境界”，必预示着一种新鲜的发现，可以让人眼睛为之一亮，心灵为之一动。即此而言，凡“境界”，必是作者别有所见的独辟之境。《人间词话》曰：

> 故能写真景物、真感情者，谓之有境界，否则谓之无境界。

此“真景物”、“真感情”，即是作者之所见。有所见则有境界，无所见则无境界。“真”字意义亦在于此，有所见始能有真境界、真感情，若无所见，就无所谓“真”了。

《人间词话》又曰：

> 有境界则自成高格，自有名句。

此即充于内而发于外之义，亦须从“有所见”来理解。

4. 申论：境界——诗与哲学的合一

4.1

出自中国传统哲学的“境界”概念，可以完美地融通哲学与艺术。这层意思王国维未曾说，却是我们可以引申发明的。

4.2

传统文化中关于艺术（诗）与哲学之关系的讨论，自以严羽《沧浪诗话》最丰富，亦最为重要。其论诗曰：

> 诗有别材，非关书也，诗有别趣，非关理也。然非多读书、多穷理，则不能极其至。所谓不涉理路，不落言筌者，上也。

所谓“穷理”，即是哲学活动。诗人不多穷理，则诗不能极其至，哲学对于诗的意义由此可知矣（诗固然不必关乎理，却必然通乎理）。不过诗人作诗，却不能如哲学家那般作名理论说（理路、言筌），而要凭“妙悟”。总之，严羽并不认为“穷理”对于“作诗”有任何负面的影响。

4.3

因为文、史、哲不分的传统，中国人对于理与诗多持兼容的态度。然而自严羽提出唐诗、宋诗之分，并批评宋人以才学（知识）、议论（名理）为诗，亦造成了“理”碍“诗”的假相。这当然是个误会。清人刘熙载辩之曰：

> 陶（渊明）、谢（灵运）用理语各有胜境。钟嵘《诗品》称孙绰、

> 许询、桓(桓温)、庾(庾亮)诸公诗,皆平典似《道德论》。此由乏理趣耳,夫岂尚理之过哉!

“理”不碍“诗”,“尚理”无过,“乏理趣”才是过。乏“理趣”之过,即严羽“落理路、言筌”之病。

4.4

刘熙载是以晋人为例的。晋代是中国历史上哲学与艺术皆极发达的时代,晋人的理想人格即是兼哲人与诗人于一身。这种理想人格,后人称为“晋宋风流”。冯友兰曾为晋宋风流总结出四个必要条件:玄心、洞见、妙赏、深情。这四个条件亦可称为风流四德,四德备始可以称风流,缺其一即不足以称风流。初看起来,四德可依其性质划分成两组:玄心、洞见属哲学,玄心为洞见的前提;妙赏、深情属艺术,深情为妙赏的前提。但是细究起来,玄心、深情本不相隔,有超越个体、小我的玄心,才能有宇宙般的,关乎人类之全体,乃至生命之全体的大深情;洞见、妙赏亦正相需,对于宇宙人生的实相有所洞见,才能对于万象众类有切当于心的欣赏。譬如庄子固然是最有玄心的,而闻一多称庄子是中国历史上最深情的诗人。他对于宇宙人生有那样的一种洞见,于是有“鯈鱼出游从容”的妙赏。又譬如东晋僧人支遁,对于逍遥之义深有所会,所以对于马能够“赏其神骏”。晋宋风流是融哲人之智慧和诗人之深情于一体的,是中国文化最为精彩的一面。

4.5

不过就哲学与艺术的融合程度而言,晋宋(总体而言)似乎未造其极,即是说还不到水乳交融的状态。这大概和晋宋哲学/玄学的形态有关。玄学出于庄子。庄子固然是反对言筌、言辩的,然而庄子哲学的形态却是以辩止辩。晋人虽欣赏片言只语的洞见,而长篇累牍的往复论辩仍是普遍的形态,与庄子之言的汪洋恣肆一脉相承。因此哲学与艺术之间仍然表现出抽象的辨名析理与具象的直觉的张力。这问题至唐代禅学,特别是南禅兴起之后,终于得到解决。禅宗一方面主张言语道断,在摆脱理路、言筌方面表现很彻底;一方面主张目击道存,于平常生活中体道见性。在禅家,道/性不可名言,不可言传,而只能从具体的事或象去"现"。于此,哲学与诗的形态上的隔阂也打通了。严羽以禅喻诗,所取正是这一点,其言曰:"大抵禅道惟在妙悟,诗道亦在妙悟。"妙悟是绝去理路,摆落言筌的,于哲学即是洞见,于诗即是妙赏。一悟之下,理事圆融,物象灿然,是诗,亦是哲学。盛唐诗的珠圆玉润,尤其王维诗禅味、诗味的浑然无间,亦正在于此。

4.6

此等唐诗,实即晋宋风流的完美实现,代表着我国诗歌的极境,亦是我国艺术的顶点。此等艺术,以兼具哲学和艺术意蕴的"境界"概念论之,固然最为恰当。《人间词话》曰"词以境界为最上","最上"二字常常被人忽略——"境界"论是站在艺术的顶点,亦即第一流艺术而言的,所以才可以说"有境界则自成高格,自有名句"。最高处的那一点奥秘,总是难以理解,难以言传的,我只能用禅家的一句话来作结:会得即是。

王国维诗词中的“悲”

一

我国传统思想中向来缺少纯粹、彻底的悲观主义。儒家为现世的乐观主义自不待言；道家虽然对现世的努力抱消极的态度，而以为有超越现实的、永恒的自然之道在，遂以同于大化、体得天地之道为价值，故可称之为宇宙的乐观主义。释家虽以此岸为苦海，而革心向善则终有光明彼岸可待，故可称之为彼岸的乐观主义。禅宗之流行，是以我国文化中固有的乐观精神，替换原始佛教中沉重的悲苦心灵。至宋儒综络三家，同人生、天地于一理，由小我之心入乎大我之心，纳个人之流光于宇宙之衍化，我国文化遂达于理性的乐观主义而告大成。

中国艺术中所呈现的境界亦以此乐观的精神为主调：儒家乐观的伦理境界、道家生动洒脱的自然境界及清净和平的禅境。至于诗中充盈着的愁苦之言，十有八九是身世之慨、君国之忧。这是抱负未得实现的悲叹，或幽怨，或激愤，其表现虽沉重暗淡，而背后却有积极的价值支持。如此之类，谓之乐观固然有疑问，似乎也不可谓之悲观，因为这悲叹后面有恨其不能的热烈追求。中国诗歌中实在的悲观主义，唯在十九首及渊明、东坡之诗中的无常浩叹。然而一则因为没有坚固的学理上的依据，二则因为三者终于借道家之学而沉醉放逸，所以他们的悲观主义未得纯粹彻底。真正纯粹彻底的悲观主义者，有清晰的学理依据，清醒的理智意识,深刻的心理体验,并浸染其生活实践的,是近代王王国维。王氏将这纯粹彻底的悲观主义表现于他早年的诗词,为中国诗歌贡献出一种新的境界,为前人所无。试举数例:

登狼山支云塔

数峰明媚互招寻,孤塔崚嶒试一临。
槛底江流仍日夜,岩间海草未销沉。
蓬莱自合今时浅,哀乐偏于我辈深。
局促百年何足道,沧桑回首亦骎骎。

狼山在江苏省通州市。1904 年王国维应聘通州师范学校,教授心理学和伦理学。在通州的一年,他与叔本华悲观主义哲学为伴,所作诗词也表现出强烈的悲观情绪,《登狼山支云塔》即作于是年。诗的每一联都在对比:首联"孤塔崚嶒"与"数峰明媚"对比,映托出一个极其孤独萧索的形象,仿佛明媚的阳光中一个漆黑的点突然放出一片阴霾,使天地失色;颔联"岩间海草"喻沧桑之变,对比槛底的江流依旧,把人们向往永恒的梦撕裂开来;颈联把世人浑浑噩噩的蓬莱自欺与自己对人生清醒沉痛的悲观意识对比:美丽的梦渐渐消失(蓬莱自合今时浅),清醒的人深情的人,愈增其悲(哀乐偏于我辈深);尾联则把局促的百年人生放到沧海桑田的变化中去"回首",人生的庄严伟大突然被压迫得如此渺小,不由你不心灰意冷。这首诗透过极其冷静、理智的眼光,把笼罩于熙熙攘攘的人生世相上的光辉价值一层层剥落,展现出人生的悲剧本性。①

另一首《欲觅》:

① 鲁迅关于悲剧有句名言,他说,悲剧就是"把美好的东西撕碎了给人看"。他似乎是把重点放在"撕碎"两个字上。悲观主义哲学则从悲剧的起源上看,认为悲剧源于人生的悲剧性质。美好不过是一个美好的想望罢了,人生的实际,是无数的碎片,其终极也将是碎片。每个个体所能拥抱着体验的,也只是这碎片。

欲觅

欲觅吾心已自难，更从何处把心安。
诗缘病辍弥无赖，忧与身来讵有端。
起看月中霜千瓦，卧闻风里竹千竿。
沧浪亭北君迁树，何限栖鸦噪暮寒。

王国维在通州只待了一年，就应罗振玉之邀，转往苏州任职于江苏师范。此诗言及“沧浪亭”，可知是作于苏州。这首诗颇有点无题的味道。理解此诗的关键在于：诗人所欲觅、所欲安的“心”是什么？王国维所要说的“心”，当然不是一个有具体指向的欲念或牵挂，如一段情感，一个志向。他这里要追问的，是人之为人的最后依据。人感受着周遭流动不居的万事万物，不能不产生消逝的恐惧，于是他需要寻找一个永恒的价值，以安顿惶恐不安的心灵。这个永恒的价值要为人的整个伦理、行为提供依据；这个永恒的价值当然不能在人自身之外，而且必定是心灵性的。这就是人或人生的本质，亦即人性。古往今来的灵睿大哲，因为他们心灵的敏锐，理智的发达，所以对人的本性，人生的永恒价值问题特别敏感。王国维是情感很丰富，理智又很发达的人，自然逃不脱这个问题的纠缠。中国儒家的乐观精神，主要建立在对“人性”的形而上的肯定（发端于孟子的“性善”论），而王国维借助西方哲学的启示，发现儒家津津乐道的“人性”其实是个假问题。他首先证明“人性”不是先天的知识，所以不具普遍必然性。但是，假若“人性”是经验的、后天的知识，那么“性”（永恒性，或称普遍、必然性）的意义又何在呢？他最后的结论是，“人性”超乎人的知识之外①。这就是“欲觅吾心已自难”了。王国维对人性问题的否定，是他悲观的人生情绪的理性反映。他接受叔本华的悲观主义人生观，认为人生的过程是在欲望驱使下的无尽的痛苦，而其结局则是空空的无。他的苦闷就来源于对人生之悲剧性质

① 参见王国维：《论性》，《全集》第一卷，第4—17页。

的深切体验和清醒认识，所以他找不到安顿心灵的处所。这就是“更从何处把心安”的苦闷。

接下来“诗缘病辍弥无赖，忧与身来讵有端”两句，补足上句的意思。人生既是一场由欲望引起、充满无尽痛苦的悲剧，他于是接受叔本华提供的解脱途径，希望通过对艺术境界（无涉于欲望的独立自足的境界）的直观，在心灵和欲望之间造成隔绝的距离。在另一首题为《拚飞》的诗中，他说自己的悲观心绪怎么也无法慰藉：“偶作山游难尽兴，独寻僧话亦无聊。欢场只自增萧瑟，人海何处慰寂寥。”最后只好向诗境中解脱：“不有言愁诗句在，闲愁哪得暂时消。”可是因为1904—1905间年的一场病，他连诗也废弃好久了，而与身俱来的人生忧愁依然如影相随。

三四两联有特别的诗的感觉。“起看月中霜万瓦，卧闻风里竹千竿”，这是一颗敏感然而无处安顿的心灵在孤独彷徨。“月中霜瓦”，说不尽的荒寒清寂；“风里竹竿”，难道可以诉求，可以寄心？“沧浪亭”千古风雅之地，其人杳渺，只剩亭北君迁树上的栖鸦在暮寒中鼓噪（“栖鸦”意象在王国维诗中数次出现）。在那空漠的声音里，仿佛可以看到时间在机械无息地消逝，而生命似乎已停止。一颗如此敏感的心灵，此时此地如同一张苍白的纸，感受着无可奈何的悲哀。

再看他的两首词。其一：

采桑子

高城鼓动兰釭灺，睡也还醒，醉也还醒，忽听孤鸿三两声。
人生只似风前絮，欢也飘零，悲也飘零，都作连江点点萍。

这首词，有人认为流于浅显单薄①，然而我喜欢，喜欢它的简单，纯净至

① 如陈永正《王国维诗词笺注》云：“此词有情而无格，有韵而乏气。‘也’字四句，语浅而近滑。转在过春山、王时翔之下矣。静安得毋有‘以曲入词’之病欤？”陈永正：《王国维诗词笺注》，上海古籍出版社，2011年，第403页。

极。起句中含有两个境界:“高城鼓动”和“兰釭灺”。前者属于社会活动层面的,境界严肃阔大,后者属于个人空间层面的,境界宁静幽深。这两个境界可以概括人生的整个场景。在这一大一小两种境界的强烈对比中,逼现出一个问题:人生所有的庄严美妙的扮相下,其意义究竟何在?他像一个局外人一样审视着人生,又像一个局中人一样消极而机械地应付着人生。他想用梦和醉把人生的意义问题掩盖起来,但他过分强烈而清醒的生命意识总是不断浮现,突然而来的两三声孤鸿的哀鸣,就足以唤醒他心灵深处对人生的悲观意识了。

人生是什么样的呢?人生就像风里轻飘飘的柳絮,无论你这一生是苦是乐,是喜是悲,结局都是飘零,成为无根的浮萍。有什么根本的价值?这下阕可看作王国维对人生之悲剧性的最清醒的意识,上阕则是他对这种悲剧性的最真切的体认。

当他的这种悲剧意识在历史中展现出来时,往往能揭开历史最为沉痛的一面。看他的一首悼古词:

青玉案

姑苏台上乌啼曙,剩霸业,今如许。醉后不堪仍悼古,月中杨柳,水边楼阁,犹自教歌舞。

野花开遍真娘墓,绝代红颜委朝露。算是人间赢得处,千年诗料,一抔黄土,十里寒蛩语。

放在历史上任何一位诗人那里,这首词的上阕都可以解释成君王沉耽声色而亡国,或商女不知亡国恨的感慨[①]。但是在王国维这里,万万不能作这样的理解。王国维在历史中感受到的绝不止于一家一国的兴亡,他在历史的变迁中感受到的是“人”、人类的价值归宿问题。首先出现的仍然是触目惊心的对比。历史的陈迹表示生命的消逝,所有的盛

① 如李白的诗“姑苏台上乌栖时,吴王宫里醉西施”之类,皆不离政治的视角。

业与辉煌都因为生命的消逝而显得空洞。杨柳楼阁的歌舞是生命的现时展开,它的价值却在霸业的陈迹面前被严酷拷问:一切都将消逝,它的将来不也是残株朽木?

下阕由“水边楼阁,犹自教歌舞”转入咏真娘墓的主题。真娘是唐代的吴中名妓,妙善歌舞,深受吴中少年爱慕,可惜早死。吴中少年按照她的愿望葬她于虎丘寺前,并在墓上植以花草。历代文人题咏真娘墓的很多,不外是惋惜、追慕,再加一点浪漫而滑稽的想象而已。所以唐人谭铢有“何事世人偏重色,真娘墓上独题诗”的感叹。在王国维这个悲观主义者眼中,真娘墓呈现给他什么呢?墓上野花是世人心中的慰藉,而真娘自己早已委于朝露了。她在这人间赢得的是什么?她提供给一代代诗人们不绝的话题,而她自己的归宿不过是“一掊黄土”。“千秋诗料,一掊黄土!”历史就这样荒唐滑稽,人生就这样可悲可笑。这里面所含的人生的悲哀,真是无可复加了。这是王国维的特别之处,他能从“绝代红颜委朝露”的今昔之慨,转进一层,揭开历史加在真娘身上的另一重悲剧——“千秋诗料”和“一掊黄土”之间的乖讹。我们把历史上所有咏真娘的诗词拿出来和王氏的这首词比较,立即就能感觉到,王词深沉博大的人生境界是如何的孤迥、独特。除了他这个纯粹、彻底的悲观主义者,谁能有这样的境界?谁能有这样的笔力?

历史上另有一位绝代名妓,时代在真娘之前(南齐)而声名犹在真娘之上,此即钱塘苏小小。小小有墓在嘉兴,也是历代文人喜欢凭吊的地方。清初的大词宗,然而雅不为王国维称许的朱彝尊(竹垞)有《梅花引》咏苏小小墓,词曰:

小溪澄,小桥横,小小坟上松柏声。碧云停,碧云停,凝想往日,香车油壁轻。

溪流飞遍红襟鸟,桥头生遍红心草。雨初晴,雨初晴,寒食落花,青骢不忍行。

与前引王国维咏真娘墓相比较，风格的差异我们暂且不论，命意的深浅、笔力及感染力的强弱乃不言而喻——这就是境界的高下吧？

二

由上面所引的作品，我们可以对王国维诗词中的悲观色彩有一些具体的体认。但是要理解王国维诗词中“悲观主义”的“人生境界”，还必须深入地理解其中“人生”两个字的含义。我们须了解，王国维的悲观不是基于一己之得失悲欢，而是基于对人生价值的根本怀疑。他诗词中所表现的，不是个人、国家的境遇，而是人类的境遇，普遍人生的境遇。他所关注的不是“个人”，而是“人生”，只有在这个意义上，才谈得上“境界”。所以我们必须把王国维诗词中的人生境界意义上的悲观主义与前人诗词中的愁苦之言区别开来，如此才能理解他在艺术境界方面的开拓意义。

《人间词话》中的一段话可以帮助我们理解这种区分。《人间词话》定稿之十八云：

> 尼采谓一切文学余爱以血书者。后主之词，真所谓以血书者也。宋道君皇帝《燕山亭》词亦约略似之。然道君不过自道身世之戚，后主则俨有释迦、基督担荷人类罪恶之意，其大小固不同矣。

王国维的意思是，宋徽宗（道君皇帝）《燕山亭》与李后主的词，都是写悲苦情绪的，但是宋徽宗所写只是个人的不幸境遇，而李后主则俨然为全人类代言。

宋徽宗耽于文艺，荒废国政，结果丢了半壁江山给金人。在金兵逼近、臣民诟病的内外交困中，他禅位给皇太子，自己于建康二年离开京城“北狩”。《燕山亭》即写于北狩途中。

燕山亭 北行见杏花

裁剪冰绡，轻叠数重，淡著胭脂匀驻。新样靓妆，艳溢香融，羞杀蕊珠宫女。易得凋零，更多少、无情风雨。愁苦。问院落凄凉，几番春暮？

凭寄离恨重重，这双燕何曾、会人言语？天遥地远，万水千山，知他故宫何处？怎不思量。除梦里有时曾去。无据。和梦也新来不做。

这首词只是写出了一个思念故宫的老皇帝的凄苦心情和可怜形象。他没有把视野和感受扩展到整个人类的人生中去，甚至没有把视野和感受扩展到自己整个的人生中去。他只是就事论事，所以你从中读不出人生的感觉，读不出人生的境界。

李后主的词就不一样！李后主所写虽然也是个人的故国之悲，但他能将这故国之"悲"扩展成一种人生的感受，写出人生的感叹来。比如王国维提到的《乌夜啼》：

林花谢了春红，太匆匆。无奈朝来寒雨晚来风。
胭脂泪，留人醉，几时重。自是人生长恨水长东。

《浪淘沙》：

帘外雨潺潺，春意阑珊。罗衾不耐五更寒。梦里不知身是客，一晌贪欢。

独自莫凭栏，无限江山。别时容易见时难。流水落花春去也，天上人间。

诸如"自是人生长恨水长东"、"流水落花春去也，天上人间"这样的感慨，已不仅仅是一时一地的境遇之叹了。这里面透露出对人生的感悟。

王国维评词，特别强调这种人生感。他欣赏中主《浣溪纱》中“菡萏香销翠叶残，西风愁起绿波间”两句，以为“大有众芳芜秽，美人迟暮之感”。这其实是说，此两句诗中浸透着深沉博大的人生感。而为古今之人所欣赏的“细雨梦回鸡塞远，小楼吹彻玉笙寒”两句，他觉得不如上两句，因为这两句只是写出了一己在特定情境下的一时心境。王国维自己的创作，大多能够表现深沉博大的人生感，如《采桑子·高城鼓动》；即使是面对具体的人和事，他也常常从中透视出人生感来，如《青玉案·姑苏台上》。这种无所不在的人生感，源于他对人生清醒、透彻的哲学反思。如果说李煜的人生感总还拖着故国之哀的尾巴，因而也带着强烈的个人性的话，王国维的人生感则是更为纯粹的、宇宙式的人生感，因而构成了他诗词中独特的人生境界。他《蝶恋花·辛苦钱塘江上水》中悲观的人生境界是人们熟悉的，另有一首《好事近》，表达较为委婉，也更见沉潜深致，其辞曰：

夜起依危楼，楼角玉绳低亚。惟有月明霜冷，浸万家鸳瓦。
人间何苦又悲秋，正是伤春罢。却向春风亭畔，数梧桐叶下。

附记：

祖保泉论王国维词，特别提及王国维词的两个特点，兹引录如下：“我们想说的是：一、他往往在一篇中，用一两句饱和着情思的话，把词旨说得深厚有力；二、他善于运用“转进一层”的手法，把情感表达得婉转些、深透些。

昨夜梦中多少恨。……梦里难从，觉后哪堪讯。腊泪窗前堆一寸，人间只有相思分。（《蝶恋花》）

眼波靥晕微流，尊前却按凉州。拼取一生肠断，消他几度回眸。（《清平乐》下片）

坐看画梁双燕乳，燕语呢喃，似惜人迟暮。自是思量渠不与，

人间总被思量误。(《蝶恋花》下片)

厚薄不关妾命,浅深只问君恩!(《清平乐》歇拍)

这些例子,如果结合着各阕词的艺术形象看,都是具有激情的,极其凝重的、能透露全词主旨的、有事外远致的好语。”①

所谓“转进一层”,大多数的情况,是把感受提升到人生的层面,并用一两句警辟的话把这层意思醒豁出来。

① 祖保泉:《中国诗文理论探索》,安徽人民出版社,2006年,第240—241页。

王国维诗中的“乐”

程颢有一首《春日》(《二程集》中题名《偶成》):

云淡风轻近午天,傍花依柳过前川。
时人不识余心乐,将谓偷闲学少年。

他在一个云淡风清而且有着温暖阳光的午天,徜徉于花柳掩映的河畔。自然的活泼的生机,激起他心灵中生动的情趣,带给他常人难以体会的“乐”。这首诗后来被选为《千家诗》之首,可谓当之无愧:在自然中优游,尽享怡然自得的乐,这样一种对于自然的亲切的感受,是中国人特有的境界。中国的诗人们,无论心里有多少痛苦,无论被现实如何压迫,他总能在自然面前偷闲一“乐”,在融于自然的深衷喜悦里获得片刻的沉醉。正是这深情一乐,使诗人活泼的生机得以展现。

王国维虽然是个恬静自处而且寡于言笑的人,感觉却极其敏锐,心灵也极其丰富。他不仅敏感到人生的“悲”,他还有游于自然的“乐”。所以他诗词中不仅有“悲”的境界,也有“乐”的境界。看看他诗词中的“乐”,或许比分析他诗词中的“悲”更为有趣吧?好比我们熟悉的一个人,平日里看惯了他的严肃、冷静,突然有一天碰到他展颜一笑,便觉得他这一展颜中有无穷的意味。因为这偶然的一展颜,乃是他解脱了心灵上所有压迫与纠缠之后所流露的天真,我们从此可以窥探他深藏的心灵,看出他的冷静与坚毅之下,还有一片温和与生动,而他整个的人性,也因此益显敦厚。

一

1903年春至1904年春，王国维应张謇之邀，到通州师范任教一年，那年王国维27岁。上篇文章曾经提到，在通州的一年，王国维沉浸在叔本华的悲观主义哲学中，因此悲观主义便成为他那时期诗词的基调。然而也是那一年，他第一次有比较充裕的时间自由读书，独处——此前的数年他在上海，一边就学于东文学社，一边谋生，生活或许并不十分窘迫，却难得闲暇与自由。这时远离师友亲人，远离了大都市的喧嚣和尘事的纠缠，独自在这个小城里沉湎哲思，虽说有些寂寞，总还落个清闲。于是静居的乐趣，偶尔也会冲破悲观情绪的包围，跃于笔端。作于是年初夏的《端居三首》中的一和三，便记载着他的静居之乐。

端居之一

端居多暇日，自与尘世殊。
处处得幽赏，时时读异书。
高吟惊户牖，清谈霏琼琚。
有时作儿戏，距跃绕庭除。
角力不耻北，说隐自忘愚。
虽惭云中鹤，终胜辕下驹。
如此胡不乐，问君意何如？

端居即闲居，不受外事的忧烦。他沉浸在自己的天地里，陶然自乐。诗的前三联落落高华，颇有晋人风流自赏的遗韵。接下来的两联多少有点出人意外："有时作儿戏，距跃绕庭除。角力不耻北，说隐自忘愚。"一般人印象中的王国维，性情沉郁，少年老成，谁想到他沉静的外表下，竟藏着如此的生动与天真,在年近三十的时候,尚有距跃、角力的儿戏心情!①

端居之三

孟夏天气柔,草木日夕长。
远山入吾庐,顾影自骀荡。
晴川带芳甸,十里平如掌。
时与二三子,披草越林莽。
清况淡人虑,幽茜遗世网。
归来倚小阁,坐待新月上。
渔火散微星,暮钟发疏响。
高谈达夜分,往往入遐想。
咏此聊自娱,亦以示吾党。

这也是一幅幽雅而极富天趣的生活图景。初夏,绿荫渐成,自然界始于春天的生机萌发过程尚未结束,天气也依然柔和。宴居的日子,无尘事萦心,时或与二三同道,寄心山水,玩赏物华。兴来兼夜高谈,衔杯待月,亦能淡荡人思,接彼远想。活泼的心灵与自然的生气相契无间,一切景皆如诗如画。物极其天真,人复其灵明,触目成景,会心得趣——"如此胡不乐"?所以他要"咏此聊自娱"。这首诗让人想起陶渊明的田园诗。不同的是,它没有陶诗特有的沉痛感,而只是纯纯粹粹的乐,境界更为清空。

通州的西郊有湖,湖中有亭。这里的自然风光曾经给王国维不少

① 从下面要提到的一些诗,我们也能看出,王国维的快乐常常是带着几分天真的自足、自得之乐。这似乎是一切天才得特色。杜甫晚年回忆少年时的生活:"忆昔十五心尚孩,健如黄犊走复来。庭前梨枣八月熟,一日上树能千回。"陈贻焮论曰:"童心和青春活力毕竟是不能扼制的。不要看轻少年杜甫心灵中的这头'黄犊',要是没有它的横冲直撞,他真会给万卷书压扁,给'崔、魏徒'的'老苍'熏得老气横秋。"没有活力没有激情的人,是不可能成诗人的。

慰藉。他有《游通州湖心亭》诗，记载游览的欣快：

扁舟出西郭，言访湖中寺。
野鸟困樊笼，奋然思展翅。
入门缘亭坳，尘劳始一憩。
方愁亭午热，清风飒然至。
新荷三两翻，葭菼去无际。
湖光槛底明，山色尊前坠。
人生苦局促，俯仰多悲悸。
山川非吾故，纷然独相媚。
嗟尔不能言，安得同把臂。

舟出西郊，眼前豁然开朗。面对敞开的自然，他的情绪突然激动起来，仿佛久困樊笼的鸟，忍不住要展翅唳天。走进湖心小亭，清风飒然而至，吹散了午热，也吹散了忧劳尘世的阴影，他终于进入清明爽朗的自然境界："新荷三两翻，葭菼去无际。湖光槛底明，山色尊前坠。"人生局促，不断有悲悸来纠缠；独有自然，时时展现新鲜的生命，并把它的生趣与人分享。"山川非吾故，纷然独相媚。"一个"媚"字中，包含多少欢欣，多少快乐，难怪他想与之把臂了。

通州的一年，可算小隐吧。静中原是宜于反观自我的，他的真性与深情，悲哀和欢乐，在自酌自饮的静居生活中表现得淋漓尽致。"蓬莱自合今时浅，哀乐偏于我辈深。"这两句诗是他当时的自我写照。他的悲哀那么沉痛，那么深切，他的欢乐又是那么天真，那么纯粹。这是一个未被尘事习染的赤子之心的哀和乐。可是因为叔本华哲学的影响，这一年里他情绪中哀的比例远大于乐，写悲观之绪的诗也远多于写欢快之情的诗。次年初春的一场病，更让他的情绪跌入低谷。《病中即事》曰：

滴雨残春住无期，开尽园花卧不知。
因病废书增寂寞，强颜入世苦支离。
拟随桑户游方外，未免杨朱泣路歧。
闻道南山薇蕨美，膏车径去莫迟疑。

他真的想归隐了。好在约期已满，他决定回老家海宁养病。

回到家乡，他的心情彻底放松下来。是故乡的温馨驱走了心头的阴影，还是江南的明秀，复舒了他青春的活力？暮春的时候，宿疾渐渐痊愈了：

暮春

晨翻书帙鸟无哗，晚步郊原草正芽。
院落春深新著燕，池塘雨过乱鸣蛙。
心闲差许观身世，病起初能玩物华。
但使猖狂过百岁，不嫌辜负此身涯。

一春卧病，时间从窗外无声无息地溜走，连新春的花开花落，屋里人也未曾知觉。可是他终于抓住了一点春的尾巴，在物华未尽的暮春，能够出门玩赏了。病后的心灵，总是虚静而灵敏的，正在生长的草，新燕、鸣蛙，无不让他感动。也许这场病使他省悟到生命的可贵，欢乐的可贵，他愿意放下一切心灵的重负，一切无谓的忧烦，“晨翻书帙，晚步郊原”，欣欣乐乐与万物同畅生意。如此自由自在，让生命的快乐肆意，或许正是人生百年应有的正果吧。同时期另有一首《晓步》，更为明快：

兴来随意步南阡，夹道垂柳相带妍。
万木沉酣新雨后，百昌苏醒晓风前。
四时可爱惟春日，一事能狂便少年。
我与野鸥申后约，不辞旦旦冒寒烟。

他心中的欣喜与自然的欣欣生意相为映带。新雨后，晓风前，苏醒的何止万木百昌？还有一颗少年的心！《暮春》诗曰：“但使猖狂过百岁，不嫌辜负此身涯。”《晓步》诗曰：“四时可爱惟春日，一事能狂便少年。”这个“狂”，不只是程子“时人不知余心乐，将谓偷闲学少年”的“乐”，它还带有不少“醉”的成分。倾向于醉的情怀，使得王国维诗中的乐，不仅是闲适的，如《端居》《游湖心亭》，有时还是欢快激越的，如《暮春》《晓步》。前者如平原上的小溪，和乐安详，后者如山涧里的小溪，在涧石的撞击下，奏出跳动的旋律。前者有晋诗的高华风流，后者则多了唐诗的痛快与宋诗的奇崛。王国维的性格中，原有刚烈偏激的一面，他的安静如水的外表下，深藏着火一般的热情，所以他的诗中常有跳动的节奏和热烈的清狂。这在稍后的苏州时期的诗中，有更充分的表现。

1904 年，王国维继续哲学的研究。这时他对叔本华的哲学已经发生了怀疑，开始上溯康德，同时用研读西方哲学所养成的眼光，解读诸子。康德的哲学与诸子的思想都是理性的，虽然不能彻底解决他人生的苦闷，至少可以减弱一些叔本华的影响，把他从悲观主义的泥沼中往外拉一拉。是年，罗振玉前往苏州创办江苏师范学堂，年底王国维即应罗振玉之邀，前往苏州任教。他的心情是颇为愉快的。从海宁前往苏州的途中，舟过嘉兴，遇雨，夜泊于石门镇。风雨之后，隙月窥窗，引发了他的清兴，于是登岸作一番月夜之游：

过石门

我行迫季冬，及此风雨夕。
狂飙掠舷过，声声如裂帛。
后船紧呼号，似闻楼橹折。
孤怀不能寐，高枕听淅沥。
须臾风雨止，微光漏船隙。
悠然发清兴，起坐岸我帻。
片月挂东村，垂垂两岸白。

小松如人长，离离四五尺。
老桑最丑怪，亦复可诒悦。
疏竹带轻飔，摇摇正秀绝。
生平几见汝，对面若不识。
今夕独何夕，着意媚孤客。
非徒豁双眸，直欲奋六翮。
此顷能百年，岂惜长行役。

这首五古声调劲崛，确实有点“直欲奋六翮”的昂扬气。不过，这里面更多的，是诗人生动的心灵所发现的自然中的生动的“趣”。“狂飙掠舷过，声声如裂帛。后船紧呼号，似闻楼橹折。”如此情景，既紧张，又令人兴奋。而离离小松、丑怪老桑，这些平日习见的景物，在“片月挂东村”的今夕，现出特别生动的情调。这些发现让诗人惊喜不已，会永远留在他的记忆中吧。

王国维在苏州生活了将近两年。有人猜测，王国维一生中最适意的一段生活是在苏州。苏州是个文化名城，富庶而宁静，城内园林甲于天下，城外风景亦可称绝。王国维在暇日里，常常探访名胜。据他后来的回忆，他最爱去的地方是西山：“二年客吴郡，所赏在西山。”（《昔游》之四）但他当时并没有留下游西山的诗，倒是有游留园和觅渡桥的诗。留园、觅渡桥两首诗的情味相仿，我们看游觅渡桥的一首：

五月二十三夜出阊门驱车至觅渡桥

小斋竟日兀营营，忽试霜蹄四马轻。
萤火时从风里堕，雉垣偏向电边明。
静中观我原无碍，忙里哦诗却易成。
归路不妨冒雷雨，兹游快绝冠平生。

阊门是苏州城的西门。门外为上塘河，河上有古桥数座，觅渡桥是其中之一，单孔的石桥，建于元代。我们不知道他夜游觅渡桥的详情，独游呢，还是结伴而往？看他诗中的意思，似乎是独游。他在书斋中忙碌了一整天，晚饭后清闲下来，突发游兴，想看看郊外河上的夜景。于是登上马车，出阊门，沿河向觅渡河方向驶去。其时正逢雷雨前的阵风，不时有萤火虫在疾风中坠落，城墙上的雉堞，在忽明忽灭的闪电中隐现。开阔的郊野，长风，黑云，闪电，飞驰的马车……这是一场即兴的冒险，情绪化的举动。他似乎是漫无目的地驾车出行，整首诗写他的惊喜、兴奋，压根儿没提到觅渡桥。确实，那段时间他正被诗神迷惑着，这样的疯狂，正好给他诗的灵感。归路上遭点雨有什么呢？雨只是令这次夜兴更完美，让他更兴奋。“兹游快绝冠平生”，他的骚人气质于此表露无遗。

二

韩退之论诗曰：不平则鸣。意思是说，人遇蹇困愁苦，中心不平，则发而为诗歌。从事实来看，历史上留传下来的诗，大多数确实是哀怨愁苦之言，欢愉之辞则十不一二，而且难得上品。王国维论诗，持论与韩文公相若，《人间词话（下）》说：

> 古诗云：“谁能思不歌，谁能饥不食？”诗词者，物之不得其平而鸣者也，故欢愉之辞难工，愁苦之言易巧。

王国维自己的诗，愁苦不平之辞居多，所以他这话大概也是自道甘苦吧。

但是大诗人往往既善歌苦，亦能言乐。陶渊明言其凄哀曰“悲风爱静夜”，言其欣乐则曰“林鸟喜晨开”；言田家之苦曰“山中饶霜露，风气亦先寒”，言田家之乐则曰“盥濯息簷下，斗酒散襟颜”。他既能作《感士不遇赋》以言其哀，也能作《归去来兮辞》以言其乐。陶诗中哀乐参半，但无论是他的哀，还是他的乐，都那么深切感人。杜甫的诗，亦不仅仅是沉郁顿挫而已，其中有借欢愉之景传欢愉之情的，如“细雨鱼儿出，微风燕子斜”，如“穿花蛱蝶深深见，点水蜻蜓款款飞”等等，无不生趣昂然，见出诗人对自然物象的极深的兴味。杜诗的轻快之美，并不逊色于其沉痛之美，杜甫的乐，也并不浅于他的悲。王国维有句曰“哀乐偏于我辈深”，这句话也可以移评陶渊明、杜甫，他们的哀与乐都有深过常人的地方。

其实，欢愉之辞所以难工，愁苦之言所以易巧，根本原因乃在于乐与悲这两种境界有难易深浅的不同。《白雨斋词话》曰：“仙词不如鬼词，哀则幽郁，乐则浅显也。”大概人对哀情的体验，往往比较深切，所谓“痛彻肺腑”；对乐情的体验，往往比较肤泛，所谓“喜形于色”（色是浮在表面的东西）。常人的乐——比如得到某种东西后的满足——难免流于逸易，与之相表里的欢愉之辞亦往往流于浅显，甚至甜俗。但是另有一种深衷的乐，源于他鲜活的性灵和对宇宙间生命的同情，源于他对自然与人生的会心，如婴孩般的天真灿烂——这种真乐，是比悲更难更深的境界。颜回“疏饭食，瓢饮，屈肱而卧，人不堪其优，回也不改其乐”的乐，曾点在春日里“风乎舞雩，咏而归”的乐，庄子于濠上见鯈鱼出游而体会到的乐，陶渊明诗中的解颜，杜甫诗中微风燕子的情致，都是深衷之乐，真乐。欧阳修《醉翁亭记》说：“宴酣之乐，非丝非竹，射者中，弈者胜，觥筹交错，起座而喧哗者，众宾欢也。”众宾之欢，即是常人的浅显之乐。他自己的乐是另外一种：“醉翁之意不在酒，在乎山水之间也。山水之乐，得之心而寓之酒也。”“若夫日出而林霏开，云归而岩穴暝，晦明变化者，山间之朝暮也。野芳发而幽香，佳木秀而繁阴，风霜高洁，水落而石出者，山间之四时也。朝而往，暮而归，四时之景不同，而乐亦无穷也。”太守的山水之乐，才是深衷之乐。

初生的婴儿，以新鲜的心灵打量着眼前新鲜的世界，针尖上的一粒晶莹的水珠，也能让他陶陶而乐。他的乐，天真而烂漫。随着年龄增长，他的眼睛越来越浑浊，脸上的笑容也越来越少，因为他心上的尘垢越来越多，如蒙垢的镜子，再不能映照万象了。惟有诗人能摆脱尘世之网，永远保持心镜的湛明。世人嚣嚣碌碌时，诗人却在万虑销沉的天真状态中，发现天地间最生动的景象，感受他最深衷的喜悦。我相信，“乐”的境界，是诗人最天真的状态，他最初的灵性、最初的诗心便在这里。一个伟大的艺术家，首先就因为他有感受这种“乐”的天赋——一颗真纯的、灵敏的心；然后他才能感受苦，感受悲。所以大诗人灵光的显现，常常在他小诗中天真的“乐”；我们窥探大诗人心灵的奥秘，窥测大诗人才情的深度，也便可以从这“乐”开始。（甚至诗人的才力，也常常表现在他是否有能力写出他心中深深的乐；我们考察一个诗人才力的高下，亦可以从他如何表达“乐”开始。）中唐以前的诗人，因为有这乐的精神，所以境界终究阔大；晚唐的诗人，因为失掉了这乐的精神，所以境界渐至逼仄。同样，王国维因为不失这乐的精神，所以他的诗词虽然有极浓郁的悲观气息，而终究没有落入阴冷生僻一途，如晚唐的贾浪仙，也没有落入孤峭清寒一途，如南宋的姜白石。

王国维诗中所表现的乐，有两个特点。这两个特点，也可以看作是上文所谓深衷之乐的两个特点。其一，王国维的乐，常常是独得之乐，或者说是自得之乐。前面所引王国维诗中的情趣，或者出于他自娱的游戏，或者出于对自然的妙赏。自娱无假于人，妙赏自会于心。他自己兴味昂然，总带着发现的惊喜，读来也令人兴味盎然，到处透着新鲜气。儒家的说法，从众见其伪，独乃见其诚。独得的乐，必定是深衷之乐；而凡是深衷的乐，也必定是独得之乐。陶渊明《归去来兮辞》：“引壶觞以自酌，眄亭柯以怡颜。”陶渊明的乐，无假于旁人，是自得之乐。欧阳修说：“人知从太守游而乐，不知太守之乐其乐也。”太守自有其乐，他的乐也是自得之乐。

其二，王国维的乐，大多得于自然，是山林之乐。于此不妨说说王国维的山林梦。传统的读书人，或多或少，都有点山林的梦想。王国维对山林的向往，表现得比较早，他三十岁以前的诗中就经常有归隐的愿望。一般来说，文人的归隐，不外三种。一种是性隐。有些人天生不喜欢人世的喧嚣，不愿意在人事间周旋，于是想绝交息游，落个清闲。陶渊明所谓："性质自然，非矫励所得。"一种是义隐，所谓有道则仕，无道则隐。如伯夷、叔齐，及宋、明的遗民。还有一种投机的人，得意则仕，失意则隐，如李白所谓"人生在世不称意，明朝散发弄扁舟"。王国维的山林倾向，另有一个特殊的背景，即他对人生意义的根本怀疑，以及因此而起的极深的悲观情绪。他的诗中，常常将人世的悲剧景象，或者他对人生的悲观感受，与山林的美好景象对比。好像他的山林之梦，是可悲的现实挤压出来的：

梦中恐怖诸天堕，眼底尘埃百斛强。
苦忆罗浮山下住，万梅花里一胡床。
——《题梅花画》

这是他为一帧梅花扇面的题诗。他在可悲可怖的尘世间，梦想着罗浮山中的隐居生活。罗浮山是岭南第一名山，山间寺观众多，旧以梅花著称，历来是栖隐的好地方。万梅花里，一榻幽然，相比于人世的喧嚣惨烈，这是一个永恒的香境。卢照龄的《长安古意》，通过娼女游侠如梦幻泡影般的一生，揭示人生的无常，而在诗的结尾处笔锋一转，描写了一个隐居者的境界："寂寂寥寥扬子居，年年岁岁一床书。独有南山桂花发，飞来飞去袭人裾。"这也是个永恒的香境，若把桂花换成梅花，便是罗浮山下"万梅花里一胡床"了。

王国维另有一首七律，情怀与《题梅花画箑》相仿：

几看昆池累劫灰，俄惊沧海又楼台。
早知世界由心造，无奈悲欢触绪来。
翁埠潮回千顷月，超山雪尽万株梅。
卜邻莫忘他年约，同醉中山酒一杯。
——《题友人三十小像》之二

“昆池劫灰”、“沧海楼台”，从实的方面看，可能指清末政局的翻覆，从虚的方面看，则是说人间的劫难与无常。世界本是一片幻景，变幻不居。惟有翁埠之月，超山之梅，超然独立，对之可以忘忧。如果有一天能遂少年时的心愿，与友人在家乡的山水间卜邻而居，真足以倾此百年了。

王国维的山林梦，与他少年时所受的熏习有关。他生长于江南（浙江海宁），对江南水乡的景致和生活情趣，有很深的领会。他回忆说：

我本江南人，能说江南美。
家家门系船，往往阁临水。
兴来即命棹，归去则隐几。
远浦见萦回，通川流浼弥。
春融弄骀荡，秋爽呈清泚。
微风葭菼外，明月荇藻底。
波暖散浮鹥，渊深跃鰋鲤。
枯槎鱼网挂，别浦菱歌起。
何处无此境，吴会三千里。
——《昔游》之二

若不是生长在江南的人，不易有这么细致的感受。海宁附近的名胜，也是他与少年同学喜欢的地方，如《题友人三十小像》中提到的观潮佳处翁埠、以梅著称的超山。

家乡的山水，是他山林梦的萌芽，恰好他的父亲游艺于画，在山水画上颇有造诣，这也有助于培养他的林泉之心吧？既然尘世如此不堪，所以他的理想生活，便是在山中结庐读书。通州南郊有山曰狼山，南临长江；山上有一古寺，王国维曾经数度参访，有《重游狼山寺》诗，曰：

不过招提半载余，秋高重访素师居。

揭来桑下还三宿，便拟山中构一庐。
此地果容成小隐，百年哪厌读奇书。
君看岭外嚣尘上，讵有吾侪息影区。

小小的狼山，简直就是他梦中的桃源，他想卜筑而居，拥书自乐。

可惜因为生事之累和机缘的乖错，他的山林梦没能实现于海宁，没能实现于狼山，也没能实现于苏州，只是在日本有了一次真正的小隐。辛亥革命后，王国维随罗振玉东渡扶桑，在京都作寓公。据罗振玉侄女记述，他们卜居于西京的乡村：

西京四面皆山，旧称山城国。初居田中村，再移神乐冈，其地风景幽胜，气候适中，小楼一楹，仅堪容膝，而纤尘不染，席地凭几，犹有古风。窗外山光岚气，朝晖夕阴，奇瑰不可名状。绕屋则溪流如带，日夜潺湲。比屋而居者，有刘季缨姊丈大绅、王静安姻丈国维。二家多仆媪童稚，隔篱呼答，悉作乡音，颇不岑寂。伯父所居较远，亦相距百余武耳。故乡俶扰，不闻不见，堪称世外桃源矣。

王国维自己亦有诗曰：

平生丘壑意相关，此日尘劳暂得闲。
近市一廛仍远俗，登楼四面许看山。
书声只在淙潺里，病骨全苏紫翠间。
赁庑佣书吾辈事，北山聊为一开颜。
——《定居京都》之三

他一生意在丘壑，此时终于得以暂脱尘劳，过起山居读书的生活。寓居期间，罗氏供给他较厚的生资，他则帮罗氏校阅古籍。登楼看山，听泉诵书，这样的生活正是他向往的。然而毕竟是寄寓，他不可能在异国忘情于丘壑，安心于“两耳不闻窗外事”的读书生活。况且西边的故国正闹得一团糟呢？所以到第四首就发起忧思了：

三山西去阵云稠，虎踞龙争讫未休。
邂逅喜来君子国，登临还望帝王州。
市朝言论鸡三足，今古兴亡貉一丘。
犹有故园松菊在，可能无赋仲宣楼？
——《定居京都》之四

他挂念着故园，就像流寓荆州的王粲挂念战乱中的故土长安一样。1916年，王国维结束四年多的寓公生活，返回国内。回国后，他并未能如陶渊明一样归隐故里，而是重新谋生于上海。之后情怀渐老，又不幸进了遗老的胡同，他山林的梦想从此结束，诗中的乐似乎也从此消失了。

又，王国维有些记游的小词，颇为清新可爱，从中亦可见其乐于自然的情怀。如：

浣溪沙

昨夜新看北固山，今朝又上广陵船。金焦在眼苦难攀。
猛雨自随汀雁落，湿云常与暮鸦寒。人天相对作愁颜。

踏莎行

绝顶无云，昨宵有雨，我来此地闻天语。疏钟暝直乱峰回，孤僧晓渡寒溪去。

是处青山，前生俦侣，招邀尽入闲庭户。朝朝含笑复含颦，人间相媚争如许。

蝶恋花

独向沧浪亭外路，六曲阑干，曲曲垂杨树。展尽鹅黄千万缕，月中并作蒙蒙雾。

一片流云无觅处，云里疏星，不共云流去。闲置小窗真自误，人间夜色还如许。

青玉案

江南春色垂垂暮，算幽事，浑无数。日日沧浪亭畔路，西风林下，夕阳水际，独自寻诗去。

可怜愁与闲俱赴，待把尘劳截愁住。灯影幢幢天欲曙，闲中心事，忙中情味，并入西楼雨。

蝶恋花

谁道人间秋已尽，衰柳毛毛，尚弄鹅黄影。落日疏林光炯炯，不辞立尽西楼暝。

万点栖鸦浑未定，潋滟金波，又幂青松顶。何处江南无此景，只愁没个闲人领。

点绛唇

厚地高天，侧身颇觉平生左。小斋如舸，自许回旋可。

聊复浮生，得此须臾我。乾坤大，霜林独坐，红叶纷纷堕。

点绛唇

高峡流云，人随飞鸟穿云去。数峰著雨，相对青无语。

岭上金光，岭下仓烟冱。人间曙，疏林平楚，历历来时路。

说王国维杨花词

苏轼谪居黄州时，友人章质夫寄与《水龙吟·咏柳花》，苏轼和之，题为《水龙吟·次韵章质夫杨花词》。这首和韵杨花词，借杨花写离人远思，并寓伤春叹逝之意，历来受人赞誉。王国维也膺服此词，赞道："咏物之词，自以东坡《水龙吟·咏杨花》为最工。"又说："东坡杨花词，和韵而似原唱，章质夫词，原唱而似和韵，才之不可强也如是。"更有趣的是，赞赏之余王国维终于忍不住，也依韵和了一首"杨花词"，并且颇为得意，以为有"与晋代兴之意"。王国维于词颇为自负，自谓能抗衡五代、北宋而藐睨南宋以下，他再和苏轼的杨花词，自然有希比前贤的意思。自来赏析苏轼杨花词的人很多，而王国维的杨花词，和他的《人间词》一样，至今未得解人作注。在我看来，王国维的这首杨花词，实在可以媲美苏韵：

水龙吟·杨花

开时不与人看，如何一霎蒾芷坠？日长无绪，回廊小立，迷离情思。细雨池塘，斜阳院落，重门深闭。正参差欲往，轻衫掠处，又特地，因风起。

花事阑珊到汝，更休寻、满枝琼缀。算来只合、人间哀乐者般零碎。一样飘零，宁为尘土，勿随流水。怕盈盈一片春江，都贮得、离人泪。

诗词的起句有渐引与直入两种。如章词之"燕忙莺懒芳残，正是堤上杨花坠”，由“燕忙莺懒芳残”而引出“杨花坠”，是渐引式；苏词之“似花还是非花，也无人惜从教坠”，直接从杨花说起，是直入式。大凡天才作手，以其所入者深，所感者厚，起句往往能无所依傍，劈空而起，振起一篇精神。王国维果然不是俗手，起句“开时不与人看，如何一霎茫茫坠”，如奇峰突兀，正是直入的佳句。杨花即柳絮，极小，极细，极虚，暮春时节开在繁叶之中，不容易看见，待到因风飘坠而为人所知时，已是它的零落了。词人以敏感的诗心抓住杨花的这一特点，在他“如何一霎茫茫坠”的转折一问之间，饱含着花的哀怨和人的感慨，是可谓即情即景、亦情亦景。句中“不与”、“一霎”四个字用得尤其好，这几个仄声字嵌在句中（“不”、“一”两字入声，“与”、“霎”两字去声），使句子即时动荡起来。张炎说，东坡次章质夫杨花《水龙吟》韵，机锋相摩，起句便合让东坡出一头地。王氏的这一起句，也足以出人一头地。

“日长无绪，回廊小立，迷离情思”三句是词人的自写照。春日迟迟，他独立回廊，面对茫茫飘坠的似梦的轻花，由起初的震撼、惊讶，渐至于情思恍惚。“日长”、“回廊”，“小立”、“迷离”，曲折地写出了词人情怀的幽深、无绪，正是词的要眇修宜之处。词人的情怀被扰动了，他陷入对远方之人的思念。这迷离的情思，终于幻出了“细雨池塘，斜阳院落”的凄迷梦境。

“细雨池塘，斜阳院落，重门深闭”乃词人想象之境，是他所思念之人的住处。这几句意象丰满，意蕴亦丰厚。从“池塘”到“院落”到“重门”，层层推进，真所谓愈旋愈深；而“细雨”、“斜阳”及重门的“深闭”，色彩各不相同，也有助于拉开意象的层次，拓展我们想象的空间。尤当注意的是，这三句表面上写景，实际上是写人和自己的情思。欧阳修《蝶恋花》有云：“庭院深深深几许，杨柳堆烟，帘幕无重数。”这是写佳人幽处。李清照酷爱“庭院深深深几许”之句，也作了数阕《临江仙·庭院深深》，其一云：“庭院深深深几许，云窗雾阁常扃。”“斜阳院落，重门深闭”二句即从此化出。糅合前人词句、词意，而能语语如在目前，毫无造作黏滞的痕迹，实在不容易。“重门深闭”四个字兼有欧阳修句和李清照句的意蕴，写出了庭院的幽深，闺中人的孤寂和缈不可及。不直接写所思之人而其人与情自在其中，这是词人的高妙之处。

接下来，“正参差欲往，轻衫掠处，又特地，因风起”是又一转折，从梦境落回到现实。词人在情思恍惚中向幻想中的院落走去，可是“轻衫掠处”，地上的杨花因风而起，把他从梦幻中惊醒。这几句白描看似极淡，而其中自有一种深宛情致。“参差”、“特地”二语极好。“参差”语承上面的幻境，与“迷离”相照应；“特地”语如一声叮当，衬出现实与梦幻间的错愕。梦幻既因杨花的飘坠而起，又因杨花的飘飞而灭，章法极好。

上片五十二字，“开时不与人看”为起，“日长无绪”为承，“细雨池塘”为荡，“参差欲往”为合。这四个层次，即虚即实，亦梦亦醒，写得幽深含蓄，又极尽跌宕起伏。

下片正面抒情。

“花事阑珊到汝，更休寻、满枝琼缀”，这几句针对章质夫词而发。章词下片开头写杨花之美，曰：“兰帐玉人睡觉，怪春衣雪沾琼缀。绣床旋满，香球无数，才圆却碎。”可是王国维是个深于情的伤心之人。面对飞花，他看到的不是其形态之美，他感受到的是其飘零之哀。杨柳飞花之时，已近众芳皆歇的暮春了，哪里去寻姹紫嫣红的春色！杨花如此飘零残落，如何还有心思去欣赏它的如雪似玉！“花事阑珊”而又曰“到汝”，化静为动，初春到晚春，花事由盛渐衰的整个过程，宛然在目。如此写法，不愧大家手笔。

“算来只合、人间哀乐，者般零碎。”词人进而从花事想到人事：人间的迟暮、零落又何异乎花事的阑珊！如果说上片因杨花而引起的还只是具体的、个人的思念，到下片，词人的感慨已扩大至整个宇宙人生。这几句最见王国维词的本色。王国维曾说，大诗人所感、所写，一般不是一己之悲欢哀乐，而常常是代全人类而言，写整个的人生。王国维自己的词中也往往有这种境界。此词从花事之阑珊、杨花之飘坠，觉悟到人间的哀乐、零落，他所言的就不是柳永式的自家身世之苦，而是宇宙式的大悲哀。王国维另有一首《采桑子》,也是借杨花写人事,可以引来作笺:“人生只似风前絮,欢也飘零,悲也飘零,都作连江点点萍。”

最后几句尤为沉痛:“一样飘零,宁为尘土,勿随流水。怕盈盈一片春江,都贮得、离人泪。”(据传说,杨花落水为萍。浮萍无根,象征着分离漂泊。)意思是说,既然都是飘零,不如皆归尘土,寂灭而终,免得落入流水,把一片春江都染成离人之泪。这是一个彻底的悲观主义者的悲哀。他似乎不忍面对一江春泪而宁愿饮泪吞声。其实,既然人生的结果终将是“者般零碎”,即使没有杨花,一片春江依然会贮得无数的离人之泪。所以“怕盈盈一片春江,都贮得、离人泪”更像是反语,虽说当头有一个“怕”字,盈盈的一江春泪已然浮现在眼前了。

如果说上片以四个层次间的流转写出了词人的深致幽情,这下片却一气说来,于收放开合的长吁短叹中,写出了词人对人生宇宙的大悲叹。相对于上片的结句“正参差欲往,又特地、因风起”,过片“花事阑珊到汝,更休寻、满枝琼缀”,声气陡然大开,如幽语之后而有哀号,泠泠之后而有长风,让人顿觉有满天风雨之势。接下来,“算来只合,人间哀乐,者般零碎”是放;“一样飘零,宁为尘土,勿随流水”是收;“怕盈盈一片春江,都贮得、离人泪”又是一放。花事、离人泪,是小景,是收;人间、春江,是大景,是放。古人谓,诗要能收能放、善收善放才有生机气势。词亦然。读者须于此处领会诗人胸中波澜,笔下工夫。

和韵之作,不仅和“韵”而已,还须和题材。要从他人的题材中翻出新意,谈何容易。苏轼天才高妙,和韵而似原唱。王氏再和,可谓难上加难了。比较章词、苏词、王词,章词写得平实,苏词写得虚灵,王词较为沉痛。章词虽有佳句,而滞于咏物,胸次、境界俱落第二义,可以不论。至如苏词、王词,冥合物情,以兴以寄,借清人沈谦评苏词的话,“幽怨缠绵,直是言情,非复咏物”。苏词上片以奇思、意趣胜,过片以胸臆才情胜。王词上片以蕴藉、深情胜,过片以沉痛阔大胜。王词上片不让东坡,或更过之,惟下片未至圆融,视苏公之自然风流,少觉蹇顿。然白太傅言琵琶之美,有间关莺语、冰泉冷涩两种,以此而论,则王氏之幽咽挫折，别是一种风流，亦可以不愧东坡矣。

附：

水龙吟·柳花（章质夫）

燕忙莺懒芳残，正是堤上、柳花坠。轻飞乱舞，点画青林，全无才思。闲趁游丝，静临深院，日长门闭。傍珠帘散漫，垂垂欲下，依前被，风扶起。

兰帐玉人睡觉，怪春衣雪沾琼缀。绣床旋满，香球无数，才圆却碎。时见蜂儿，仰粘轻粉，鱼吞池水。望章台路杳，金鞍游荡，有盈盈泪。

水龙吟·次韵章质夫杨花词（苏轼）

似花还似非花，也无人惜、从教坠。抛家路旁，思量却是，无情有思。萦损柔肠，困酣娇眼，欲开还闭。梦随风万里，寻郎去处，又还被、莺呼起。

不恨此花飞尽，恨西园、落红难缀。晓来雨过，遗踪何在，一池萍碎。春色三分，二分尘土，一分流水。细看来，不是杨花，点点是，离人泪。

从依韵《齐天乐》看王国维的词学思想

王国维在《人间词话》中，对姜白石有许多尖锐的批评。他说，姜白石词为他所喜欢的，仅仅"淮南皓月冷千山，冥冥归去无人管"两句。姜白石那些托物言志的名篇，如《暗香》《疏影》之类，都被他以一个"隔"字打杀了——他说："白石《暗香》《疏影》，格调虽高，然无一语道着。"

姜白石有一首《齐天乐·咏蟋蟀》，也是常为人称道的；《人间词话》没有提及此词，倒是《人间词》中有一首用白石原韵的《齐天乐·咏蟋蟀》。关于这首和韵《齐天乐》，陈永正先生评论道："此词于原作亦步亦趋，殊少新意，韵律亦疏，未为合作。"[①]王国维的《齐天乐》与姜白石的《齐天乐》，结构基本相同，命辞亦多相似，这就是陈先生所谓的"亦步亦趋"了。但这相似中有许多微妙的不同，是陈先生未曾深究的。我以为这同与似之间的缝隙，正可以供我们一窥王氏的用心。

对于这首和韵长调，王氏特别作了交待：

> 余填词不喜作长调，尤不喜用人韵，偶尔游戏，作《水龙吟·咏杨花》，用质夫、东坡唱和韵，作《齐天乐·咏蟋蟀》，用白石韵，皆有与晋代兴之意。[②]

"与晋代兴"，初稿作"与晋楚争霸"，改成"与晋代兴"，语气虽然和婉些

---

① 陈永正：《王国维诗词笺注》，上海古籍出版社，2011年，第536页。

② 王国维：《人间词话手稿》，《全集》第一卷，第493页。按："与晋代兴"用晋昭公与齐景公投壶饮酒故事，事见《左传·晋昭公二年》。

了,“争霸”却还是其中之意。既有此意,必定是用心之作,“游戏”云云,不过黠词而已。然而王氏对东坡、白石两家词的评价悬殊既大,则其和东坡韵的心曲,与和白石韵的心曲,该当又有不同。王氏极推崇苏词,对苏轼《水龙吟 · 杨花》尤其赞不绝口,他和韵苏轼的《水龙吟》,颇有争衡之意。王氏颇贬损姜词,他和韵姜夔的《齐天乐》,当存駸驾之心。在我看来,王氏的这首《齐天乐》,与其说是姜词的和作,毋宁说是改作,他像是要按自己的艺术理想改造姜词,把《人间词话》中对姜白石的批评具体地实现出来。这就提示我们一个品察此词的特殊角度——我们不必以“是否翻出新意”,来评判这首和韵是否为“合作”,倒不妨看看他如何采姜词之“长”,正姜词之“失”,以及他的修正是否有据,结果是否成功。我现在所要做的,便是把王词和姜词作一细致的比较,看看这两首《齐天乐》有哪些不同,并试图解释何以会有这些不同,以印证王氏《人间词话》里的词学思想;至于王词的得失成败,读者在比较中自会判断。

姜白石《齐天乐》前有小序,曰:“丙辰岁,与张功父会饮张达可之堂,闻屋壁间蟋蟀有声,功父约予同赋,以授歌者。功父先成,辞甚美。予徘徊茉莉花间,仰见秋月,顿起幽思,寻亦得此。”既然事起于张功父(张镃),我们不妨就从张功父的蟋蟀词说起。张功父《满庭芳 · 促织儿》:

> 月洗高华,露溥幽草,宝钗楼外秋深。土花沿翠,萤火坠墙阴。静听寒声断续,微韵转,凄咽悲沉。争求侣,殷勤劝织,促破晓机心。
>
> 儿时,曾记得,呼灯灌穴,敛步随音。任满身花影,尤自追寻。携向华堂戏斗,亭台小,笼巧妆金。今休说,从渠床下,凉夜伴孤吟。

蟋蟀作为一个传统的诗歌意象,主要有两个象征意义:一、联系于感时悲秋，这是从《诗经》中蟋蟀鸣秋发展而来；二、联系于思妇不眠，这是从蟋蟀的俗名"促织"引申而来。"促织"原意是"惊懒妇起织"（蟋蟀鸣声"唧唧"，古人状织布声亦为"唧唧"，如《木兰词》"唧唧复唧唧，木兰当户织"，呼蟋蟀为"促织"似由象声而来），因为思妇不眠而起织，遂又与思妇联系在一起。张词上阕，围绕听蟋蟀展开，从时节、环境的描写开始，终结于"促织"的想象，这些都没有超出蟋蟀在诗歌里的习惯意义，只是对环境的描写"辞甚美"而已。上阕的缺憾在收尾，生硬浅露，近乎杂凑——且不说劝织、思妇（哓机心）与自己当下的情思了不相干，即"求侣"与"劝织"亦分属两个不同的意象系列，指向两个不同的意义层面，从"求侣"无缘无故跳到"劝织"，意象既混乱，意义亦断裂。

张词胜出的地方，实在下阕。下阕从儿时捉蟋蟀、斗蟋蟀的欢快童心，写到老年听蟋蟀悲吟的寂寥心境。他把少年童心与老年心境，放到流逝的时间中去对比，凸现出人生的悲剧性——无常，无奈。这一段笔致流走，既有活脱的生活，又有深切沉痛的生命感受和对人生的悲剧性感悟，确实是可遇不可求的好词。

再看姜白石的《齐天乐·咏蟋蟀》：

> 庾郎先自吟愁赋，凄凄更闻私语。露湿铜铺，苔侵石井，都是曾听伊处。哀音似诉，正思妇不眠，起寻机杼。曲曲屏山，夜凉独自甚情绪。
>
> 西窗又吹暗雨，为谁频断续，相和砧杵。候馆迎秋，离宫吊月，别有伤心无数。豳诗漫与，笑篱落呼灯，世间儿女。写入琴丝，一声声更苦。

姜词明显比张词雅致一些，或者说"深"一些。姜白石自己在序中说，他是"徘徊茉莉花间，仰见秋月，顿起幽思"而写成此词的。一个"思"字可以概括姜词与张词的差异。

"思"首先表现为词中幽微的寄托。这个寄托又是借用典而委婉地传达出来的。起句即用典。庾信在梁元帝时聘于西魏,不久梁亡,从此羁留北方。他身在北方,总是怀念南朝家国,晚年写了著名的《哀江南赋》,哀伤故国。庾信的《愁赋》已佚失了,"庾信愁"却是宋人诗词中常用的,代指"羁旅之愁"。姜白石用庾信的典故,与下阕的"候馆迎秋,离宫悼月,别有伤心无数",皆暗寓哀伤南宋的家国之感。"笑篱落呼灯,世间儿女。写入琴丝,一声声正苦"四句,以不解世事、陶醉在游戏中的小儿女的"乐",与遭逢国难、忧心家国的士人的"苦"相逼,大有"儿女不知亡国恨"的感叹。另一个典是"豳诗漫与"。这个典(或可看作以"豳诗"代"蟋蟀")完全失败,因为其一,《豳风·七月》并非专咏蟋蟀;其二,《豳风·七月》中,蟋蟀没有特别的意义,只是节候变迁的象征。即使如《十三经注疏》所言,《豳风·七月》有疾民之苦,哀时之乱而思圣王的微言大义,与蟋蟀有什么关系?所以,"豳诗漫与"四个字虽然很好看,而终究如雾里看花,隔着一层。这个大红补丁,是典癖的恶果吧。

通过用典和寄托,姜词表面上是比张词深邃了,而实际上——至少在王国维眼里是如此——家国的寄托恰恰使姜词的境界变小变浅了:从宇宙式的、无限的、人生感悟的境界,降落到了有限的家国境界。①

姜词的另一个特征是它明显的南宋风格。北宋词,常以时间序列展开,有情节的脉络可寻;南宋词,注意在空间序列中错落展开,往往无情节的脉络可按。所以,北宋词如汉魏盛唐诗,有很好的流动性,佳者往往能够气韵生动。而南宋词,稼轩一脉之外,大抵如晚唐诗,虽深于思致,总难免支离;下者索莫乏气,即佳者,亦孤峭瘦硬,不能成丰圆清晰的境界。一则韵度自然,如云行雨施,水流花落;一则苦心孤造,如鬼斧雕版,架叠层楼,这是北宋、南宋词的分疆。王国维论词,尊北宋屈南宋。姜词的下片,由"相和砧杵",而"候馆迎秋",而"豳诗漫与",而"写入琴丝",一路转折,又绝梯断索,仿佛现代艺术式的拼盘,这是王国维

① 王国维主张诗词写一己真情,反对专讲寄托。《人间词话》(手稿):"人能于诗词中不为美刺投赠,怀古咏史之篇,不使隶事之句,不用装饰之字,则于此道已过半矣。"此思想又见于王氏《论哲学家与美术家之天职》一文。

难以接受的。与此相关的是姜词的孤冷清寒，如“露湿铜铺，苔侵石井”，几进于阴冷了，这也是王国维不能欣赏的。

我们来看王国维的《齐天乐》如何解决姜词中的这些弊病。

齐天乐用姜白石韵

天涯已自悲秋极，何须更闻虫语？乍响瑶阶，旋穿绣闼，更入画屏深处。喁喁似诉，有几许哀丝，佐伊机杼。一夜东堂，暗抽离恨万千绪。

空庭相和秋雨，又南城罢拆，西院停杵。试问王孙：苍茫岁晚，哪有闲愁无数？宵深漫与，怕梦稳春酣，万家儿女，不识孤吟，劳人床下苦。

首先，王词摒弃了姜词用典的手法，因为他主张写景如在目前，述情如其口出。“天涯已自悲秋极”，情景俱佳，与“庾郎先自吟愁赋”，确实有“隔”与“不隔”的分别。其次，王词从姜词的家国寄托返回到张词的人生感悟（即是从“吟愁”到“悲秋”），因为他主张文学写一己的真情，写宇宙、人类的真情。以上两点一读便知，不必细论。下面具体分析他怎样克服姜词的支离和清冷。

姜词“凄凄更闻私语”之后，由听觉突然转入“露湿铜铺，苔侵石井”的视觉画面，这是折笔；由“哀音似诉”，突然又转入“正思妇不眠”，又是折笔；由“起寻机杼”到“曲曲屏山，夜凉独自甚情绪”，隐隐约约，还是折笔。王词则顺着“虫语”一路下来，“乍响瑶阶，旋穿绣闼，更入画屏深处”，以蟋蟀吟声为线索，经过巧妙的场景转换，极自然地过渡到思妇①；而后“喁喁似诉”接以“有几许哀丝，佐伊机杼”；“佐伊机杼”接以“一夜东堂，暗抽离恨万千绪”，前后波连推动，思致连绵。姜词中的“断裂”被修补了。这样变折成转，化方为圆，由空间排列变为情节的发展，

① 苏轼《水调歌头·明月几时有》“转朱阁，低绮户，照无眠”用的就是这种手段。

是从南宋笔法回归到北宋笔法。

在境界的营造方面，王词也远出姜词之上。姜词中多是静态的、概念化的描述，王词皆化静为动。姜词“露湿铜铺，苔侵石井，都是曾听伊处”，王词改为“乍响瑶阶，旋穿绣闼，更入画屏深处”，境界逼出。姜词“哀音似诉”，王词改为“喁喁似诉”，“喁喁”二字逼真活脱。姜词“曲曲屏山”，王词为“一夜东堂”，由静态的空间转向流动的时间。姜词“夜凉独自甚情绪”与王词“暗抽离恨万千绪”，相去又不可以道里计矣。

下片的变化与此相似。

姜词过片“西窗又吹暗雨”确实是难得的佳句，但是它和“为谁频断续，相和砧杵”所构成的境界，却略显局促。王词保留了姜词以景语过度的长处。“空庭相和秋雨”，未必胜出，而“南城罢柝，西院停杵”及隔句“苍茫岁月”四字所构成的境界，阔大澄澈，具象而不碍空灵，确在姜词之上。

接下来，王词尽除姜词“候馆”、“离宫”的无聊寄托，转而在与蟋蟀的对话中，展开人生万象的图景。王孙是蟋蟀的别称。《尔雅》注疏曰：“楚人呼（蟋蟀）为王孙。”“试问”一句，问得跌宕而不跌出。

姜词“豳诗”典的失败，前面已经说过。“篱落呼灯”这个千古佳句①，在姜词里，也是个大红补丁。盖张词的下片，从儿时捉蟋蟀、斗蟋蟀写到老年听蟋蟀，是为了借心境的变迁，感悟人生的真境。姜词在以蟋蟀悲吟寄托家国之思的情况下，还要硬塞入捉蟋蟀这一幕，这是“硬”和张词。周济《宋四家词选》曾指出姜白石词有俗滥、补凑、敷衍、支出等毛病，而所列补凑的实例即是此词中“豳诗漫与，笑篱落呼灯，世间儿女”三句，真是巨眼卓识。王词以“深宵漫与，怕梦稳春酣，万家儿女”换掉了“豳诗漫与，笑篱落呼灯，世间儿女”这块大红补丁，可见王词于姜词并非亦步亦趋，反而姜词于张词是亦步亦趋。不过王词的结句虽似白话，却是与《诗经》有些关系的。“劳人”语出《小雅·巷伯》，“骄人好

① “篱落呼灯”四个字所写，即是张公父词中“呼灯灌穴，敛步随音。任满身花影，尤自追寻”的境界，而更为洗练、雅致，更能传神。姜词中常有这类极精彩的句子。

好,劳人草草”,劳人即忧人。“床下苦”暗用《豳风·七月》,“十月蟋蟀入我床下”——这确乎是开了姜白石一个大玩笑:用典须自然,不妨阅读,无碍理解才好。

整个下片,姜词仍然不免支离的毛病。“候馆迎秋”是跌出,“豳诗漫与”与“笑篱落呼灯”之间是硬折。反观王词下片,仍然以“听”与“声”一线贯穿。

总结起来,王词与姜词的不同在于:一、姜词用典、讲寄托,王词不用典,不求寄托,这是他“隔”与“不隔”理论的实现。二、王词在动态的情节线索下展开,注重流动性、整体性,这是他尊北宋鄙南宋的词学思想的体现,也避免了姜词的清寒之气(在情节中,作者不是旁观而是参与的,这使得他的词有了温暖甚至热烈的气息)。三、王词尽量用具象代替姜词中概念化的语言,这是他追求境界(意境)营造的艺术理想的体现。这几点,都与王氏《人间词话》中对姜白石及南宋词的批评直接相关。不过,王氏单单选择白石《齐天乐》为改造的对象,似乎还与他对咏物词的看法有关。咏物是中国文学的一个传统,而要求咏物中有情志寄托,也是中国文学的一个传统。广义的寄托,正如广义的情志一样,包括人生的情感(个人的、生活的情感,人生的感受)和政治的情感(家国关怀、伦理教化等)。王国维反对的是狭义的政治寄托,而不反对咏物中人生情感的寄托,关键是咏物与寄托的融合程度。《人间词话》云:“咏物之词,自以东坡《水龙吟(杨花词)》为最工,邦卿(史达祖)《双双燕》次之。”《水龙吟》和《双双燕》都是寄托了人生情感的,人、物、情、事浑然一体,咏物、抒情两相感发,颇合王氏的词学理想①。姜词《齐天乐·咏蟋蟀》则是以其深微的家国寄托而倍受赞誉,这一点就足以引起王氏的不满了,而况词中咏物、寄托结合得如此勉强,安排得如此“凌乱”呢?(近人陈锐《袌碧斋词话》论曰:《姜尧章齐天乐·咏蟋蟀》最为有名,然庾郎愁赋有何出典?邠诗四句太觉呆诠,至铜铺石井、候馆离宫,亦嫌重复。”)王氏的依韵之作,一方面把姜词中的君国寄托转换到

---

① 参见前《说王国维杨花词》。

人生寄托,使寄托更为真切自然,一方面克服姜词中“凌乱”的堆砌,营造出完整的境界。他是把对姜白石的批评,把自己的艺术理想,实现在这首依韵《齐天乐》中了。

诚然,王词的用语不如姜词雅驯——“虫语”不如“私语”;“不识孤吟,劳人床下苦”也不如“写入琴丝,一声声正苦”。但姜词支离,可以句摘,难以章言;王词虽然没有“篱落呼灯”那样的秀句,而境界丰圆,难以句摘,也是不争的事实。

再说王国维咏物词

王国维批判传统诗歌中泛滥的功利性质时，曾有个极端的说法，谓我国诗歌“咏史、怀古、感事、赠人之题目弥满充塞于诗界，而抒情叙事之作什佰不能得一，其有美术上之价值者，仅其写自然之美之一方面耳”。据此，则我国传统诗歌中惟描写自然之美的诗，才算得上纯粹的艺术，真正的艺术。其所谓写自然之美，即是写山水景物之美。

不过中国人对山水景物的欣赏，向来有两个传统。这两个传统，几乎可以说是相互对立的。一是儒家的以我观物传统，将人的道德性向自然投射，看出一个道德化的自然，赏其坚贞。这传统大概始于孔子。据《荀子·宥坐》，子贡尝问孔子：“君子见大水必观焉，何也？”孔子曰：“夫水者，启子比德焉。遍予而无私，似德；所及者生，似仁；其流卑下，句倨皆循其理，似义；浅者流行，深者不测，似智；其赴百仞之谷不疑，似勇；绵弱而微达，似察；受恶不让，似包；蒙不清以入，鲜洁以出，似善化；至量必平，似正；盈不求概，似度；其万折必东，似意。是以君子见大水必观焉尔也。”（孔子在回答仁者何以乐山时，也有类似的比德之说。）这种比德的观察自然之物的眼光，用于文学，遂有托物言志的咏物传统。屈原的《橘颂》，似乎是这种咏物传统的开端，后世赞梅、兰、竹、菊、荷、松的君子品格而赋之的诗文，大抵不出这个传统。

另一是道家的以物观物传统，看出一个意趣化的自然，赏其色相与生机。这传统始于庄子濠上观鱼。据《庄子》：“庄子与惠子游于濠梁之上，庄子曰：‘鯈鱼出游从容，是鱼之乐也。’”这种审美的观察自然之物的眼光，也启发出一个文学传统——“流连光景”。此传统大约形成于魏晋时期，其时《庄子》流行，士人们在庄子的影响下，徜徉山林，发现了自然的种种生趣与烂漫的美，将之表现于文学，遂有大谢（谢灵运）、小谢（谢朓）那些清新可爱的描写自然的诗。如小谢“余霞散成绮，澄江静如练”之类的句子，写出了令人惊奇的自然之趣与美，自有一种让我们感动的力量，在沉重的德性之外。但是在言志派看来，这类不含寄托，单纯描写自然的诗句，毫无价值。宋代的理学家便斥责此种作诗的态度为“流连光景”、“玩物丧志”。这种趣味上的分别，亦可以从荷花的欣赏中见出。六朝人赋荷花，极写其艳采映发，如苏彦的《芙蕖赋》：“伟芙蕖之菡萏，耀炜烨之丹花；舒红采于绿沼，映的皪于朱霞。”宋代人赋荷花，则不免如周敦颐《爱莲说》，刻意深求，称赞其“出淤泥而不染，濯清涟而不妖，中通外直，不蔓不枝”的君子品格了。视晋人之欣赏“初日芙蓉”的清新艳丽之美，周敦颐“花之君子”的论调不惟多了头巾气，襟度亦显局促——爱便爱了，哪来许多废话！

清代词学主寄托，于以上两种咏物的传统每有轩轾。《赌棋山庄词话》曰：“咏物词，虽不作可也，别有寄托如东坡之咏雁，独写哀怨如白石之咏蟋蟀，斯最善矣。”然而王国维的态度正相反。他既深厌传统诗歌中的泛道德化、政治化（包括感怀之作）倾向，则他所肯定的“写自然之美”的艺术，当然是以审美的眼光欣赏自然，而不是将政治的、道德的眼光附会自然，他所赞赏的咏物词，亦当然是主意趣的传统。仍以咏荷为例——《人间词话》曰：

> 美成《清玉案》词：“叶上初阳干宿雨，水面清圆，一一风荷举。”此真能得荷之神理者。觉白石《念奴娇》《惜红衣》二词，犹有隔雾看花之恨。

周美成“叶上初阳”句，写出了荷的自然生动，王国维赞其“得荷之神理”。姜白石是寄托派的代表，其《念奴娇》（闹红一舸）、《惜红衣》（簟枕邀凉）二词皆咏荷，而且都将荷拟人化，借以思美人、寓孤怀，王国维讥其“隔雾看花”。其中的《惜红衣》是姜白石自度曲，而“惜红衣”之名则似从贺铸咏荷名句“红衣脱尽芳心苦”而来。贺铸有《芳心苦》(即《踏莎行》调)咏荷花，是咏物词中托物言志的代表作，其辞曰：“杨柳回塘，鸳鸯别浦，绿萍涨断莲舟路。断无蜂蝶慕幽香，红衣脱尽芳心苦。返照迎潮，行云带雨，依依似与骚人语：当年不肯嫁春风，无端却被秋风误。”词人以荷花自比，寓一己的孤洁之怀和怀才不遇的牢骚。赞同的人，说这首词将花比人，处处双关而毫无牵强之迹。不过换个角度看，处处双关恰是最大的“迹”，此其所以是比不是兴。在王国维看来，这也是“隔雾看花”吧。王国维未曾直接评价贺铸的《芳心苦》，但是明说过“北宋名家，以方回为最次，其词如历下、新城之诗，非不华赡，惜少真味”。所谓“惜少真味”，不外是无真情、无真景，于咏物之词而言，即是对所咏之物无真赏，只用它作言志抒情的媒介而已。如此咏物，是王国维不能认同的。

明乎此，始可以论王国维的咏物诗词。盖王氏咏物，多出于对所咏之物的真赏，而绝少托物言志之意。试取其《留园玉兰花》《人月圆·梅》《蝶恋花·松》为说。

一

留园玉兰花　乙巳

庭中新种玉兰树，枝长干短花无数。
灿如幼女冠六珈，踯躅墙阴不能步。
今朝送客城西隅，留园名花天下无。
拔地扶疏三四丈，倚天绰约百余株。
我上东楼频目极，楼西花海花西日。
海上银涛突兀来，日边瑶阙参差出。

南圃辛夷亦已花，雪山缺处露朝霞。
闲凭危槛久徙倚，眼底层层生绛纱。
窈窕吴娘自矜许，却来花底羞无语。
直令椒麝黯无香，坐使红颜色消沮。
将归小住更凝眸，暝色催人不可留。
归来径卧添愁怅，万花倒插藻井上。

王国维甲辰(1904)、乙巳(1905)间在江苏师范学堂任教，对于苏州四大名园之一的留园，似乎情有独衷。甲辰重九游留园并有诗，题曰《九日游留园》，乙巳春再游留园，赏玉兰并赋之，即此《留园玉兰花》也。此诗记留园观赏玉兰的一次经验。留园玉兰的风姿固然极好，他对玉兰的欣赏——从兴味盎然到如痴似醉，从流连忘返到别后惆怅——更可谓一往情深。诗从自家庭院中新种的玉兰写起。新种的玉兰尚未长高，却已经开花无数。以“灿如幼女冠六珈，踯躅墙阴不能步”，形容“枝长干短花无数”的新种玉兰，意趣横生，极尽天真烂漫之致。“今朝送客城西隅”一转而至留园。留园的玉兰则是另一种风采：“拔地扶疏三四丈，倚天绰约百余株”。树既高且多，遂须登楼纵览。登上东楼，放眼望去，楼西一片花海，花海之西是西落的太阳。日光照耀之下，一片白玉兰如海上银涛，日边则参差隐约，似有琼楼玉阙。转身南望，南圃的辛夷(盖紫玉兰也)亦已开花，紫色的辛夷在一片白玉兰中，如“雪山缺处露朝霞”。此情此景，如梦如幻，诗人低回游观，亦如痴似醉，至有“眼底层层生绛纱”的幻觉(绛纱关辛夷)。此花之香，远过椒麝；此花之美，使红颜色沮；此花之妖娆韵度，令吴娘自愧不如。诗人沉醉此景，欣赏不足，流连不已。无奈“暝色催人不可留”，乃作最后一次驻足凝眸——“将归小住更凝眸”七个字，写尽了留念之情。归来径卧，仰见藻井上万花倒插，不禁惆怅：壁上之物，哪里比得上留园玉兰的活色生香!①

此诗的风格,有人说"语势畅健,似从韩愈咏李花诸作中来"②。这大抵是不错的。不过他在畅健中还有一种深情与妩媚,与韩愈的一味拗硬,颇有不同。我们看他"南圃"四句转平声韵,情韵舒缓绵长,如曲中的柔板,"将归小住更凝眸,暝色催人不可留"两句平声韵的缠绵婉转,就可以知道的。关键是二人的旨趣就不相同。韩愈李花诗,不免牵连人事,俯仰今昔,而"清寒莹骨肝胆醒,一生思虑无由邪"的结句,也显示他的咏李花别有喻义。文谠注韩愈诗,引西山居士《思无邪堂记》曰:"昌黎于花,艳时喜李,数有妙语赏之,曰'一生思虑无由邪',则非骚人辈玩好草木之所知也。"③韩愈对于李花的美,并非不能欣赏,诗中"日光赤色照未好,明月暂入都交加"两句便是明证,但是作《李花诗》而归结于"清寒莹骨肝胆醒,一生思虑无由邪",就不免呆而酸了。王国维恰好做了西山居士所讥讽的玩好草木的骚人之辈。他对玉兰既取纯粹的审美的态度,全诗便只写一次欣赏留园玉兰的经验,无任何深文大义,于人事与人世亦无一丝牵连。然而只此欣赏的意兴,只此对自然之美的深情,便是一种超越的襟度,一种风流。

---

① 联系甲辰年的《九日游留园》,此处的"归来径卧添惆怅"似乎还可以有另一层含义。《九日游留园》首联"朝朝吴市踏红尘,日日萧斋兀欠伸",有不堪尘氛之意;颔联"到眼名园初属我,出城山色便迎人",一变而成轻快之句;颈联"奇峰颇欲作人立,乔木居然阅世新",便是欣然忘世语矣。然则王国维客苏州期间的西郊游园赏花之乐,颇有劳尘暂脱的意味,而归来城里后的"惆怅",也就有跌回"尘埃间"的惘然与苦闷了。然而"怅"、"上"韵的饱满洪亮,使得诗的"气"并不因这一点不快而衰飒下来。

② 陈咏正:《王国维诗词笺注》,上海古籍出版社,2011 年,第 99 页。

③ 转引自屈守元、常思春(主编):《韩愈全集校注》,四川大学出版社,1996 年,第 537—539 页。

二

人月圆·梅

天公应自嫌寥落，随意著幽花。
月中霜里，数枝临水，水底横斜。
萧然四顾，疏林远渚，寂寞天涯。
一声鹤唳，殷勤唤起，大地清华。

此词收在《人间词甲稿》，大概是1906年的作品，是否缘起一次月夜赏梅，事已不可考，而关于这词本身，及咏梅诸问题，却有许多可说的。

肃杀的冬天，所有的生机似乎都已闭藏，天地一片寥落。梅的发蕾开花将给人怎样的欣喜？词的上片就写这欣喜。起句从空中落笔——仿佛老天也觉得世界过于寥落，于是随手种下一株梅，给这沉寂的世界添一份生意。这一句意态自若，定下了全词开阔的境界，也表明了词人咏梅的视角：以审美的心灵，欣喜地欣赏生命的幽花。"月中霜里"三句顺势而下。"月中霜里"四字从李商隐《霜月》（"月中霜里斗婵娟"）借来[①]，"数枝"两句从林逋《山园小梅》（"疏影横斜水清浅"）化出，而组合得如此自然——寒梅自然是宜霜宜月的（由这一句亦可知所咏乃白梅）；"数枝临水，水底横斜"用一顶针格，遂有一种流动的美，如美人揽镜似的姿态横生，比林逋那一句更觉亲切生动了。这就是《人间词话》所谓"词之言长"的优势吧。

此时此境，让词人恍然有了遗世独立之感。过片"萧然四顾，疏林

① 李商隐《霜月》诗"青女素娥俱耐冷，月中霜里斗婵娟"，本与梅不相干，然李商隐又有《十一月中旬至扶风界见梅花》，"匝路亭亭艳，非时裛裛香。素娥惟与月，青女不晓霜"，确是以月、霜咏梅的。

远渚，寂寞天涯”三句，便写这出尘的感觉。也许清冷吧，所以萧然而至于寂寞了。然而一片岑寂中，“一声鹤唳，殷勤唤起，大地清华”，展现出一片纯净且富含生机的高华境界，令沉寂的心绪陡然振作而明朗起来。这种高华之境是诗词中极难到，极少有的，如此轻按而出，可谓神来之笔。妙的是它自然地呼应了起句，让起句所造成的那种开阔之势与欣喜之情，始终不坠——想想柳永的《八声甘州》吧，起句“对潇潇暮雨洒江天，一番洗清秋”何等的气势，然而一路衰飒下去，只到结句“倚阑干处，正恁凝眸”，也再没有振起的机会！

这首词以境取胜，讲究境界的开合和情势的跌宕，用心处在此，成功处亦在此。上片极轻快，一气而下，自然成文，且略带些烂漫之气，其好是不必说的。过片“萧然四顾”三句殊觉平平，然而“一声鹤唳”三句，却又天生地好——意好，境好，不仅警拔而已。我最喜欢的，是其境界的从容与廓落，与王安石的“墙角数枝梅”相比，又不仅是境的大小之别了。不过，熟悉诗史的人们读这首词，多少会有些旧家巢燕的感觉，原来这词中的意象，“月中霜里”是李商隐的，“横斜”、“鹤唳”则都与林逋有关，而且久已是咏梅的习语。王国维于此不免要有些因袭、隶事的嫌疑了。但是你看他组织得如此好（境界晶莹剔透，毫无凌乱杂凑之感），出语又如此自然，意象又如此鲜活（可谓语语如在目前，即不知有李商隐、林逋亦无妨），哪有因袭隶事的痕迹？《人间词话》（下）亦曾论及类似的情况：

> “西风吹渭水，落叶满长安。”美成以之入词，白仁甫以之入曲，此借古人之境界为我之境界者也。然非自有境界，古人亦不为我用。

这意见可以用在他自己的《咏梅》上：说他借用或化用古人之境界可，因袭隶事是不必的。

然而我对于此词与林逋的关系，另有一番话要说。林逋终生不仕不娶，隐居西湖孤山，植梅养鹤。他的人生态度纯然是道家的，这在他自述其志时，说得很明白了①。对于他的隐居与植梅养鹤，世人皆许其高洁，而在他自己，不过是得其性情之近而已。相应地，他的诗主意趣，不主寄托。梅尧臣序《林和靖集》说："其顺物玩情为之诗，则平澹邃美，咏之令人忘百事也。其辞主乎静正，不主乎刺讥，然后知其趣向博远，寄适于诗尔。"在我看，林逋的诗不仅不主刺讥，亦不关乎身世际遇之感。比如他咏梅，包括最有名的《南园小梅》，就写他对梅的一种真赏——单纯而真挚的欣赏——而非托梅言志。这样的作诗态度，这种对梅的纯粹的欣赏，于王国维是最为相契的。王国维早年的诗中，有两处涉及梅花的句子，可以供我们了解王国维对于梅花的态度。其一是《题梅花画蓮》（1899 年，七绝）的结句"苦忆罗浮山下住，万梅花里一胡床"；其二是《题友人三十小像》（1899 年，七律）之二的后两联"翁埠潮回千顷月，超山雪尽万株梅。卜邻莫忘他年约，同醉中山酒一杯"。罗浮之梅王国维不曾见过，悬想而已；超山却是他的家山，超山之梅自是熟悉的了。然而无论悬想，或是实际的经验，其中的精神与林逋《南园小梅》结句"幸有微吟可相狎，不需檀板共今樽"的精神，何其相近！然则《人月圆·梅》走与林逋相同的主意趣的路，甚至取境于林逋的诗，也是可以理解的了。②

这选择的意义，可以从他对另一条咏梅之路的排斥而见出。

南宋人咏梅，走出了一条寄托的路。陆游大概是这条路的开路人，以他最知名的《卜算子·咏梅》为例，词曰："驿外断桥处，寂寞开无主。已是黄昏独自愁，更著风和雨。无意苦争春，一任群芳妒。零落成泥碾

---

① 据《宋史》，"林逋传"（卷四百五十七，列传第二百十六），林逋临终为诗有句："茂陵他日求遗稿，犹喜曾无封禅书。"

② 王国维词的上片似全从林逋《南园小梅》（七律）前四句化出，起句即"众芳摇落独渲妍，占尽风情向小园"之意，"月中"而下，即林诗"疏影"句意。又，在作此词约三年之前的 1903 年春，王国维曾游西湖（事见《昔游》之三）。其时是否访了林逋的孤山之梅，不得而知，然与《人月圆·梅》同时，可以称为其姐妹篇的《卜算子·水仙》有"却笑孤山万树梅，狼藉花如许"之句，则他对于孤山之梅，似乎是有经验的。

作尘,只有香如故。”陆游借咏梅写自己的身世际遇之感,完全把梅人格化、道德化了。如此咏梅,与林逋迥然异趣,亦是王国维不取的,他说陆游词“有气而乏韵”,即有嫌陆游政治味、道德味过重,而意趣较少的意思①。稍后于陆游的姜白石,是南宋的另一位咏梅名家。姜白石最有名的咏梅词题曰《疏影》《暗香》,自然是取自林逋,然而姜白石的趣味其实是陆游一路,而与林逋绝异的。他甚至比陆游走得更远——陆游《卜算子》毕竟还是咏梅,《疏影》《暗香》的中心却是由梅而想到的人和事,梅反而成了时隐时现的引子、背景!主寄托的人称赞白石咏梅能够“不粘不脱,乍合乍离”②,王国维却批评说:

> 白石《暗香》《疏影》,格调虽高,然无一语道着。

白石的心事原本不曾在梅,当然道不着了。

三

蝶恋花

落落盘根真得地,涧畔双松,相背成奇态。势欲翻飞终复坠,苍龙下饮东溪水。

溪上平冈千叠翠,万树亭亭,争作拏云势。总为自家生意遂,

---

① (一)与陆游同时的朱敦儒亦有《卜算子·咏梅》,曰:“古涧一株梅,免被园林锁。路远山深不怕寒,似共春相躲。幽思有谁知?托契都难可。独自风流独自香,明月来寻我。”与陆游一样的托物言志,而艺术性又远逊陆游了。(二)我疑心王国维用《人月圆》咏梅,而不用《卜算子》,有刻意回避陆放翁的意思,因为与咏梅同时,他另有一首咏水仙,倒是用的《卜算子》。(三)王国维少年时,喜陆游诗,故《题友人三十小像》(1899)有“差喜平生同一癖,宵深爱诵剑南诗”之句。但是在接触西方哲学、西方美学之后,他的艺术思想有了变化,是否还认同陆游的诗,似乎是个问题。

② 参见刘永济:《唐五代两宋词简析—微睇室说词》,中华书局,2007年,第245—249页。

人间爱道为渠媚。

此词咏松,有一种来自自身经验的新鲜生动感,不是泛泛的咏松所能有的。词人某日游山,起先在涧边看到两棵气势非凡的倒挂松,让他啧啧称奇,后又于溪上平冈看到一片亭亭挺立的松林,让他啧啧称赏。称赏叹奇之余,这两种同样生气勃勃,而又姿态迥异的松树让他猛然领悟到一个哲理,并引发了他的一声感喟。

上片写涧边倒挂双松,着力于它们的"奇态"。起句如一声惊呼:"落落盘根"四字,真力弥满,写出双松盘根涧边崖上之奇;"真得地"三字,如石击玉,让词人啧啧称奇的神情呼之欲出。这样的带着惊呼的情感的起句,如奇峰突起,有一种迸发的力量,攫取人的心灵;那情感又把一股生气贯注进诗句,把人的精神一下提起——如果用正常的叙述语序,"涧畔双松,落落盘根真得地",感染的力量便要减半。起句既提足了气,蓄足了势,下面就一气而下,而波澜自生了。"势欲翻飞终复坠,苍龙下饮东溪水",补足"奇态";"东溪水"关"涧畔",亦极自然。上片的中心句,自然是"势欲翻飞终复坠"。倒挂松的全幅精神与生气都在始飞复坠,于下坠中有一股怒拗之气(否则就不成苍龙下饮,而是死蛇垂挂了)。王国维抓住这一点,可见是得其真趣的。

下片写岗上松林:"万树亭亭,争作拏云势。"这意态与上片所写涧边双松"苍龙下饮东溪水"的意态相比,一下坠,一上腾,固然不同,但是两者都生机郁勃,有一种足以让人感动的奋发之气。一般人至此,怕是不由自主地要豪情顿起,逸兴遄飞的。然而王国维却在一下坠、一上腾之间陷入沉思,最终发出一声轻笑:"总为自家生意遂,人间爱道为渠媚。"这要拜西方科学知识所赐了。据植物学的发现,植物的伸展形态,或曲或直,都是生长过程中为了争取光照或露水而作出的对环境的适应性选择。涧畔双松"相背成奇态"是相互避免遮挡,平冈上植被茂密(千叠翠),无处避让,只好竭力上腾了。所以下坠与上腾,在松树,只为遂它自已的生命意志,而人偏偏好作美丽的幻想,把松树情感化,以为它在取悦我们呢。这里我们看到了王国维性格中极矛盾的两个方面。一方面是情感的丰富与敏锐,从他对于松树真切细心的欣赏就可以知道的。一方面是理智的发达,使他对事物能有极冷静的观察,能够看到温丽的现象下令人沮丧的铁一样硬而冷的本质。我总以为他的悲观,就源于对那铁一样硬而冷的本质的了解——人间的种种美好,皆是一层披在外面的纱缦。不过这一回,他没有将纱缦撕碎,只是轻轻掀起纱缦的一角,也许还带着些诙谐,引你一瞥而已。

又记:

这一声轻笑,也可以说苦笑吧,颇有些自嘲的味道——他自己也在人间,而且也欣赏着自然的温丽的表象。《过石门》(1904)写夜泊所见:

小松如人长,离离四五尺。
老桑最丑怪,亦复可怡悦。
疏竹带轻飔,摇摇正秀绝。
平生几见汝,对面若不识。
今夕独何夕,着意媚孤客。

《浣溪沙》(1905)写登临山寺之感:

偶开天眼觑红尘,可怜身是眼中人。

人总是在人间的。

附：

王国维的论画因缘

王国维与传统绘画，是有些因缘的，这因缘起于他的父亲乃誉公。乃誉公攻金石书画，尤工于画，早年王国维随侍左右，耳染目睹，遂也养成了对于画的一种亲切的感觉和欣赏的眼光。父亲的影响，如同是埋在王国维心里的一粒种子，而他以后的际遇与阅历，也为这粒种子的发芽提供了种种机缘。这里略举三事，以见一斑。

1905 年，王国维在行将离开苏州回老家海宁时，得到一件马湘兰的兰石小幅，欣喜之余，赋首两诗：

将理归装得马湘兰画幅喜而赋此

（一）

旧苑风流独擅场，土苴当日睨侯王。书生解舸真奇绝，载得金陵马四娘。

（二）

小石丛兰别样清，朱丝细字亦精神。君家宰相成何事，羞杀千秋冯玉英。

（自注：马世英善绘事，其遗墨流传人间者，世人丑之，往往改其名为冯玉英云。）

马湘兰，名守贞（或作守真，排行第四，人称马四娘），是晚明金陵名妓，能诗善画，尤以画兰称重当时。盖马守贞虽是风尘中人，然而天性高绝，是所谓兰心蕙性的奇女子；她爱兰，种兰，画兰，取号“湘兰”（出自屈赋），都有自喻孤清的意思。王国维所赋诗，第一首咏马湘兰人品，及自己意外收得其画的欣喜之情。第二首咏其画，以一“清”字称其兰石，以“精神”二字称其自题小字；最后两句拿她的本家马世英（明末人）开玩笑，说马湘兰虽然是风尘女子，而论人品世誉，却比贵为宰相的马世英强得多。马湘兰的画，《明画录》称其“墨兰一派，潇洒恬雅，极有风韵。”汪容甫则评之曰：“丛兰修竹，文弱不胜，秀气灵襟，纷批楮木之外。”王国维所收藏的兰石小幅，似乎并不“文弱”。近日故宫展出一件马湘兰的墨兰卷，极有韵致，笔力亦颇不弱，真当得起王国维的“清”与“精神”的评价。王国维返海宁后，其友张渭渔（名光第，攻金石书画）来访，王国维即拿出马湘兰的兰石小幅和一幅唐寅的芍药，与友人“把玩移晷”。这一年，王国维二十九岁。

辛亥革命后，王国维随罗振玉流寓日本。日人隅田收藏有沈石田（沈周）、恽南田（恽恪）的画，遂名其室曰“二田画庼”，来书请王国维作记。王国维《二田画庼记》中论曰：

> 夫绘画之可贵者，非以其所绘之物也，必有我焉以寄于物之中。故自其外而观之，则山水、云树、竹石、画草，无往而非物也；自其内而观之，则子久也，仲圭也，元镇也，叔明也，吾见之于墙而闻其謦欬矣。且子久不能为仲圭，仲圭不能为元镇，元镇、叔明不能为子久、仲圭，则以子久之我非仲圭之我，而仲圭、元镇、叔明三人者亦各自有其我故也。画之高下，视其我之高下，一人之画之高下，又视其一时之我之高下。

这一段议论文字、意思极好。“一人之画之高下，又视其一时之我之高下”，尤显见识。这一层意思，郭熙《林泉高致》中本已说得分明了：人在惰气积身时，其迹软懦而不决；昏气积身时，其状黯猥而不爽。后世论画，这一层意思渐渐不讲，于是好即全好，坏即全坏。今人收藏只看名头，名头响即收，更不顾作品本身的高下。岂不知板桥的画，好时确实是好，而昏惰无聊时，粗陋无赖之作也很多；石桥固然平庸，而偶尔一见的神来之笔，却远胜板桥的无聊之作！

王国维又续论二田之画与书曰：

> 夫二田之画，至不相类也。石田之苍古，南田之秀润，皆其所谓我而不能相为者也。石田之画荟蔚沉厚，得气之夏，其所写者，虽小草拳石，而有土厚水深之势。南田之画融和骀荡，得气之春，其所写者，虽苦木断流，而皆有苏生旁出之意。此其不能相为者也。其于书也亦然。石田之书瘦硬如黄山谷，南田之书秀媚如褚登善，而二田之书又非登善、山谷之书也，彼各有所谓我者在也。不然，如石田者，生全盛之世，康宁好德，俯仰无怍，以老寿终，宜其和平简易，无奇伟之观；南田幼遭国变，至为童仆，为浮屠，虽返初服，而枯槁以终，上有雍端之亲，下有敬通之妇，宜其忧伤憔悴，无乐生之意。而其发于书画者如此，岂非所谓真我者得之于天，不以境遇易欤？

这一段议论，文字与意思也极好，“不然”之后的见解尤其好。“知人论世”，世之通论，谈艺者也多引为口实。然而岂是笃论！以诗文论，世人尽有生逢乱世，命运偃蹇，而其心始终融和如春，其辞终究欢愉温润者，亦尽有躬逢盛世，一生荣华富贵，而其心满是忧伤憔悴，其辞终究愁苦不堪者。书画更是如此。石田、南田书画的风味，与二人身世际遇的风味，就恰相反对。不知“论世”派的评论家于此又将作何说辞？人之为“我”，终当有些从天性中来的成分，不被环境磨灭。天才更是如此。天才常能超越环境与历史，把天性中的那份神采实现出来。王国维此论，看似新奇，而实正大。这一年，他三十六岁。

民国五年，王国维返国，寓上海。仍寓日本的罗振玉则做起古画的生意，倩王国维在沪上物色旧书画，转售日本。王国维因此有了许多接触古画的机会。这期间,他与晚清大儒沈曾植(亦寓上海)往来渐密。沈氏学问广博精深,是王国维素所佩服的。王国维常去沈府与沈翁商量学问,当中自然也少不了一起欣赏书画。某一天,沈氏得到一件赵伯驹(字千里)的山水卷子,《云麓早行图》,引起王国维极大的兴趣。二人就此画展开了热烈而深入的讨论,后来沈翁请王国维题咏,王国维题诗三首,发了一通宏论:

题沈乙庵方伯所藏赵千里云麓早行图

(一)

华原石法河阳树,都入王孙盘薄中。千载只传金碧画,谁知衣钵是南宗。

(二)

同时刘李并精能,马夏终嫌笔有棱。一种高华严冷意,百年嫡嗣在吴兴。

(三)

残缣风雪凌兢处,几度高斋拂拭看。至竟装潢无圣手,却将明丽变荒寒。

这三首诗不仅论该画,也论与该画相关的一系列画史问题。

第一首对历来的一个习见提出了疑问。明代人将山水画区分为南北二宗,南宗源自王维的水墨山水,北宗源自李思训的著色山水。一般的说法,南北宋之际的赵伯驹(字千里)善作金碧山水,是北宗的关键人物。然而王国维发现,《云麓早行图》的石头用范宽(华原人)画法,树用郭熙(河阳人)画法——范宽、郭熙是水墨南宗的代表性人物——千余年来人们只说赵伯驹"金碧",哪知他竟传的是南宗衣钵!这涉及画史上的一个重要事实。北宋后期,宗室里有一股学习唐代著色山水的潮流,赵伯驹兄弟即是其中之一。不过,他们虽热衷于著色山水,其实吸收了五代北宋以来水墨山水的观念和成就,所以他们的著色山水是不能仅作北宗看的。“千载只传金碧画，谁知衣钵是南宗”，问得甚好！这一系的画家，皆宗室贵胄，其画既追求高贵之气，又力避艳俗之趣，至赵伯驹终于形成了一种“高华严冷”的特殊画境。这种“高华严冷”的画境，固然不是同时的李唐、刘松年辈所能有的，也不是后来的马远、夏圭辈所能有的（一般认为马、夏是赵伯驹之后北宗山水的代表），真正传承这“高华严冷”画境的，是赵宋最后一个王孙画家，宋末元初的赵孟頫（吴兴）。这是第二首诗要说的。这种“高华严冷”的画境，虽有一个“冷”字，却与北宋一般文人画家所追求的“荒寒”之境不同——即使是雪景，也有一种明丽，显出它的高华！这是第三首要说的了。这一番议论，小处着笔，大处着眼，既显示出敏锐的艺术感觉，又显示出史学家的宏阔思维和非凡胆识。这一年他三十九岁。

1909 年王国维曾为狄平子的《中国名画集》作序，序中自称“小有搜罗，粗谙鉴别”。他收藏的情况，我们无从得知了，“粗谙鉴别”他是当得起的——虽然我们不必恭维他“精于鉴别”。